探路者

媒体眼中的广州知识产权法院

广州知识产权法院 / 组织编写
王仕第 / 主编

知识产权出版社
全国百佳图书出版单位

图书在版编目（CIP）数据

探路者：媒体眼中的广州知识产权法院／广州知识产权法院组织编写；王仕第主编．—北京：知识产权出版社，2019. 1

ISBN 978 - 7 - 5130 - 5976 - 3

Ⅰ. ①探… Ⅱ. ①广… ②王… Ⅲ. ①知识产权—审判—广州 Ⅳ. ①D927. 651. 34

中国版本图书馆 CIP 数据核字（2018）第 264696 号

责任编辑：汤腊冬　崔开丽　　**责任校对：**谷　洋

封面设计：SUN 工作室　　**责任印制：**刘译文

探路者

——媒体眼中的广州知识产权法院

广州知识产权法院　组织编写

王仕第　主编

出版发行：知识产权出版社有限责任公司　　**网　　址：**http://www. ipph. cn

社　　址：北京市海淀区气象路 50 号院　　**邮　　编：**100081

责编电话：010 - 82000860 转 8377　　**责编邮箱：**cui_ kaili@ sina. com

发行电话：010 - 82000860 转 8101/8102　　**发行传真：**010 - 82000893/82005070/82000270

印　　刷：三河市国英印务有限公司　　**经　　销：**各大网上书店、新华书店及相关专业书店

开　　本：720mm × 1000mm　1/16　　**印　　张：**16. 75

版　　次：2019 年 1 月第 1 版　　**印　　次：**2019 年 1 月第 1 次印刷

字　　数：300 千字　　**定　　价：**88. 00 元

ISBN 978 - 7 - 5130 - 5976 - 3

编委会名单

主　　编：王仕第

副 主 编：韦晓云

责任编辑：肖晟程　徐晓霞　蔡健和

序

十八大以来，党中央对知识产权审判工作的重视程度、决策力度不断加强，知识产权司法保护工作在国家战略中的地位作用日益提升。2018年2月，中办国办印发了第一个专门面向知识产权审判领域的纲领性文件——《关于加强知识产权审判领域改革创新若干问题的意见》，其中明确提出“人民法院知识产权审判工作，事关创新驱动发展战略实施，事关经济社会文化发展繁荣，事关国内国际两个大局”，更是将知识产权审判工作提到了前所未有的高度。为适应新形势、新任务、新要求，党的十八届三中全会提出“探索建立知识产权法院”，开启了知识产权审判工作发展的新篇章。按照中央的顶层设计，广州知识产权法院有幸成为全国首批试点知识产权法院，担负起了知识产权审判体系现代化建设先行者、司法体制改革排头兵和全国新型法院建设探路者的历史重任。

筚路蓝缕启山林，栉风沐雨砥砺行。从呱呱坠地，不知不觉间已走过了四个春秋。四年来，我们重任在肩，如履薄冰，不敢懈怠。四年来，我们上下求索、顽强拼搏，从无到有，在一张白纸上绘就了广州知识产权法院的灿烂画卷。四年来，我们众志成城、砥砺奋进，各项工作都取得了令人瞩目的成绩：设置了扁平化的内设机构；全面组建了新型审判团队；建成了以司法责任制为中心的完善的审判权运行监督管理机制；组建了以技术调查官为主体，以技术咨询专家、技术调查官助理为辅助的全方位的技术事实查明体系；基本实现了办公办案工作的信息化、智能化；法官人均办案数在全国中级法院中位居前列，案件发改率逐年降低，审结了“魔兽世界”案、“倍耐力轮胎”案、“子弹口红”案等一批重大典型案例；培养出了以全国优秀法官龚麒天、全国法院先进个人谭海华、全国法院知识产权审判工作先进个人黄彩丽和邹享球为代表的一批先进典型……今天，我们可以自豪地说，我们已经创造了许多可复制推广的“广知经验”，树立起了“广知品牌”，极大地提高了广州知识产权法院的司法公信力和国际影响力。

好风凭借力，送我上青天。回首四年来的过往历程，我们今日成绩的取得，既离不开社会各界的关心支持、每位干警的艰苦奋斗，也离不开各类媒体的关注支持。四年来，正是通过各类媒体刊发的一幅幅图片、一篇篇报道，及时生动地向社会公众传递了我们的“好故事”“好声音”，增进了国内外公众对我们的了解，也进一步坚定了企业的投资信心，激发了社会的创新活力。借助于媒体，广州知识产权法院已经成为广东乃至全国知识产权司法保护的一张亮丽名片，也正日益成为当事人知识产权诉讼的“优选地”和我国对外展示知识产权司法保护成果、国际社会观察我国知识产权司法保护的重要窗口。

走得再远也不能忘记走过的路。每一片时光的碎片，都是我们奋斗成长中的记忆。我们特别将国内主要媒体对广州知识产权法院的新闻报道进行了收集整理，并按照综合篇、审判篇、改革篇、队伍篇、典型篇五个章节集结成册。各位读者通过本书可以全面了解广州知识产权法院的发展历程以及广州知识产权法院为中国知识产权司法保护事业作出的努力和取得的成效。也希望通过本书能够更好地对外发出我们知识产权保护的声音，提供司法改革的经验，展示我们加强知识产权保护的决心和能力。借此，也向每一位参与、关注和关心广州知识产权法院工作发展的各界人士表达由衷的感谢！

进入新时代，习近平总书记强调“科学技术从来没有像今天这样深刻影响着国家前途命运，从来没有像今天这样深刻影响着人民福祉”。对此，我们已经有了清醒的认识和充分的准备，将以保护知识产权就是保护创新的思想觉悟，以时不我待、勇立潮头的历史担当，以永不懈怠、顽强拼搏的坚定意志，奋力书写新时代知识产权司法保护和现代法院建设的重彩华章。

王海清

2018 年 11 月 22 日

目录

综合篇

8 为创新驱动发展提供有力司法保障 …………………………… 71
（《南方日报》，2015 年 4 月 4 日）

9 为创新驱动发展撑起法治保护伞 …………………………… 75
（《人民法院报》，2018 年 4 月 17 日）

10 建设好的营商环境　这家法院真的很拼 …………………… 78
（《南方都市报》，2016 年 3 月 30 日）

审判篇

1 探索适应知识产权特性的司法保护机制　实现知识产权的市场价值 …… 84
（《人民法院报》，2015 年 9 月 21 日）

2 广州知识产权法院：四种语言发布司法保护《白皮书》 ……………… 86
（《南方日报》，2016 年 4 月 26 日）

3 广州知识产权法院发布 2017 年度司法保护白皮书，建院以来受理案件 1.8 万余宗，结案标的达 11.2 亿 …………………………………………… 90
（《南方日报》，2018 年 4 月 25 日）

4 广州知识产权法院设立全省首家巡回审判法庭 ……………………… 93
（《南方日报》，2018 年 4 月 27 日）

5 全省首家知识产权诉讼服务处可远程诉调对接 ……………………… 94
（《新快报》，2017 年 3 月 17 日）

6 广州知识产权法院制定专门意见加强知产审判推动在省级以上高新区普遍建立诉讼服务网点 ……………………………………………… 96
（《南方日报》，2018 年 4 月 25 日）

7 国产手游也叫“魔兽”被法院颁发行“禁令” ……………………… 98
（《广州日报》，2016 年 4 月 26 日）

8 广州两企业仿法国大牌口红子弹造型九款产品被叫停 ……………… 100
（《广州日报》，2016 年 7 月 1 日）

9 “梦幻西游 2”网游直播侵权案一审宣判 ………………………… 101
（《人民法院报》，2017 年 11 月 14 日）

10 华为终端公司诉惠州三星公司、三星中国公司侵权案开庭 ……… 104
（《南方日报》，2018 年 8 月 31 日）

11 因饮料“撞名”轮胎，倍耐力发力维权 …………………… 106
（《中国知识产权报》，2018年10月17日）
12 电磁屏蔽膜行业爆发专利大战，索赔额高达9272万元！ ………… 109
（《中国知识产权报》，2018年4月18日）
13 格力空调诉奥克斯专利侵权 格力一审胜诉 奥克斯被判赔偿4000万元 …………………… 113
（《广州日报》，2018年4月27日）

改革篇

1 广州知识产权法院：一场最彻底的审判权运行机制改革 ………… 119
（《中国审判》，2015年11期）
2 广州知识产权法院改革创新举措交出可喜成绩单：权利人不再赢了官司丢了市场 …………………… 123
（《法制日报》，2017年5月3日）
3 核心战略保护神 …………………… 128
——广州知识产权法院司法创新工作记事
（《人民法院报》，2017年5月3日）
4 解构法官“权力清单” …………………… 132
——广州知识产权法院审判运行机制调查
（《人民法院报》，2015年5月7日）
5 广东司法改革铸就多个样本 …………………… 137
（《南方都市报》，2015年11月12日）
6 广州知识产权法院在真正意义上实现跨区域管辖 ………… 144
（《南方日报》，2015年12月16日）
7 审结近万案件 护航创新发展 …………………… 149
（《南方日报》，2017年4月24日）
8 广州知识产权法院成立技术专家咨询委员会 ………… 156
——汇聚各行顶尖专家
（《南方日报》，2016年4月19日）

队伍篇

典型篇

综合篇

知识产权审判工作，事关创新驱动发展战略实施，事关经济社会文化发展繁荣，事关国内国际两个大局，对于建设知识产权强国和世界科技强国具有重要意义。广州知识产权法院于2014年12月16日成立，标志着广东的知识产权审判事业翻开了崭新的一页。它打破地方保护，防止行政干预，对广东省专利、植物新品种、集成电路布图设计、技术秘密、计算机软件案件等一审案件实行跨区域管辖，并对广州市基层法院审理的知识产权合同和知识产权权属、侵权及不正当民事案件提起的上诉案件进行管辖。围绕“办精品案件、育精英法官、建现代法院”总体思路，广州知识产权法院各项工作不断取得新成效，迈上新台阶。

◆ 2014 年 8 月 31 日，十二届全国人大常委会第十次会议通过《关于在北京、上海、广州设立知识产权法院的决定》，正式批准设立广州知识产权法院。

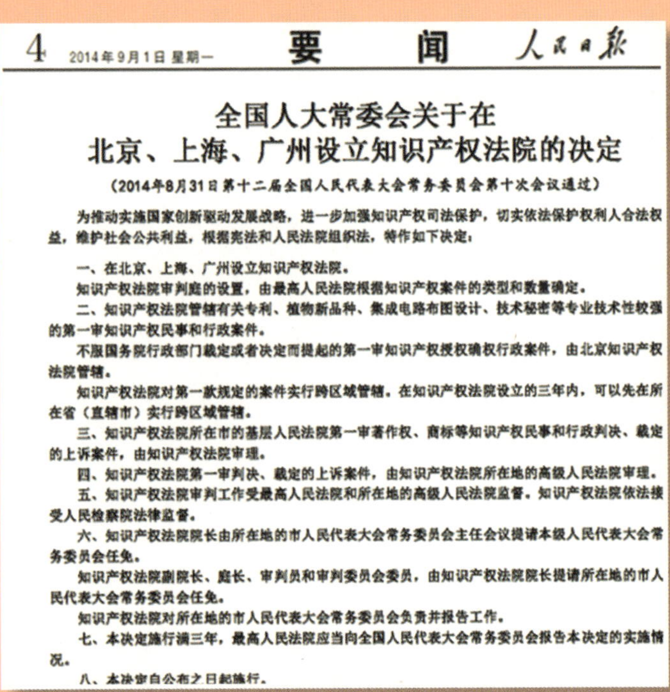

4　2014年9月1日 星期一　要　闻　人民日报

全国人大常委会关于在北京、上海、广州设立知识产权法院的决定

（2014年8月31日第十二届全国人民代表大会常务委员会第十次会议通过）

为推动实施国家创新驱动发展战略，进一步加强知识产权司法保护，切实依法保护权利人合法权益，维护社会公共利益，根据宪法和人民法院组织法，特作如下决定：

一、在北京、上海、广州设立知识产权法院。

知识产权法院审判庭的设置，由最高人民法院根据知识产权案件的类型和数量确定。

二、知识产权法院管辖有关专利、植物新品种、集成电路布图设计、技术秘密等专业技术性较强的第一审知识产权民事和行政案件。

不服国务院行政部门裁定或者决定而提起的第一审知识产权授权确权行政案件，由北京知识产权法院管辖。

知识产权法院对第一款规定的案件实行跨区域管辖。在知识产权法院设立的三年内，可以先在所在省（直辖市）实行跨区域管辖。

三、知识产权法院所在市的基层人民法院第一审著作权、商标等知识产权民事和行政判决、裁定的上诉案件，由知识产权法院审理。

四、知识产权法院第一审判决、裁定的上诉案件，由知识产权法院所在地的高级人民法院审理。

五、知识产权法院审判工作受最高人民法院和所在地的高级人民法院监督。知识产权法院依法接受人民检察院法律监督。

六、知识产权法院院长由所在地的市人民代表大会常务委员会主任会议提请本级人民代表大会常务委员会任免。

知识产权法院副院长、庭长、审判员和审判委员会委员，由知识产权法院院长提请所在地的市人民代表大会常务委员会任免。

知识产权法院对所在地的市人民代表大会常务委员会负责并报告工作。

七、本决定施行满三年，最高人民法院应当向全国人民代表大会常务委员会报告本决定的实施情况。

八、本决定自公布之日起施行。

◆ 2014 年 12 月 16 日，广州知识产权法院揭牌成立。

◆ 2014年12月16日，广州知识产权法院召开成立发布会，从全省各地遴选的法官也即全国首批入额法官集体亮相。

◆ 2015年1月21日，广州知识产权法院首任院长、现任内蒙古自治区高级人民法院院长杨宗仁敲响第一槌，开启广州知识产权法院落实司法责任制下领导带头办案的常态化机制。

◆ 2017年12月16日，由广州知识产权法院与广东省知识产权局共同主办的首届广东知识产权司法保护论坛召开，王海清院长主持该论坛。

1 不忘初心　牢记使命　砥砺前行　勇当中国知识产权保护的先行者和保护神

——广州知识产权法院三周年工作回顾

根据中央深化司法体制改革部署，经全国人大常委会决定，广州知识产权法院于2014年12月16日正式挂牌成立，至今已运作三年有余。三年来，特别是十九大以来，广州知识产权法院深入贯彻党的十九大精神，坚持以习近平新时代中国特色社会主义思想为指导，深入贯彻习近平总书记对广东重要指示批示精神，落实中央、省委和上级法院的各项重大部署，坚持先行先试、改革创新，坚持立足审判、履行职责，坚持全面发展、确保成效，不断加强各项知识产权审判工作，深入推进司法改革和队伍建设，有力促进全院工作的持续快速发展，取得了显著的工作成效，为我国知识产权司法保护和司法体制改革发挥了“保护神”“先行者”“探路人”的应有作用。现将三年来的主要工作情况报告如下。

一、坚持政治建院，攻坚克难，高起点、高标准建设新型现代法院

党的十八届三中全会提出建立知识产权法院，这是以习近平同志为核心的党中央作出的重大决策部署。广州知识产权法院坚持不辱使命，勇挑重担，立足为推动司法体制改革和实施创新驱动发展战略提供先行先试经验，严格落实最高人民法院和广东省委的要求，在广东省高级人民法院的有力组织领导下，围绕建设新型化、专业化、现代化法院的目标，推行司法体制改革与创建法院同步展开，努力建设新型化现代化的知识产权专业法院。

按照现代审判规律要求深入推进内设机构设置及人员配备的集约化、科学化。在内设机构设置上坚持以审判工作为中心，全院7个内设机构中6个

是审判机构和审判辅助机构，包括立案、专利、著作权、商标及不正当竞争等四个专业审判庭，以及技术调查室、司法警察支队等两个审判辅助机构。全院司法行政、后勤保障和政工人事管理等六十余项职能，全部归口综合办公室一个机构负责，从根本上实现了政务管理工作的集约化。

在人员配置上坚持以法官为中心，大幅减少审判岗位领导职数和行政后勤人员。四个审判业务庭只设庭长，不设副庭长。大力加强一线办案力量，以法官为核心按“1名法官+1名法官助理+2名书记员”的模式组建审判团队，确保了审判活动的高效运行。综合办公室只配备了15名在编人员，仅占全院编制的15%。为缓解审判辅助力量和行政后勤人力不足的问题，以购买社会服务方式招聘91人。

以落实司法责任制为中心深入推进审判权运行机制的制度化、精细化。围绕“让审理者裁判、由裁判者负责”的司法责任制要求，制定权力清单细则，全面落实主审法官和合议庭负责制，完全赋予合议庭自主审理、自主裁判、自主负责的职责。院、庭领导除作为法官参与审判案件和依规定进行审判管理外，不得过问、干预他人审理的案件。同时，积极建立审判指导监督制度，先后制定施行了审判委员会和专业法官会议讨论案件制度、重大敏感疑难案件报告制度、裁判文书报备制度、发改案件复查制度等，全面强化对审判活动的指导监督，构筑起了体系完备、制度严密的审判权运行监督管理机制。

围绕满足审判工作发展需要深入推进办公办案工作的信息化、智能化。三年来，紧紧依靠党委及政府的支持，改善办公办案条件，在省委省政府及有关部门的关心支持下，广州知识产权法院持续投入上千万元对现有审判大楼进行升级改造，现已完成信息中心、诉讼服务中心、审判法庭等场所的建设改造任务。启动信息化建设项目31个，投入资金2900万元，建成数字法庭13个，初步建成同声传译、网上法院、审判辅助、远程诉讼服务等平台系统，“智慧法院”建设正在扎实稳步推进。

二、坚持牢记职责，深入推进审判工作，充分发挥知识产权司法保护的主导作用

建院以来，广州知识产权法院一直把加强办案工作作为第一要务来抓，认真落实国家知识产权保护战略和创新驱动发展战略的要求，依法审理各类

案件，确保及时公正解决纠纷。三年多来（截至2017年底），广州知识产权法院共受理各类案件18906件，办结16105件，一审服判息诉率达80%以上；其中，2017年全院新收案件9214件，办结7805件，法官人均结案289件。广州知识产权法院办结的“子弹口红”案、“魔兽世界”案、“香奈儿”案等一批大案要案，先后被评为全国知识产权重大典型案例，受到了国内外的广泛关注及社会各界的广泛赞誉。

依法保障科技创新促进科技发展。三年多来，广州知识产权法院共办结各类专利案件7303件，其中30%以上涉及科技发明成果的利用和转化。广州知识产权法院把保障科技创新作为审判工作的首要职责，不断加强对各类科技发明及创新成果的保护力度，依法确定权利归属，积极研究利用市场价值规则确定赔偿数额，坚决保护权利人的合法权益，努力营造依法保护、全面保护、强化保护的法治环境。如广州知识产权法院审结的VMI轮胎鼓案、大自达电磁屏蔽膜案、麦甜洪空气加热锅案等涉及高新技术的案件，依法公正认定了保护范围和保护强度，合理确定了侵权赔偿数额，取得了良好的法律效果和社会效果。

依法促进创新型经济发展。广州知识产权法院受理的许多外观设计、实用新型、商标和著作权纠纷案件，都与创新型经济发展息息相关。在办案中，广州知识产权法院牢固坚持依法保护、鼓励、维护创新权利人合法权益的原则，努力为创新型经济发展提供司法保障。特别是针对近年来电子信息产业、新兴文化产业著作权纠纷案件不断增多的情况，广州知识产权法院加强形势研判，深入开展专题研究，统一审判思路对策，依法维护著作权人的合法权益，不断激发文化市场的创造活力。依法处理涉及不正当竞争的各类案件，科学准确认定行业标准，合理认定侵权赔偿数额，努力做到既保护权利人的合法权益、又促进各种经济主体的繁荣发展。如广州知识产权法院对网易公司诉华多公司侵害著作权及不正当竞争纠纷案，判决被告赔偿经济损失2000万元，在全国引起重大反响。三年多来，广州知识产权法院共审结外观设计、实用新型案件分别为4846件、1659件，商标、著作权纠纷案件分别为957件、6823件，为促进创新型经济发展营造了良好的法治环境。

依法规范知识产权市场秩序。大量的专利、商标、著作权纠纷案件，都涉及知识产权的侵权维权问题。在办案中，我们始终坚持依法惩治假冒、仿制、剽窃等侵权行为，维护公平竞争的知识产权市场秩序。特别是着重加强对科技成果转让市场的规范和保护，依法惩治侵权、违约行为，维护科技应用转让的市场秩序；加强对商标权，特别是知名商标权的保护力度，认真审查商业标识之间的差距，限制攀附名牌“搭便车”的空间；依法处理各类侵犯著作权的行为，确保著作权市场秩序健康发展。如广州知识产权法院审理的“西湖龙井”案，认定销售者擅自使用“西湖龙井”商标包装茶叶并销售，构成制造和销售的“叠加式”侵权，较好地发挥引导各行业规范使用地理标志的作用；康芝药业公司申请撤销仲裁裁决案，依法撤销仲裁裁决，确保了市场竞争秩序；科星公司行政处理决定案，在相关专利被宣告无效后，依法撤销行政处理决定，填补了立法空白，实现了专利保护行政执法与司法保护的无缝衔接。

全力营造知识产权保护法治环境。2015 年，广州知识产权法院就制定了《加强司法保护　为创新驱动发展提供司法保障的意见》，全力为创新型经济发展和科技强省建设提供司法支撑。积极延伸司法服务职能，对审判中发现的普遍性问题，如展会侵权、灯饰配件等系列维权案，积极向有关主管部门提出司法建议，督促他们强化对侵权行为的查处，取得良好社会效果。积极开展法庭进园区、进校园、进企业活动，努力在全社会营造知识产权保护的法治环境。

三、坚持司法为民，持之以恒满足人民群众对知识产权保护的司法需求

全面落实方便群众诉讼措施。自建院伊始，广州知识产权法院就坚持司法为民宗旨不动摇，深入落实最高法院公正司法、司法为民要求，不断在满足人民群众对知识产权保护的司法需求上下功夫。特别是 2017 年以来，全面升级诉讼服务大厅，健全诉讼服务设施，完善诉讼服务机制，确保做到来访有人接、材料有人收、疑问有人答、参观有人领。为方便人民群众和律师参与诉讼工作，积极推动信息技术与诉讼服务深度融合，全面开展“网上立案”和“电子送达”工作，让信息多跑路、让群众少跑腿。自 2017 年 9 月开通网

上立案平台以来，目前广州知识产权法院网上立案率已达90%。针对广州知识产权法院受理的案件大多由律师代理的情况，广州知识产权法院不断加强对律师参与诉讼工作的支持力度，已建成全新的“律师工作室”，为律师到法院参加诉讼提供固定工作、休息场地，配齐电脑、打印机、传真机、饮水机等设施，把支持、保障律师工作的要求切实落到实处。

探索推进巡回司法服务、巡回审判工作。为更好地服务全省各地当事人，自2016年以来，广州知识产权法院先后在中山、汕头、东莞等地高新区和产业聚集地设立了专门的诉讼服务处，开展远程立案、案件查询、委托调解、远程视频庭审、答疑接访等便民服务，得到了当地党委政府和高新企业的普遍欢迎。为更好地服务当事人、服务各地高新区建设，目前正在佛山、惠州等地高新区筹建巡回审判法庭，以促进诉讼服务全面提档升级。同时，全面加强司法公开工作，积极通过庭审直播平台公开直播重大典型案件的庭审，不断拓宽人民群众了解知识产权法律、监督知识产权审判工作的渠道。

全力提升维护公平正义水平。认真落实最高法院要求，大力开展诉前、诉中调解工作，聘请一批知识产权法律专家作为特邀调解员参与诉讼调解。积极与各地知识产权维权调解组织合作，委托他们参与诉前、诉中调解工作。2017年12月，与广州市司法局、律师协会合作建设“律师调解工作室”，聘请36名知识产权专业知名律师轮流“驻院”调解，以更好地发挥律师对于化解矛盾的作用。依法加大诉讼强制措施的运用，广州知识产权法院在办结的“子弹口红”案、“魔兽世界”案等案件中，在全国法院率先探索使用诉前禁令、诉中禁令，及时制止了侵权行为，这一做法目前已为各地法院知识产权审判普遍采用。

针对知识产权审判工作的内在需要，广州知识产权法院自建院伊始，就不断采取有力措施探索推进技术调查官工作，目前已任命技术调查官6名，聘请29名行业专家组成技术专家咨询委员会。与国家知识产权局专利局广东审协中心合作建立长期“技术调查官助理”制度，并每天派2名技术调查官助理驻院办公，为知识产权审判工作的顺利开展提供了有力的技术支持。三年来，全院技术调查官共参与审判案件551件，提出的技术意见被合议庭采纳率超过95%。

四、坚持人才立院，全力打造高素质审判队伍

高标准选任主审法官。建院以来，在广东省高级人民法院的组织领导下，广州知识产权法院坚持严格标准、严格条件，先后两批从全省遴选26名政治素质高、业务能力强、作风过硬的知识产权专业法官，为全院工作的发展提供了坚强的人才队伍组织保障。目前全院法官平均年龄44岁，均从事审判工作15年以上，86%有硕士以上学历。同时，认真开展法官助理和司法行政人员公开选调招录工作，先后公开招录司法辅助人员和行政人员48名，引进了一大批优秀人才。目前全院法官助理平均从事法律工作7年以上，71%有硕士以上学位。

全面加强业务学习培训。狠抓全院性的业务学习培训，与暨南大学、厦门大学等多家高校建立合作机制，每年开展一次全员轮训，三年共培训干警304人次。建立健全业务学习制度，从2017年9月起每月组织一次高层次学习论坛，邀请国内知名专家学者来院授课；搭建学习调研成果交流平台，创办院刊《知产法苑》，由主审法官轮流担任主编；依托最高人民法院在广州知识产权法院设立的“知识产权司法保护与市场价值研究（广东）基地”，积极举办全国、全省性的专题实务研讨会，承担最高人民法院、广东省高级人民法院的重点课题研究工作，取得丰硕成果。狠抓各部门的业务学习，各审判部门以专业法官会议为主体，每周开展一次专题业务学习；积极开展法官沙龙、学习论坛、全员读书等活动，丰富干警文化生活；鼓励干警加强自学，支持干警参加学历教育，目前全院有5名法官正在攻读博士学位。

扎实推进政治思想建设和纪律作风建设。广州知识产权法院自建院以来，先后认真组织全体干警深入开展“三严三实”“两学一做”等专题学习教育活动，认真学习习近平总书记系列重要讲话精神、习近平新时代中国特色社会主义思想等，努力使大家牢固树立“四个意识”，促进政治思想素质的不断提高。坚持深入推进纪律作风建设，持续开展廉洁司法教育、纪律作风专项督察、“以案治本”专题教育等，在各部门设立廉政监察员，强化管理和监督，确保队伍的清正廉洁。建院至今，广州知识产权法院未发生重大违法违纪案件和重大信访投诉问题。同时，不断加强先进典型培养，培养出了“全

国优秀法官”龚麒天等一批模范典型。广州知识产权法院队伍建设的成效得到广东省委政法委和上级法院的充分肯定，被推荐在广东省政法队伍建设工作会议上作经验介绍。

五、坚持引领方向，努力树立我国知识产权保护的法治形象

全力引领全社会不断改善知识产权法治环境。广州知识产权法院在狠抓审判工作的同时，始终注意结合审判加强对外法制宣传，通过各大新闻媒体和网站、微信等多种方式，及时向社会公布重大典型案件审判情况，宣传知识产权法律知识，在全社会营造重视、尊重、保护知识产权的法治环境。特别是每年围绕“4·26”世界知识产权日组织集中宣传活动，发布《知识产权司法保护年度白皮书》，公布十大典型案例，开展进校园、进企业、进园区主题宣传。全院法官也积极通过多种方式参与法制宣讲活动，大力宣传知识产权保护法律知识，为不断改善我国知识产权法治环境贡献力量。

全面加强对外交流，努力塑造我国加强知识产权保护形象。建院三年多来，广州知识产权法院不断加强对外司法交流工作，先后接待美国、欧盟、英国、韩国、新加坡等国家和组织的代表、领事馆、法院、民间团体 12 批 120 多人到院参观访问，积极向他们介绍我国加强知识产权保护的做法和成效。同时，积极选派优秀法官参与各种类型的国际研讨会，先后派出 7 批 10 名法官出国开展司法交流，通过国际舞台传递我国加强知识产权保护的声音，塑造我国依法全面保护知识产权的良好形象。

总之，建院三年来，广州知识产权法院圆满完成了中央和上级法院部署的试点工作任务，取得了较好的工作成效。通过广州知识产权法院的先行先试和实践检验，充分证明中央关于设立知识产权专门法院的决策是正确的，建设符合新时代司法工作规律要求、以审判工作为中心、以法官为主体的新型现代法院是可行的。广州知识产权法院的实践也已经充分证明，通过设立专门的知识产权专业法院能够提升专利和技术类等专业性特别强的知识产权案件的审判水平和裁判标准的统一，全面推动知识产权司法保护工作，从根本上带动全社会进一步重视、尊重、保护知识产权，不断促进科技创新法治环境的优化，为推动创新型国家建设提供司法支撑；能够从根本上加强对知

识产权法律问题的研究探讨，培养专业化的知识产权法律人才，全面提升我国的知识产权司法保护水平；能够加快建立国际一流的知识产权司法保护体系，以更好地树立我国知识产权司法保护形象，赢得国际上的普遍认可和尊重。

党的十九大对加快建设创新型国家、强化知识产权保护工作提出了新的更高的要求。广州知识产权法院要以深入学习贯彻党的十九大精神为契机，牢固坚持以习近平新时代中国特色社会主义思想为指导，不忘初心，牢记使命，扎实工作，进一步全面加强知识产权审判工作，持之以恒深入推进司法改革和队伍建设，努力推进知识产权法院工作不断开创新局面、展现新气象，力争早日建成国际一流的现代化的知识产权审判体系和审判机制。

一是坚定政治方向，牢固坚持以习近平新时代中国特色社会主义思想武装头脑、指导审判、推动发展。广州知识产权法院将继续深入学习贯彻党的十九大精神，牢固坚持以习近平新时代中国特色社会主义思想为指导，深入贯彻习近平总书记对广东重要指示批示精神，深入落实中央、省委和上级法院的各项重大部署，特别是中共中央办公厅、国务院办公厅印发的《关于加强知识产权审判领域改革创新若干问题的意见》要求，立足服务和保障加快创新型国家建设的总体要求，认真履行审判职责，积极推进知识产权保护体系建设，不断提升公正司法水平和服务保障水平，在为推动国家科技创新、文化创新的深入发展提供有力司法服务和司法保障中推动知识产权审判事业的深入发展。

二是坚定牢记使命，深入推进“办精品案件”工程建设，不断满足新时代人民群众对知识产权审判工作的司法需求。要依法履行审判职责，及时公正处理好相关纠纷案件，把公平正义的要求落实到审判每一宗知识产权案件的实处，满足新时代人民群众对知识产权保护不断增长的司法需求。要按照公平正义的总要求，深入推进“办精品案件”工程建设，及时研究重大法律适用问题，确保把每一宗重大、典型案件都办成精品案件，把每一宗普通案件都办成能够实现法律效果与政治效果、社会效果有机统一的案件。要深入开展专题调研，及时总结审判经验，促进公正司法水平的不断提升。

三是坚定不忘初心，扎实推进“育精英法官”工程建设，努力培养更多

能力强、水平高、作风正的知识产权法律人才。要立足于审判工作的实际需要，扎实推进“育精英法官”工程建设，全力加强专业人才培养工作，不断提升法官队伍整体政治素质、业务素质和司法能力。要坚持高标准、严要求不动摇，认真开展法官遴选工作，确保新选任法官适应审判工作的要求。要全面强化业务学习培训，积极探索改进学习培训的方式方法，促进每一位法官、司法辅助人员业务水平的不断提升。要坚持国际视野，积极培养高素质的涉外知识产权法律专业人才，以更好地适应知识产权审判工作对外交流的需要。

四是坚定改革创新，全力推进“建现代法院”工程建设，努力争当司法体系和司法能力现代化建设的排头兵。作为深入推进司法体制改革过程中诞生的新型法院，广州知识产权法院将不断增强改革创新意识，全力推进“建现代法院”工程建设，特别是全面推进司法理念、司法能力、审判权运行机制、审判管理、司法保障“五个现代化”建设，不断提升科学化管理水平。要按照建设中国特色社会主义司法制度的总要求，对照国际一流现代审判机关的标准，深化各项改革创新，积极探索创造先进经验，努力在推进现代法院建设上当好“先行者”和“排头兵”。

五是坚定司法自信，持续推进国际一流知识产权司法保护体系建设，全力塑造我国知识产权保护法治形象。不断增强司法自信，坚持不懈地深入探索知识产权审判工作规律，不断完善司法保护体系和司法工作机制，努力打造国际一流的知识产权司法保护制度体系。不断加强对外交流宣传工作，积极向全世界宣传广州知识产权法院的成效和经验，全力塑造我国保护知识产权的良好形象，也为推进世界知识产权保护工作作出广州知识产权法院应有的贡献。

回顾过去的三年，广州知识产权法院攻坚克难，成效显著，无怨无悔。展望未来，广州知识产权法院任重道远，使命光荣，豪情满怀。新时代的广州知识产权法院，前途广阔，大有作为。每一位广州知识产权法院工作人员都将不忘初心、牢记使命，继续扎实工作、努力奋斗，为推动创新型国家、创新型广东建设发挥应有的光和热，为推动中国知识产权保护事业的发展作出应有的贡献。

［引自广州知识产权法院主编《知产法范（建院三周年特刊）》］

2 广州知识产权法院工作报告

（2015 年度）

按照党的十八届三中全会精神指引，经全国人大常委会批准，广州知识产权法院于 2014 年 12 月 16 日正式挂牌成立，是全国三个知识产权法院之一，管辖全省（不含深圳）范围的知识产权案件。2015 年是广州知识产权法院的开局之年。一年来，在广东省委、广东省高级人民法院和广州市人大常委会的正确领导、指导和监督下，广州知识产权法院认真学习贯彻党的十八大和十八届三中、四中、五中全会精神和习近平总书记系列重要讲话精神，紧紧围绕“让人民群众在每一个司法案件中感受到公平正义”目标，坚持司法为民、公正司法工作主线，各项工作均迈入正轨，特别是案件审判工作取得了较好的成效。

一、坚持依法履职，维护社会公平正义

做好知识产权领域的案件审判，维护社会公平正义是广州知识产权法院的宗旨和特色。很多涉知识产权案件专业性强、影响广泛、社会关注度高，建院伊始，广州知识产权法院就在充分研究论证的基础上，发布了《加强司法保护为创新驱动发展提供司法保障的意见》，认真履行审判职责，充分发挥司法保护知识产权的主导作用，为实施创新驱动战略和推进“大众创业、万众创新”提供有力的司法保障。自 2014 年 12 月 21 日至 2015 年 12 月 9 日，共受理各类知识产权案件 4741 件，其中民事案件 4725 件，行政案件 16 件；一审案件 2709 件，二审案件 2025 件，再审案件 7 件。审结 2664 件，其中一审案件 1044 件，二审案件 1620 件。结案率 56.2%，主审法官人均结案 205 件，法定审限内结案率 100%，解决诉讼标的金额约 1.6 亿元。

依法开展专利权审判。共受理专利案件 2480 件，案涉当事人主要集中在广州、佛山、中山、东莞等珠三角地区，其中涉广州当事人的 558 件，占

受理案件数的 22.5%。准确把握立法精神，依法审结涉专利侵权案件 965 件，加大专利侵权的遏制力度，着力拓展创新空间，推进自主创新。加大调解力度。找准着力点，引导当事人以许可使用、合作开发等方式化解纠纷，一审专利侵权案件调撤率 48.8%，推动发明创造的应用和传播，实现案结事了。加强对诉讼中止申请的审查判断。对于提出专利无效请求而申请诉讼中止的案件，合议庭根据证据和司法解释的规定，认为可以作出判决的则继续审理，有效解决部分专利案件诉讼周期过长的问题，降低当事人维权成本。

依法开展著作权审判。共受理著作权案件 923 件。充分发挥知识产权审判对文化建设的引导和保障作用，妥善处理著作权保护与保障信息传播的关系，依法审结著作权案件 580 件，制裁侵权行为，激发文化创造活力。稳妥适用诉讼禁令。探索适用诉讼禁令措施，加强对动漫游戏、软件等战略性新兴文化产业的著作权保护，及时、有效维护权利人的合法权益，避免权利人“赢了官司，丢了市场”。提高证据保全的准确性。对于涉及软件编程等复杂技术问题的案件，指派技术调查官参与证据保全，对相关技术进行甄别和固定，提高保全效率和专业化水平。

依法开展商标权审判。共受理商标权案件 355 件，审结商标权案件 252 件，有力抑制了商标侵权行为。培育和维护知名品牌，加大对驰名商标的保护力度，审结涉驰名商标案件 12 件。**加大对重复侵权和恶意侵权的惩罚力度**。针对重复侵权和恶意侵犯商标专用权行为，加大损害赔偿力度，增强对侵权人的威慑力，维护公平竞争的市场秩序。**延伸司法审判职能**。对审判中发现的普遍性问题，及时提出司法建议，形成司法与行政的保护合力。广州知识产权法院审理杭州市西湖区龙井茶产业协会商标系列维权案时，向广州市工商行政管理局发出司法建议，建议其加强对商标印制业务的监管和对非法制造、销售印有注册商标标识、地理证明商标标识的茶叶包装盒、包装袋等行为进行查处。该局结合广州知识产权法院建议，及时采取措施，加强对全市的茶叶地理标志保护工作，取得了良好的社会效果。

依法开展不正当竞争及其他知识产权审判。共受理不正当竞争、技术合同、特许经营合同案件 77 件。加大审理不正当竞争等知识产权侵权案件力度，审结不正当竞争、技术合同、特许经营合同案件 34 件，有力打击了仿冒、虚假宣传、侵犯商业秘密等不正当竞争行为，促进完善现代市场体制机制。共受理涉外知识产权案件 155 件、涉港澳台知识产权案件 27 件，坚持平等保护和依法办案原则，审结涉外知识产权案件 36 件、涉港澳台知识产权案件 3 件。

不断提高审判质效。**加强审判管理规范化**。严格审限管理，推动案件及时审结。及时发布审判运行态势，为决策、指导审判提供依据。随机分案与协调分案相结合，提高审判效率，统一裁判尺度。**加强一审息诉服判工作**。统一法律文书体例、要素，提高裁判文书撰写质量。制定《关于民事案件诉讼调解指导意见（试行）》，规范调解程序。定期召开主审法官联席会议，对疑难案件进行“会诊”。一审案件调撤率 48.6%、息诉服判率 88.4%。**强化二审对口业务指导功能**。对类型化案件采取发函或召开协调会等方式，加强对基层法院的业务指导，妥善解决举证责任分配、赔偿裁量幅度等知识产权审判难点问题。

二、坚持先行先试，打造综合改革示范法院

知识产权法院担负着探索司法改革和推动创新型经济双重任务。广州知识产权法院凝聚改革共识，切实当好司法改革的“排头兵”。

严格落实人员分类管理。依照《知识产权法院法官选任工作指导意见（试行）》，广东省高级人民法院成立广州知识产权法院法官遴选委员会，先后两次通过遴选方式选任出广州知识产权法院主审法官。以此为契机，制定完善《司法行政人员岗位职责规范》等文件，明确各类人员职责，使审判人员、司法辅助人员、司法行政人员各归其位、各尽其责，促进各项工作有序开展。

率先落实司法责任制。规范权力界限。制定《权力清单细则》，明确审判委员会、合议庭、主审法官的权力界限，保障审判权符合审判规律科学运行。建立审判委员会讨论事项过滤机制，促进法官、合议庭积极履职、主动担责。完善审判责任制。建立完善法官、合议庭办案责任制，法官、合议庭对承办的案件依法独立裁判并终身负责。承办案件的主审法官即为审判长，履行审判长职责，其他合议庭成员按照审判权限和发挥的作用分别承担相应责任。广州知识产权法院自建院之初就开始落实和逐步完善的审判责任制改革，与日前最高人民法院下发的《关于完善人民法院司法责任制的若干意见》高度

契合，《人民法院报》以《解构法官“权力清单”——广州知识产权法院审判权运行机制调查》为题作了详尽报道。

推进行政事务集约化改革。推行集约化服务。综合办公室以只有15名的政法编制行使了其他中级法院60余项司法行政职能。高效运转的集约化模式实现了一人多岗、一岗多责，实现了人力资源的高效利用。**建立工作团队**。在综合办公室框架下设立6个工作团队，按照“相对分工、共同承担、责任到人”原则，明确岗位职责，确保工作效率。**优化人力配置**。配强审判辅助力量，为每名主审法官配备2名法官助理、1名书记员，提高办案效率；部分法官助理还承担调研、综合管理等行政工作，搭建复合型人才梯队；对于部分审判辅助、后勤保障事务，通过购买社会服务解决。

积极探索技术调查官制度。为满足审理技术类知识产权案件的需求，2015年4月22日，在全国三家知识产权法院中，广州知识产权法院技术调查官首次参与庭审，协助法官查明技术事实，引起社会各界的高度关注。加强提炼总结，与广东省高级人民法院联合开展调研，为完善我国技术调查官制度提供理论支持和实践素材。

三、坚持司法公开，构建阳光司法机制

树立“互联网+”思维，着力发挥信息化建设对司法公开的推动作用，大力推进阳光司法和便民服务。

大力推进审务公开。严格做到依法可以公开开庭的案件100%公开，积极推进裁判文书上网，实现人民群众的知情权。开通网上庭审直播，网民可通过广州知识产权法院门户网站“庭审直播”栏目和微信客户端，实时同步观看庭审情况。开展“4·26”世界知识产权日专题宣传活动，为群众解惑答疑，有效增强社会保护知识产权意识。针对各界关注的问题，主动召开新闻发布会，及时通报工作情况。

积极拓展便民服务。运用科技手段提高服务水平。搭建包括门户网站、微信公众号在内的信息平台，推动咨询、信访等业务上网，为当事人提供优质诉讼服务。在当地法院的积极协助下，探索远程视频开庭审理案件，通过视频同步技术，广州市以外的当事人可在异地全程参与庭审活动。**设立便民**

诉讼服务处。2015 年 10 月 21 日，在中山古镇设立诉讼服务处，服务中山全市及周边地区，通过远程视频接待，为当事人提供案件查询、远程答疑、远程接访等便民服务。**建立走访交流机制**。通过调查走访、座谈研讨等方式，加强与高新技术企业的交流，了解企业创业发展中的司法需求，帮助增强维权意识，防范侵权行为发生，受到企业的欢迎。

四、坚持固本强基，建设一流司法队伍

加强队伍建设，是公正司法的必然要求。我们采取有效措施充实队伍，坚持抓党建带队建促审判，有力保障了各项工作的健康发展。

充实司法队伍，加强职业保障。坚持“以事业感召人，以情怀留住人”，协助广东省高级人民法院遴选主审法官，选调和招录（聘）其他各类工作人员，为培养新型高素质的知识产权法官提供了人力资源保障。加大干部培养力度，10 名主审法官获提任并套改为高级法官。积极为外地调入干警解决过渡性生活住房，妥善解决首批 34 名干警的住宿问题。探索以绩效考核为突破口的职业保障制度，激发干警干事创业积极性。

开展“三严三实”专题教育，狠抓纪律作风建设。增强严守“三严三实”的思想自觉和行动自觉。开展“四重温四增强”和观摩体验学习活动，开辟“邹碧华精神”学习专栏，引导干警“扎实谋事、踏实创业”。领导干部带头讲党课，集中学习党规党纪；处级以上党员领导干部查摆“不严不实”问题，提出整改措施。接受监督促进廉洁司法。围绕办案纪律、司法作风开展专项审务政务督查，随案发放廉政监督卡，接受当事人和公众监督。“三严三实”专题教育凝心聚力，在“我为法治代言——全国法院新闻发言人电视大赛”和全省法院学习“邹碧华精神”演讲比赛中，广州知识产权法院都取得好成绩。

加强审判研究，提高司法能力。成功竞标最高人民法院 2015 年度审判理论课题——《商业特许经营司法理论与实务研究》。借助最高人民法院在广州知识产权法院设立的“知识产权司法保护与市场价值研究（广东）基地”，探索研究解决知识产权维权成本高、赔偿额度小的司法难题。在中国知识产权法学研究会 2015 年年会上，三名主审法官受邀作专题演讲，两篇学术论文入选年会论文集。

拓宽交流渠道，增进司法认同。与国家、省市知识产权局、国内高校以及知名企业开展工作学术交流，议题涉及知识产权审判各领域。先后接待新加坡、美国等外事来访人员5批98人，分别选派5名主审法官参与国际司法交流，增进了了解和互信，彰显了我国知识产权司法保护的国际形象。

一年来，广州知识产权法院时刻牢记公正司法是法院的生命线和首要任务，立足广州知识产权法院实际，积极寻求各方支持，推动了广州知识产权法院各项工作扎实开展、稳步前进，得到社会各界的普遍认可。2015年10月12日，最高人民法院周强院长对广州知识产权法院工作作出重要批示：广州知识产权法院改革顺利推进，审判质效提升明显。对改革和发展中的问题要进一步通过深化改革解决，为全国积累经验。

过去的一年，广州知识产权法院所取得的进步，离不开上级法院的悉心指导，更离不开广东省委的正确领导、广州市委的关心和支持、广州市人大常委会的有效监督，离不开驻地党委、政府和社会各界的大力支持。特别是广州市人大常委会先后两次来广州知识产权法院视察指导工作，对法院的工作是极大的激励和促进。

2016年，广州知识产权法院将认真贯彻落实党的十八届五中全会、广东省委十一届三次全会、广州市委十届七次全会精神，在广州市人大常委会的监督、指导和支持下，积极探索，精准发力，主要做好以下工作。

一是进一步狠抓司法办案第一要务。紧紧围绕中央、广东省委实施创新驱动发展战略的各项部署，依法妥善审理各类知识产权案件，努力做到每一起案件认定事实清楚、证据确实充分、适用法律正确、审判程序合法、裁判文书规范。加强审判精细化管理，提升审判人员专业化水平。

二是进一步稳妥深入推进司法改革。以问题为导向，解放思想，大胆实践，全面深化司法改革。认真落实周强院长重要指示，促进各项改革举措落地生根，为全国法院系统的司法改革积累有益经验。

三是进一步加大司法公开广度力度。全面提升信息化对推进司法公开的支撑能力，总结远程视频庭审经验，论证建立远程立案系统，实现“互联网+”时代的创新型司法应用，进一步提升人民群众满意度。

四是进一步打造素质过硬司法队伍。加强理论研究，夯实专业素养。坚持从严治院，以案为鉴、警钟长鸣，巩固“三严三实”专题教育成效，不断提高队伍的创造力、凝聚力和战斗力。

五是进一步加强基层法院对口业务指导。建立与基层法院联合研讨常态化机制，及时发布典型案例，力争裁判标准统一。

面对新形势新任务，广州知识产权法院将牢牢把握创新、协调、绿色、开放、共享五大发展理念，勇于创新，踏实谋事，为广州知识产权法院实现“三个定位、两个率先”目标提供有力司法保障！

附件：

《广州知识产权工作报告》相关图表及用语说明

一、2015 年收结存案基本情况图（表）

（本报告统计周期为2014年12月21日至2015年12月9日，报告的“全年”“今年”“2015年”也指上述周期。）

表 1　2015 年收结存案情况统计表　　单位：件

<table>
<tr><td colspan="3" rowspan="2">审判程序
案件类型</td><td colspan="2">一审</td><td colspan="2">二审</td><td colspan="2">再审</td><td colspan="3">合计</td></tr>
<tr><td>收案</td><td>结案</td><td>收案</td><td>结案</td><td>收案</td><td>结案</td><td>收案</td><td>结案</td><td>存案</td></tr>
<tr><td rowspan="10">民事案件</td><td rowspan="4">专利权案件</td><td>发明</td><td>218</td><td>48</td><td colspan="2" rowspan="4">—</td><td>—</td><td>—</td><td rowspan="4">2480</td><td rowspan="4">965</td><td rowspan="4">1515</td></tr>
<tr><td>实用新型</td><td>436</td><td>137</td><td>—</td><td>—</td></tr>
<tr><td>外观设计</td><td>1732</td><td>727</td><td>—</td><td>—</td></tr>
<tr><td>其他案件</td><td>94</td><td>53</td><td>—</td><td>—</td></tr>
<tr><td colspan="2">著作权案件</td><td>129</td><td>34</td><td>794</td><td>546</td><td>—</td><td>—</td><td>923</td><td>580</td><td>343</td></tr>
<tr><td colspan="2">商标权案件</td><td>46</td><td>15</td><td>302</td><td>237</td><td>7</td><td>—</td><td>355</td><td>252</td><td>103</td></tr>
<tr><td colspan="2">程序性案件</td><td>20</td><td>14</td><td>869</td><td>809</td><td>—</td><td>—</td><td>889</td><td>823</td><td>66</td></tr>
<tr><td colspan="2">不正当竞争案件</td><td>18</td><td>7</td><td>14</td><td>5</td><td>—</td><td>—</td><td>32</td><td>12</td><td>20</td></tr>
<tr><td colspan="2">其他案件</td><td>4</td><td>2</td><td>42</td><td>20</td><td>—</td><td>—</td><td>46</td><td>22</td><td>24</td></tr>
<tr><td colspan="2" style="display:none"></td></tr>
<tr><td colspan="3">行政案件</td><td>12</td><td>7</td><td>4</td><td>3</td><td>—</td><td>—</td><td>16</td><td>10</td><td>6</td></tr>
<tr><td colspan="3">总计</td><td>2709</td><td>1044</td><td>2025</td><td>1620</td><td>7</td><td>—</td><td>4741</td><td>2664</td><td>2077</td></tr>
</table>

注：表中“其他案件”是指技术合同案件、特许经营合同案件以及撤销仲裁案件，“程序性案件”是指民事诉讼法规定的不予受理、驳回起诉、管辖权异议三类案件；专利权案件中的“其他案件”是专利权权属纠纷、专利合同案件等案件。

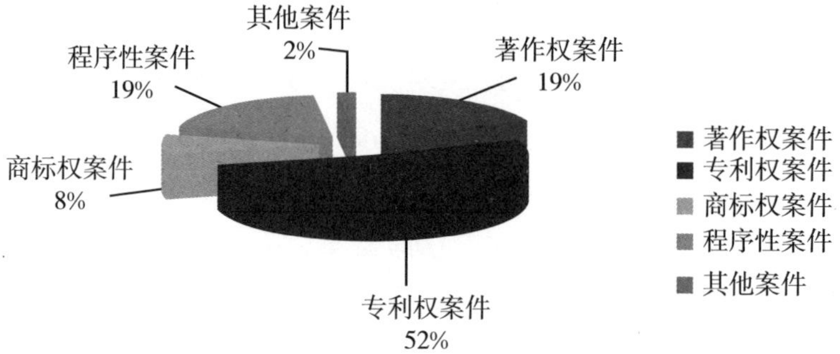

图1　2015年各类型案件收案占比图

二、相关用语说明

1. 案件管辖范围　根据最高人民法院《关于北京、上海、广州知识产权法院案件管辖的规定》，广州知识产权法院在广东跨区域管辖（除深圳市外）专利、植物新品种、集成电路布图设计、技术秘密、计算机软件的一审民事和行政案件；跨区域管辖涉及驰名商标认定的一审民事案件；管辖对广州市、区政府所作的涉及著作权、商标等行政行为提起诉讼的一审行政案件；管辖广州市各基层法院作出的一审著作权、商标等知识产权民事、行政裁判的上诉案件。

2. 调撤率、息诉服判率　调撤率是（撤回起诉或上诉案件数＋调解结案数）/一审或二审结案数的比例；息诉服判率是（一审案件结案数－上诉案件数）/一审结案数的比例。

3. 诉讼禁令　诉讼禁令是指在诉讼过程中当侵权行为明显成立时，司法机关根据当事人的申请，责令侵权人实施某种行为或禁止其实施某种行为的诉讼制度。广州知识产权法院审理暴雪娱乐有限公司等原告诉成都七游科技有限公司等被告著作权侵权及不正当竞争纠纷一案中，原告在诉论中申请禁止被告向公众提供、传播、运营被诉游戏。经听证，判定原告胜诉可能性高，认为被诉游戏的上线势必挤压原告新推游戏的市场份额，且网络游戏具有生命周期短，传播速度快、范围广的特点，如不立即采取禁令将给原告造成难以弥补的损失，故裁定发出诉讼禁令。

4. 技术调查官 技术调查官属审判辅助人员，主要职责是协助法官查明相关技术事实。技术调查官是随着三家知识产权法院的成立而产生的。目前，我国关于技术调查官制度的司法解释还没有出台。2015年4月，广州知识产权法院对技术调查官的选任、参与庭审规则等作出原则性规定。现在，正与广东省高级人民法院联合开展“技术调查官制度的设计与运行”的调研，论证构建符合我国国情的技术调查官制度的可行性和现实性。

5. 地理标志证明商标 地理标志，是指标示某商品来源于某地区。证明商标，是指由对某种商品或者服务具有监督能力的组织所控制，而由该组织以外的单位或者个人使用于其商品或者服务，用以证明该商品或者服务的原产地、原料等特定品质的标志。

6. 人员分类管理 中央全面深化改革领导小组第三次会议审议通过的《关于司法体制改革试点若干问题的框架意见》提出，对司法人员实行分类管理，把法院工作人员分为法官、司法辅助人员、司法行政人员，对法官实行有别于普通公务员的管理制度。

7. 审判委员会讨论事项过滤机制 广州知识产权法院对拟提交审判委员会的案件进行严格过滤，仅就合议庭审理案件适用实体法、程序法和证据规则不能形成决议的重大、疑难法律适用问题进行讨论表决。

8. “四重温四增强” 即重温入党申请，增强爱党意识；重温入党志愿，增强忧党意识；重温入党誓词，增强护党意识；重温党章规定，增强兴党意识。

9. 核定编制 按每个法官团队年审理150件案件标准，相关部门核定我院主审法官30名、其他政法专项编制70名，部分审判辅助事务、后勤保障事务采取政府购买服务方式解决。核定设6个内设机构，不设执行机构。截至2015年底，广州知识产权法院在岗主审法官只有13名（包括院领导3名），审判辅助和司法行政人员29名、雇员35名（于6月、10月分两批到岗）。广州知识产权法院的一审生效裁判由广州中级人民法院执行，但诉讼保全措施仍由广州知识产权法院执行。

广州知识产权法院工作报告

（2016 年度）

2016 年以来，广州知识产权法院在广东省委的领导、上级法院的指导、市人大常委会的监督和社会各界的支持下，认真贯彻党的十八大和十八届三中、四中、五中、六中全会精神和习近平总书记系列重要讲话精神，牢固树立“四个意识”，紧紧围绕全省和广州市的发展战略，坚持司法为民、公正司法，认真履行审判职责，深入推进司法改革，各项工作取得了新的进展。

一、充分发挥审判职能，加强知识产权保护

狠抓审判工作，积极主动适应经济社会发展新常态、新要求，注重为创新驱动发展提供更好的司法服务，出台了《关于依法惩处侵犯知识产权和制售假冒伪劣商品违法行为的专项工作方案》等文件。2016 年 1 月至 12 月 7 日，共新收案件 4597 件，其中民事案件 4350 件，行政案件 18 件，财产保全执行案件 229 件。共审结案件 3991 件，结案数量同比提高 50.43%。结收案比为 86.82%，同比提高 29.5 个百分点。其中，共审结一审案件 2250 件，二审案件 1581 件，财产保全执行案件 157 件，非诉行为保全审查案件 3 件。法定审限内结案率为 97.91%，一审服判息诉率为 91.77%。上级法院二审发改案件 24 件，发改率为 9.72%。共解决诉讼标的金额约 5.91 亿元，是 2015 年同期结案标的金额的 3.56 倍，知识产权案件的侵权赔偿力度明显加大。

加强专利权案件审判工作。新收专利案件 2400 件，占全院收案总数的 52.21%。其中涉广州当事人的 585 件，占新收专利案件总数的 24.38%。保护创新与技术进步，严格把握专利案件审理周期，不断提高司法救济的及时性和便利性，依法审结专利案件 2134 件。积极稳妥适用诉前禁令。在“子弹口

红”外观设计专利权纠纷案中，根据权利人申请，广州知识产权法院在全国三家知识产权法院中首次作出专利诉前禁令裁定，责令两被告公司立即停止制造、销售、许诺销售涉案口红产品，及时制止侵权行为，避免损害继续扩大。合理确定专利权保护范围和保护程度。根据发明、实用新型以及外观设计专利的创造性大小，合理确定专利权保护范围和保护程度，确保专利权保护力度与专利创新程度成正比。在 VMI 荷兰公司诉某橡胶机械公司侵害发明专利权纠纷案中，广州知识产权法院综合考量原告轮胎鼓的技术研发成本，合理推定行业平均利润，判决被告赔偿原告经济损失 300 万元。

加强著作权案件审判工作。新收著作权案件 1601 件。其中涉广州当事人的 1360 件，占新收著作权案件总数的 84.95%。根据保护精神权利与经济权利的双重需求，依法审结著作权案件 1391 件，使著作权人和邻接权人的智力劳动得到应有尊重和合理回报。对于重复侵权和恶意侵权，加大赔偿金额，加重不法侵权成本。在网易公司诉某网络公司侵害著作权及不正当竞争纠纷案中，被告不正当竞争意图明显、侵权时间长、侵权获利巨大，广州知识产权法院综合案情，参考涉案作品市场价值及被告获利情况，判决被告赔偿经济损失等共计 1500 万元。**注重使用技术专家协助查明事实**。安排技术调查官、技术专家参与诉讼，配合计算机软件等复杂案件的审理。在法国达索公司诉相关企业侵害计算机软件著作权系列纠纷案中，广州知识产权法院技术调查官共对 56 台计算机上的涉案软件进行证据保全，软件市场价值达 1120 万元。

加强商标权案件审判工作。新收商标权案件 233 件。其中涉广州当事人的 189 件，占新收商标权案件总数的 81.12%。坚决保护商业标识声誉和显著性、区别性，注重审查商业标识之间的距离，限制攀附名牌“搭便车”的空间，依法审结商标权案件 186 件。**严格贯彻平等保护原则**。对国内外商标权利人一视同仁，切实维护平等主体的合法权益。在王某诉某化妆品公司侵害商标权案中，广州知识产权法院认定该公司侵犯了王某注册的“生命之树”商标，二审判决其向王某赔偿经济损失 100 万元。**积极应对互联网新技术挑战**。针对网络环境下侵权证据隐蔽性强、易修改、易灭失等特点，就淘宝交易快照、微信朋友圈、QQ 空间图片等互联网环境下的电子数据证明力问题，通过对数字信息的证据保全及向网络平台服务商调查等方式，加强对涉网络证据的审查，帮助查清案件事实。

加强不正当竞争及其他知识产权案件审判工作。新收不正当竞争、技术合同、特许经营合同及其他知识产权案件363件，依法审结280件，切实维护统一开放、有序规范、公平竞争的市场秩序。新收涉港澳台知识产权案件79件，依法审结52件。新收涉外知识产权案件151件，包括一些具有国际影响的案件，如华为公司与三星公司发明专利纠纷两案，依法审结涉外知识产权案件151件。

二、立足改革先行先试，不断提高审判质效

作为司法改革先行先试的新型法院，广州知识产权法院坚持问题导向，积极探索和推进各项改革创新举措。广州知识产权法院司法改革方面的相关经验，在2016年全省中级法院院长会议上得到推介。

完善新型审判团队组建。在广州知识产权法院法官遴选委员会和广州市人大的大力支持下，广州知识产权法院2016年新选调16名主审法官，共组建25个审判团队，每个团队由1名主审法官、1名法官助理、1名书记员构成，确保以主审法官为中心开展工作，成员之间职责清晰、配合到位，促进了审判质效提高。

推进审判权运行机制改革。按照“让审理者裁判，由裁判者负责”的改革要求，探索建立“审判权、审判监督权、审判管理权”三位一体的审判权运行机制，不断完善审判权力的运行机制。监督法官规范用权，建立案件质量管理监督机制，院长、庭长通过审阅案件提出参考意见，通过督促办案和文书上网等方式行使审判监督权；科学配置审判资源，确保法官在组织、规范、指导、协调审判活动等方面行使审判管理权；主动接受社会监督，严格落实审判流程公开、发放廉政监督卡等制度。

试行审判团队案件动态调整机制。广州知识产权法院受理的案件类型主要集中在民事、行政案件方面，各审判庭工作量的统计较为便捷。因此，广州知识产权法院在案件分配方面，将案件不分类别分配到各审判团队，并以审判团队的结案进度、存案数量为测算依据，采用随机均分为主、疑难复杂案件指定分配的分案模式，建立起审判团队与案件数量相互匹配的动态调整机制。

多措并举统一裁判尺度。通过法官联席会议、法官论坛、法官沙龙等业

务研讨活动，研究疑难案件的法律适用和类案的处理原则，促进案件裁判尺度的统一；通过函复、召开协调会、案件发改评析会等方式，加强对基层法院的业务指导。

协调联动形成保护合力。广州知识产权法院辖区覆盖全省，继续通过走访调研汕头等专利授权量大、知识产权争议较多的产业集聚区，依托知识产权部门在当地设立的快速维权中心，建立诉讼服务处，通过视频技术，开展立案咨询、案件查询、调解、庭审、答疑、接访等远程便民服务，使广州知识产权法院的诉讼服务功能不断拓展和完善；聘请来自社会各界的22名人士作为特邀调解员，与广州知识产权法院法官助理一起开展案件庭审前的调解工作，及时化解纠纷；从行政机关、院校、科研机构等单位聘请了29名专家，组成技术专家咨询委员会，为合议庭审理案件，特别是查明技术事实提供专业意见。2016年以来，广州知识产权法院共有88件案件启用技术专家或技术调查官，他们对案件技术事实所提出的专业意见，采纳率达到100%，前述案件的调撤率为64.7%。

三、自觉主动接受监督，全面推进司法公开

认真贯彻落实市人大常委会决议精神，积极配合各级人大代表、社会团体视察调研，不断加强司法公开，扩大司法宣传，展现司法形象，营造良好司法环境。

自觉接受人大监督。主动汇报法院工作动态，2016年共向市人大常委会报送工作动态26条，及时报告我院在执法办案、司法改革、队伍建设等方面取得的新进展。认真听取各级人大代表意见建议，2016年1月，8名省人大代表到广州知识产权法院视察工作，对我院成立以来取得的成绩表示肯定；3月，市人大常委会主要领导率队到我院视察指导工作，对我院工作给予支持和指导；10月，最高人民法院组织30余名全国人大代表到广州知识产权法院视察工作、听取汇报、旁听庭审，并对广州知识产权法院服务非公经济工作给予充分认可。

主动接受社会监督。全年共有社会各界群众参与“庭审观摩”活动218人次。邀请律师代表到广州知识产权法院座谈，认真听取广州律协的意见建议，尊重和保障律师在诉讼活动中依法行使权利。全国工商联调研组在广州

知识产权法院调研座谈时，对广州知识产权法院加强民营企业知识产权司法保护工作予以充分肯定。

全面推进司法公开。以公开促公正，上网公布符合条件的生效裁判文书3095份。注重对外宣传，首次以中、英、法、日四种语言，发布知识产权司法保护状况白皮书，向外传递我院知识产权司法保护情况。在《中国审判》《中国知识产权报》《南方日报》等期刊，累计报道典型案例、经验举措30余篇，发表论文案例10余篇，积极回应人民群众司法关切。与新浪网合作，借助门户网站平台，直播广州知识产权法院相关案件审理，拓宽庭审受众范围。通过走访、宣讲、发放资料等形式，组织干警参与知识产权法律论坛、讲座32场次。

四、加强法院队伍建设，促进公正廉洁司法

严格落实党要管党、从严治党要求，切实加强审判队伍管理，以深入开展“两学一做”学习教育为引领，高度重视法院队伍正规化、专业化、职业化建设，不断提升队伍的司法能力和水平。

深入推进全面从严治党工作。进一步加强党的组织建设，成立了机关党委和各部门党支部，以主审法官和青年干警为重点发展新党员，党员比例从建院之初的69.2%提升至82.1%。发挥先锋作用，设置“党员示范岗”，全院各类表彰人员中党员占87.9%。综合办公室党支部被省直工委评为“省直单位先进基层党组织”，并被广东省高级人民法院记“集体三等功”。广州知识产权法院抓党建促队建的工作经验，在全省政法队伍建设工作会议上作了重点介绍。

深入推进党风廉政建设和反腐倡廉工作。制定《规范司法工作人员与当事人、律师、特殊关系人、中介组织接触交往行为的实施办法》，进一步规范案件当事人、代理人与法院的沟通渠道，促进广州知识产权法院审判工作廉洁公正，有效防范对法院审判工作的干预。签订党风廉政建设责任书，组织干警赴省廉政教育基地参观学习，做到反腐倡廉工作警钟长鸣。在审判权运行机制改革背景下，注重防范法官办案过程中可能存在的廉政风险，进一步加强案件审理过程中的廉洁机制建设。

努力提升干警司法素能。与暨南大学、厦门大学等国内多家著名高校建

立合作机制，对主审法官及其他在编干警开展全员轮训。积极开展国际交流，先后接待美国、欧盟、英国、韩国等外事来访人员9批100余人，选派10名主审法官参与国际司法交流。广州知识产权法院干警撰写的3篇案例分别被最高人民法院、国家知识产权局评定为优秀案例。广州知识产权法院龚麒天法官被广东省高级人民法院推荐为全国优秀法官。

一年来，广州知识产权法院坚持按高标准、高要求探索法院工作的运行和管理机制，得到了上级领导和社会各界的认可。2016年，中央政法委孟建柱书记、广东省委胡春华书记、最高人民法院周强院长等领导同志莅临广州知识产权法院视察调研，并对广州知识产权法院在司法体制改革方面取得的成效给予充分肯定。

2016年，广州知识产权法院所取得的进步，离不开广东省委和上级法院的正确领导、广州市人大常委会的有力监督，离不开驻地党委、政府和社会各界的关心支持。2016年以来，广州市委、广州市人大主要领导来广州知识产权法院视察调研，对广州知识产权法院工作给予大力支持。

2017年，广州知识产权法院将认真贯彻落实党的十八届六中全会、广东省委十一届八次全会精神，在广州市人大常委会的有力监督、指导和支持下，积极探索，精准发力，主要做好以下工作。

一是进一步牢固树立“四个意识”，深入推进从严治院工作。认真抓好广东省委《关于深入推进全面从严治党的决定》的贯彻落实。牢固树立“四个意识”，特别是核心意识和看齐意识，坚决维护以习近平同志为核心的党中央权威。坚持从严治院，加强党内监督、法律监督、群众监督和舆论监督，努力建设一支党和人民放心的过硬法院队伍。

二是进一步抓好执法办案，推进广东省法治化营商环境建设。严格贯彻落实立案登记制，积极保障当事人行使诉权，妥善审理好新类型、疑难复杂及具有重大影响的知识产权案件，充分运用各种措施惩治侵权行为，助力推进广东省法治化营商环境建设。

三是进一步深化司法改革工作，发挥好知识产权保护的引领作用。改革和优化审判资源配置，进一步完善主审法官和合议庭办案负责制，落实司法责任制，深入开展司法人员分类管理等改革措施，形成良好的法官主导、各类辅助人员权责明晰的审判管理模式。进一步完善技术调查官、咨询专家的工作机制，促进案件技术事实查明的准确和有效。通过建立典型案例参考机制，发挥好典型案例在知识产权尊重和保护方面的引领作用。

四是进一步落实便民措施，深入开展纠纷多元化解机制建设。加强诉讼服务中心建设，形成全方位、立体化的知识产权诉讼服务体系。不断完善审前调解等多元化纠纷解决机制，促进案结事了。积极探索派出法庭的设立工作，为广州知识产权法院辖区内当事人提供更加优质的司法服务。

面对新形势新任务，广州知识产权法院将牢固树立“四个意识”，把握机遇，积极探索，为广东省和广州市的创新驱动发展提供更加有力的司法保障！

附件：

《广州知识产权法院工作报告》相关图表及用语说明

一、2016年收结存案基本情况图（表）

（本报告统计周期为2016年1月1日至2016年12月7日，报告的“全年”“今年”“2016年”也指上述周期。）

表1　2016年收结存案情况统计表　　单位：件

案件类别			收案							结案				未结案			
			旧存			新收											
			一审	二审	合计	一审	二审	其他	合计	一审	二审	其他	合计	一审	二审	其他	合计
民事案件	专利权	发明专利	142	—	142	218	—	—	218	156	—	—	156	204	—	—	204
		实用新型	305	—	305	571	—	—	571	464	—	—	464	412	—	—	412
		外观设计	853	—	853	1540	—	3	1543	1478	—	3	1481	915	—	—	915
		其他案由	34	—	34	68	—	—	68	33	—	—	33	69	—	—	69
	著作权		92	30	122	101	1499	1	1601	92	1299	—	1391	101	230	1	332
	商标权		29	26	55	13	218	2	233	5	181	—	186	37	63	2	102
	不正当竞争		12	6	18	13	43	—	56	7	37	—	44	18	12	—	30

续表

案件类别		收案							结案				未结案			
		旧存			新收											
		一审	二审	合计	一审	二审	其他	合计	一审	二审	其他	合计	一审	二审	其他	合计
民事案件	技术合同	—	1	1	1	11	—	12	—	12	—	12	1	—	—	1
	特许经营	—	12	12	—	46	—	46	—	48	—	48	—	10	—	10
	其他案由	—	—	—	—	2	—	2	—	2	—	2	—	—	—	—
	小计	1467	75	1542	2525	1819	6	4350	2235	1579	3	3817	1757	315	3	2075
行政案件		4	1	5	13	5	—	18	15	2	—	17	2	4	—	6
执行案件		—	—	—	—	—	229	229	—	—	157	157	—	—	72	72
总计		1471	76	1547	2538	1824	235	4597	2250	1581	160	3991	1759	319	75	2153

注：表中专利权案件的“其他案由”是指案由为“专利权权属纠纷、专利申请权权属纠纷、专利权转让合同纠纷”等案件；民事案件的“其他案由”是指案由为“知识产权权属、侵权纠纷”案件；“执行案件”是指案号为“执保”的财产保全执行案件。

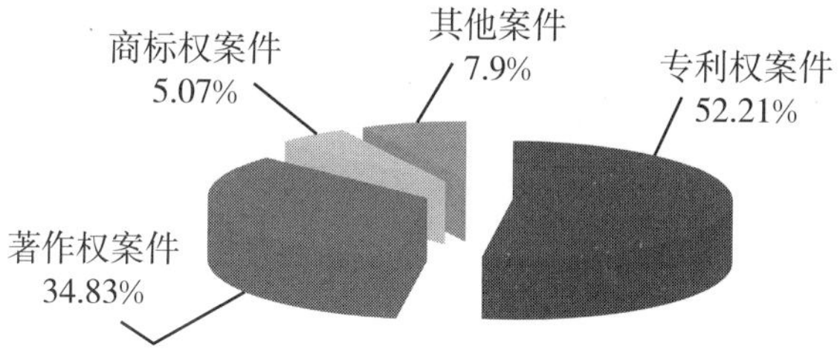

图 1　2016 年各类型案件收案占比图

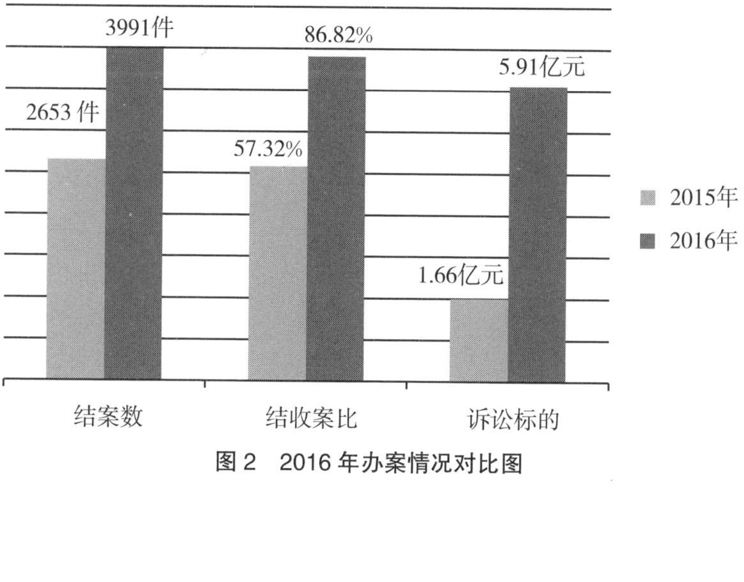

图 2　2016 年办案情况对比图

二、相关用语说明

1.“子弹口红”外观设计专利权纠纷案　法国人克里斯提·鲁布托设计的红底鞋、化妆品、女士手包等产品在全球范围内享有广泛知名度。近年，克里斯提·鲁布托以子弹和王冠造型设计了口红外观设计，并拟推向我国市场，但发现我国两公司制造、销售、许诺销售的口红外观设计与其专利相同或近似。克里斯提·鲁布托遂将两公司起诉至广州知识产权法院。经审理，广州知识产权法院一审判决被告向其赔偿经济损失102万元。

2. VMI荷兰公司诉某橡胶机械公司侵害发明专利权纠纷案　本案中，因某橡胶机械公司无正当理由拒绝向广州知识产权法院提供销售数据，法官根据专利价值、产品价格、利润率、制造能力等推定某橡胶机械公司的获利金额，全额支持了VMI荷兰公司300万元的赔偿请求。

3. 网易公司诉某网络公司侵害著作权纠纷案　本案涉及网易公司著名网络游戏《梦幻西游》。网易公司认为某网络公司出品的游戏侵犯了网易公司《梦幻西游》游戏的计算机软件著作权和相关文字作品著作权，并构成不正当竞争，网易公司诉至广州知识产权法院并请求2000万元赔偿。广州知识产权法院经审理，依法认定某网络公司侵犯了网易公司《梦幻西游》游戏的著作权及构成不正当竞争，责令某网络公司立即停止侵权及不正当竞争行为，赔偿网易公司经济损失1500万元。

4. 法国达索公司诉相关企业侵害计算机软件著作权纠纷案　计算机软件存在技术性强、隐蔽性高、容易损毁等特点，导致证据收集保全难度增大。在广州知识产权法院受理的法国达索公司诉相关企业侵害计算机软件著作权纠纷两案中，法国达索公司申请对相关企业经营场所内的计算机等设备上涉案的CATIA系列计算机软件及相关信息进行证据保全。广州知识产权法院依法准许法国达索公司申请，并安排技术调查官共同参与证据保全，迅速固定涉案侵权证据，为当事人协商解决此次纠纷预留空间。

5. 王建平诉某化妆品公司侵害商标权案　王某注册拥有“生命之树”商标，主张某化妆品公司经销的“生命之树”柔肤露等日化产品侵害了其商标权。一审法院虽认定某化妆品公司构成侵权，但认为该公司经销的产品具有合法来源，仅判决其赔偿王某合理开支49440元。广州知识产权法院在二审中，全面审查涉案证据，正确适用相关法律，认定某化妆品公司合法来源抗辩不成立，改判其赔偿王建平经济损失100万元。

6. 华为公司与三星公司发明专利纠纷两案 2016年5月，华为公司向广州知识产权法院提起诉讼，认为三星公司的Galaxy S6、Galaxy A8等手机侵犯其“一种在界面中添加图标的方法、装置及移动终端”发明专利权，要求三星公司停止侵权。7月，三星公司以华为公司旗下Mate 8等手机在内的几十款手机、平板电脑设备均侵犯其“用于编辑用于主屏幕的页面的移动装置和方法”发明专利权，向广州知识产权法院提起诉讼。

7. 法官联席会议 会议每月召开一次，也可根据需要临时召开，主要由全院法官参加，主要为疑难、新类型案件的处理提供建议和参考意见，对发改案件进行研究论证，对不同审级间存在的问题进行研究，进一步统一案件的裁判尺度。

8. 技术专家咨询委员会 技术专家咨询委员会主要为广州知识产权法院审理技术类案件涉及的技术问题提供咨询。在3年聘用期内，发挥科学技术专业人士在技术查明方面的专业优势，通过协助技术调查官为法官审理的大量技术类案件提供咨询意见，保证案件的审理质量和效率。广州知识产权法院首批技术咨询专家均是广东乃至全国各自所在专业领域的领军人物，包括5个国家重点大学校长，专业领域涵盖机械、通信、医药生物、化学、光电技术、材料工程、计算机等。

9. 全国优秀法官 全国优秀法官是全国法院系统每两年一次的重要表彰奖励，由最高人民法院组织，从全国近20万法官中评选出100名优秀法官代表。2016年10月，广州知识产权法院龚麒天法官从全省法官队伍中脱颖而出，成为广东省法院系统5名“全国优秀法官”候选人之一。

广州知识产权法院工作报告

（2017 年度）

2017 年以来，在广东省委和上级法院的领导指导、广州市人大常委会的监督、社会各界的关心支持下，广州知识产权法院深入落实中央、广东省委和上级法院部署，依法履行审判职责，狠抓司法改革和班子队伍建设，推动全院各项工作取得了新发展、新成效。全年共新收案件 9048 件（数据统计至 2017 年 12 月 14 日，下同），比上年同期增长了 92.22%；办结 7023 件，同比增长了 67.65%。司法改革深入推进，制定实施了一批新的改革配套措施，确保了办案质量和效率的持续提高。队伍建设深入发展，涌现出了以全国优秀法官龚麒天为代表的一批先进典型，整体法律业务素质和司法能力得到新的提升。

一、认真落实上级部署，明确工作思路和发展目标

2017 年以来，广州知识产权法院深入落实中央、广东省委和上级法院各项重大部署，特别是深入学习贯彻党的十九大和省十二次党代会精神，围绕建设“新型化、专业化、现代化”审判机关的总体要求，进一步理清工作思路，明确工作重点和发展目标。特别是 2017 年 4 月新一任领导班子组建后，全面总结建院以来全院工作取得的成效及积累的经验，深入查找存在的问题和不足，立足新时代、新任务、新要求，明确确定全院工作的总体工作思路和发展目标为“办精品案件、育精英法官、建现代法院”。要求围绕这一目标，全面加强审判工作、深化司法改革、推进队伍建设，全力提升公正司法水平，充分发挥好全院工作为广东省实施创新驱动发展战略提供司法保障的应有职能作用。

为使全院干警更好地凝聚共识、明确要求，自 2017 年 7 月以来，在全院各部门和全体干警中深入开展“办精品案件、育精英法官、建现代法院”大学习、大讨论、大竞赛活动。通过学习讨论，统一了大家的思想认识，征求到了一批好的意见建议，营造出了争办精品案件、争当精英法官、争建现代法院的良好氛围。围绕总体发展目标，各部门积极研究制定加强和改进工作的具体措施，有力推进了各项工作的创新发展，确保全院工作不断取得新成效。

二、依法履行审判职责，全力提升办案效率和质量

法院的基本职责和第一要务是履行审判职责、又快又好办案。2017 年以来，面对新收案件大幅增加的严峻形势，全院干警顽强拼搏、勇于付出、加班加点办案，确保了办案任务的胜利完成。同时，严把案件质量关，深入落实公平正义的总要求，坚持依法保护知识产权人的合法权益，依法规范知识产权市场秩序，依法制裁违约侵权行为，努力为广东省创新驱动发展战略的深入实施提供有力的司法保障。全年全院法官人均办结案件 260 件，同比增长了 36.84%；上诉案件发改率比上年下降了 5.65 个百分点。

全面加强专利权案件审判工作。全年共新收专利权纠纷案件 4357 件，同比增长了 79.23%；办结 3042 件，同比增长 36.52%。其中新收案件中，涉及广州地区当事人的案件有 1075 件，占收案总数的 24.67%。在办理具体案件中，坚持准确查明案件事实，依法确认权利归属，严格审查专利权利保护范围，公正认定合同效力，合理确定赔偿数额。如在审理日本某电线公司诉广州某电子公司侵害发明专利纠纷一案中（原告、被告均属于全球电磁屏蔽膜行业领军企业，市场规模均位居全球前三），广州知识产权法院经过证据保全、开庭审理、技术调查官提供鉴定意见等程序，依法审查涉案专利说明书、专利授权审查档案、公知文献等证据资料，对存在争议的专利结构特征进行详细解释，最终认定被告的涉案产品与原告相关专利权利要求不同，驳回了原告的全部诉讼请求，依法维护了我国企业的合法权益。在审理广州某药业公司诉某制药公司技术转让合同纠纷一案中，针对案涉医药临床试验技术专业问题，广州知识产权法院通过发放调查令、

走访广东食药监局等方式，查明涉案药品存在修改临床指标、病历记录不实等问题，不符合药品注册核查要求，依法支持原告提出的解除合同请求，判决被告返还原告款项1000万元。

全面加强商标权案件审判工作。全年共新收商标权纠纷案件415件，同比增长了74.37%；办结300件，同比增长57.89%。其中新收案件中，涉及广州地区当事人的有322件，占收案总数的77.59%。在办理具体案件中，依法保护商标权利人的权益，注意审查商业标识之间的差别，强化对驰名商标的保护力度，研究解决新型商标类权利的司法保护问题，积极探索提高严重侵犯商标权行为所应支付的赔偿数额。如在审理某印刷科学公司诉某精密机电公司等侵害商标权纠纷一案中，广州知识产权法院积极运用市场价值方式提高赔偿数额，通过详细审查原告多年财务报表数据，综合确定单位产品平均利润率，依法判决被告赔偿原告130万元。在审理美国NBA产物股份有限公司诉某科技公司等侵害商标权及不正当竞争纠纷一案中，在国内首次确认人物形象应有的专属权利，依法认定被告将美国知名篮球赛事球员、球队形象等卡通化后用于游戏运营的行为构成侵权，判决被告赔偿原告300万元，西方主流媒体对此给予了高度评价，较好地树立了我国特别是广东、广州地区的知识产权保护法治形象。

全面加强著作权案件审判工作。全年共新收著作权纠纷案件3698件，同比增长了122.5%；办结3200件，同比增长120.69%。其中新收案件中，涉及广州地区当事人的有3024件，占总数的81.77%。在办理具体案件中，既依法保护著作权人的合法权益，依法规范市场秩序，同时又注重尊重著作权市场规律，鼓励系列案件当事人协商和解，以降低当事人维权成本和国家司法成本。同时，积极研究对网络游戏直播等涉及新类型作品的法律保护问题，依法规范各类新兴文化市场秩序。如广州知识产权法院在一审审理广州某计算机公司诉某网络科技公司侵害著作权及不正当竞争纠纷一案中，依法认定网络游戏在终端设备上运行呈现的连续画面，属于以类似使用摄制电影的方法创作的作品，判定被告直播网络游戏的行为构成侵权，赔偿原告经济损失2000万元。

三、推进司法体制配套改革，全力提升审判工作水平

2017 年以来，广州知识产权法院认真落实上级法院部署，全面强化改革创新力度，进一步深入推进司法体制配套改革，努力向改革要质量效率，以改革促进发展提升。**一是积极探索知识产权案件繁简分流**。自 2017 年 10 月起，在立案庭、专利庭分别设立了专门的速裁团队，集中审理事实清楚、证据充分、法律关系明确的简单案件，实行简化庭审程序和裁判文书写作，并快审快结，除特殊情况外都应在收案 30 日内结案。这项改革已经取得初步成效，大大促进了办案效率的显著提高。**二是深入推进审判监督管理机制改革**。为确保办案质量，在全面落实司法责任制的基础上，制定实行《关于对可能有质量问题的案件进行复查处理的暂行规定》，对所有发回、改判案件逐件复查，确保能够及时发现并纠正存在问题。建立重大、敏感案件报告制度，制定实行《重大疑难复杂、新类型案件处理暂行规定》，确保院、庭领导对重大、疑难案件能够及时指导、全程监督。**三是全面实行专业法官会议制度**。制定《关于建立专业法官会议制度的实施方案》，在全院成立专利、著作权、商标等三个专业法官会议，负责讨论重大疑难案件，统一裁判标准，指导各项审判工作的深入开展。**四是健全技术调查官配套制度**。聘请国家知识产权局专利局专利审查协作广东中心的 22 名审查员作为技术顾问，有关高等院校、科研机构的 29 名资深专家作为技术专家咨询委员会成员，形成了以广州知识产权法院技术调查官团队为核心，以技术顾问、咨询专家为辅助的多元化技术调查体系，为各项审判活动的开展提供了全方位的技术支撑。全年技术调查官及有关顾问、专家参与审理案件 186 件。**五是深入推进司法为民工作**。全面落实司法便民措施，深入开展网上立案工作，目前网上立案率已经达到 91%，名列广东省首位。加强巡回审判工作，继 2016 年在中山、汕头设立诉讼服务处后，2017 年广州知识产权法院又在东莞设立了诉讼服务处，不断健全远程便民诉讼服务体系。

四、自觉接受人大和社会监督，努力树立公正司法形象

自觉接受人大监督。认真落实广州市人大常委会审议广州知识产权法院 2016 年度工作报告的决议，采取有效措施加强审判权运行机制建设，狠抓队伍建设和业务能力建设，扎实提升审判工作的质量和效率。积极向广州市人

大内司委报告2016年上半年工作情况，认真落实广州市人大常委会对上半年工作报告的审议意见，并以此为契机不断加强和全面改进各项工作。全力配合全国、省、市三级人大常委会开展执法检查、专题调研和代表视察活动。积极参与广州市人大常委会司法工作联网监督系统建设，认真协助设计司法数据需求，为完成联网监督系统知识产权法院模块建设打好基础。

主动接受社会各界监督。积极开展法院开放日活动，邀请人大代表、政协委员、行业协会代表及媒体记者旁听案件庭审，听取他们对法院工作的意见建议。加强与省、市知识产权保护协会、律师协会的沟通联动，广泛合作开展业务研讨、课题调研等活动，为深入推进全省、全市知识产权保护事业贡献力量。积极与暨南大学等省内高校合作，开展送法进校园、联合举办学术研讨会等活动，积极听取专家学者的意见建议。

深入开展法治宣传。结合审判工作，通过各大新闻媒体和网站、微信公众号等平台，积极向社会公布重大典型案件的审判情况，宣传知识产权法律知识，努力在全社会营造重视、尊重、保护知识产权的法治环境。在“4·26”世界知识产权日前后组织集中宣传，发布2016年知识产权司法保护白皮书及十大典型案例。开展送法进企业、进园区系列活动，组织优秀法官先后到南沙自贸区、广州高新区和各地开发区、有关企业进行法制宣讲，服务园区和企业发展，受到广泛欢迎。

五、狠抓班子队伍建设，全力提升司法能力

2017年以来，广州知识产权法院进一步加大班子队伍建设力度，制定实行了一系列具体措施，促进队伍整体素质和司法能力得到全面提升。**一是狠抓政治建设和纪律作风建设**。组织全院干警深入学习贯彻习近平总书记重要系列讲话精神，学习贯彻党的十九大和省十二次党代会精神，努力使大家牢固树立“四个意识”，认清新时代新思想新使命，促进政治思想素质的不断提高。深入推进纪律作风建设，持续开展廉洁司法教育、纪律作风专题教育等活动，在各部门设立廉政监察员，强化对审判人员的管理和监督，确保队伍清正廉洁。**二是全面加强审判业务研讨**。建立健全业务学习制度，每周各专业法官会议组织法官及其他审判人员开展专题业务学习，每月邀请全国知

名专家学者来院授课，及时研讨审判工作中的重点、热点、难点问题。搭建学习调研成果交流平台，创办院刊《知产法苑》，编辑出版《知识产权精品案例评析（2015—2017）》。认真承办广东省高级人民法院主办的“知识产权司法保护与市场价值研讨会”，与暨南大学联合举办了“技术调查官制度研讨会”。**三是深入推进法院文化建设**。抓紧建设图书馆、展示馆、法官文化墙。积极开展法官沙龙、学习论坛、全员读书等活动，丰富干警文化生活。加强网站建设，在内网开辟法官主页，及时交流学习心得。鼓励和支持干警参加高层次教育，目前全院有 5 人正在攻读博士学位。**四是积极开展对外沟通交流**。加强与省、市知识产权局的沟通协作，与广东省知识产权局联合主办了第一届广东知识产权司法保护论坛，邀请高新企业代表、专家学者 100 多人与会。加强对外司法交流，认真接待日本、欧盟等参访团来访，积极向他们介绍我国知识产权保护的成效和经验。

总之，2017 年广州知识产权法院的工作取得了较好的成效。这既是全院干警顽强拼搏、不懈努力的结果，更是各级领导指导支持、各级人大代表和社会各界人士关心支持的结果。2017 年以来，广东省委任学锋副书记、广州市人大陈建华主任等领导先后带队到广州知识产权法院调研指导工作，看望慰问干警。

新的 2018 年，广州知识产权法院将继续深入学习贯彻党的十九大精神，牢固坚持以习近平新时代中国特色社会主义思想为指导，深入落实中央、省委和上级法院的各项部署，围绕更好地服务和保障创新驱动发展战略的实施和广州国际科技创新枢纽建设，进一步扎实推进办案工作、司法改革和队伍建设，多办精品案件，多育精英法官，多出现代法院建设经验，推动全院工作进一步开创新局面，取得新成效。突出抓好以下五项工作。

一是牢固坚持以习近平新时代中国特色社会主义思想指导审判、推动发展。要继续深入学习贯彻党的十九大精神，牢固坚持以习近平新时代中国特色社会主义思想为指导，确保全院工作的政治方向。围绕服务和保障加快创新型国家、创新型广东建设的总体要求，进一步明确工作重点和具体措施，确保工作成效。大力支持广州市加强知识产权保护工作，为不断改善广州市知识产权法治环境作出应有的贡献。

二是进一步深入推进审判工作。要按照公平正义的总要求，认真履行知识产权审判职责，确保依法及时公正审理好每一宗案件。要继续深入推进“精品案件”工程建设，及时研究解决遇到的重大法律适用问题，努力把每一宗重大、典型案件都办成精品案件。要全面加强专题调研，及时总结审判经验，促进公正司法水平的不断提升。

三是进一步扎实推进队伍建设。组织全院干警持续深入学习党的十九大精神，在学懂弄通做实上下功夫，并确保在思想上、组织上、行动上与以习近平总书记为核心的党中央保持高度一致。全面加强机关党建工作，健全各项党建制度，着力提升党建工作水平。扎实推进精英法官培育工作，认真开展员额法官遴选，全面提升法官助理、书记员等司法辅助队伍素质。继续全面强化业务学习培训，积极探索改进培训方式，尽快建成学习型法院。

四是进一步全力抓好现代法院建设。深入落实各项司法改革部署，深化司法体制配套改革，狠抓审判运行和管理机制改革创新，不断完善相关制度体系。加快推进办公大楼升级改造，完善各项保障设施，改善办公办案条件。按照最高人民法院的要求下大力气推进电子法院、智慧法院建设，不断提升信息化、智能化水平。

五是进一步强化法制宣传和对外交流。狠抓重大典型案例和优秀法官的宣传，不断深化宣传成效。坚持送法进校园、进园区、进企业，努力营造知识产权司法保护氛围。增强司法自信，积极开展对外司法交流，不断塑造我国保护知识产权的法治形象。

面对新形势新任务，我们将以习近平新时代中国特色社会主义思想为指引，不忘初心，牢记使命，扎实工作，全力推进全院工作的深入发展，为广东省创新驱动发展战略的深入实施作出应有的贡献！

附件：

《广州知识产权法院工作报告》相关图表及用语说明

一、2017年收结存案基本情况图（表）

（本报告统计周期为2017年1月1日至2017年12月14日，报告的“全年”“今年”“2017年”也指上述周期。）

表 1　2017 年收结存案情况统计表　　　　单位：件

案件类别			收案								结案				未结案			
			2016 年旧存				2017 年新收											
			一审	二审	其他	合计	一审	二审	其他	合计	一审	二审	其他	合计	一审	二审	其他	合计
民事案件	专利权	发明专利	165			165	369			369	285			285	249			249
		实用新型	309			309	1102		1	1103	801		1	802	610			610
		外观设计	647			647	2812			2812	1894			1894	1565			1565
		其他案由	31			31	73			73	62			62	42			42
		小计	1152			1152	4356		1	4357	3042		1	3043	2466			2466
	著作权		87	58	1	146	178	3515	5	3698	146	3048	6	3200	119	525		644
	商标权		30	24	2	56	25	389	1	415	18	281	1	300	37	132	2	171
	不正当竞争		14	2		16	8	52		60	10	35		45	12	19		31
	垄断纠纷		2			2	4			4	4			4	2			2
	商业秘密合同		1			1	1			1	1			1	1			1
	技术合同		2			2	10	9		19	3	7		10	9	2		11
	特许经营合同			6		6		100	1	101		77		77		29	1	30
	企业名称（商号）权纠纷							1		1		1		1				
	网络域名纠纷			6		6										6		6
	其他案由		1			1	15	21		36	8	9		17	8	12		20
	小计		1289	96	3	1388	4597	4087	8	8692	3232	3458	8	6698	2654	725	3	3382
行政案件				3		3	1	3		4		1		1	1	5		6
执行案件					1	1			352	352			324	324			29	29
总计			1289	99	4	1392	4598	4090	360	9048	3232	3459	332	7023	2655	730	32	3417

注：表中专利权案件的“其他案由”是指案由为“专利权权属纠纷、专利申请权权属纠纷、专利权转让合同纠纷”等案件；民事案件的“其他案由”是指案由为“知识产权权属、侵权纠纷”案件；“执行案件”是指案号为“执保”的财产保全执行案件。

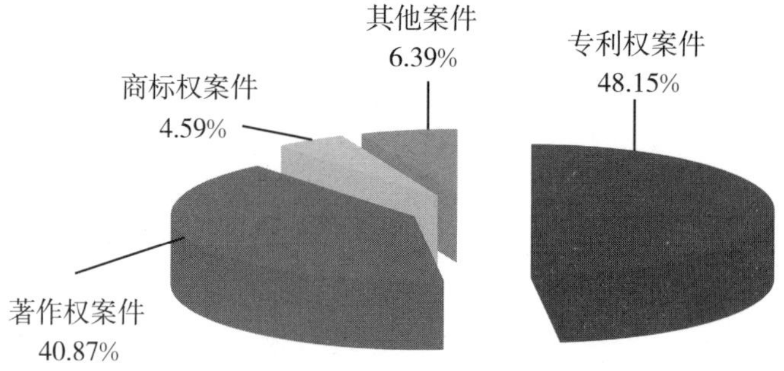

图 1　2017 年各类型案件收案占比图

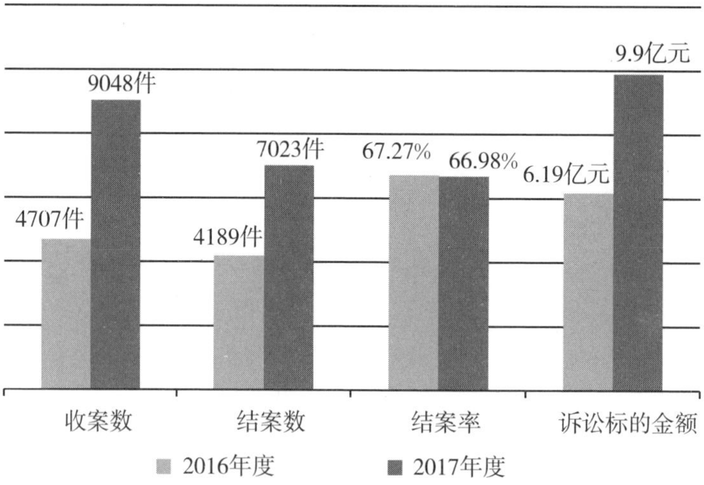

图 2　2017 年办案情况对比图

二、相关用语说明

1. 日本某电线公司诉广州某电子公司侵害发明专利权纠纷案　在电磁屏蔽膜领域，原告日本某电线公司是全球市场规模最大的企业，被告广州某电子公司在该领域全球排名前三、中国排名第一。原告以被告销售的电磁屏蔽膜产品侵害其发明专利权为由向广州知识产权法院提起诉讼。广州知识产权法院依法全面审查涉案发明专利说明书、专利授权审查档案，并结合公知文献，对双方当事人存在争议的权利要求进行解释，最终认定被告生产的涉案屏蔽膜产品的相关结构，与原告发明专利的相关权利要求不同，一审判决驳回了原告的全部诉讼请求。该案的处理结果将对全球电磁屏蔽膜行业产生重要影响。

2. 广州某药业公司诉某制药公司技术转让合同纠纷案 原告广州某药业公司与被告某制药公司签订协议，约定被告将安宫止血胶囊新药技术及相应的发明专利转让给原告，双方共同申请新药证书并实现工业化生产。后双方因该新药品种的临床试验数据存在问题无法获得注册批准而产生纠纷，原告诉至广州知识产权法院要求解除合同，并要求被告退还1000万元的已支付款项。本案涉及医药临床试验技术专业问题，广州知识产权法院通过发放调查令、走访广东食药监局、申请技术调查官协助等多种手段，查明涉案药品存在修改临床疗效判断指标、试验时间与发药时间不符等问题，不符合药品注册核查要求，据此，依法支持原告提出的解除合同请求，一审判决被告返还原告款项1000万元。

3. 某印刷科学公司诉某精密机电公司等侵害商标权纠纷案 知识产权的市场价值与损害赔偿数额的确定一直是业界难点，本案中，原告某印刷科学公司主张以被告某精密机电公司的侵权获利来认定赔偿数额，法院根据所查明的客观数据，综合考虑原告多年财务报表中营业额、净利润及产品类型构成等因素，确定产品利润率，同时参考价格认证中心对被诉侵权产品单价作出的鉴定结论，结合司法会计鉴定所出具的被诉侵权产品的销量统计数据，通过清晰的计算方法确保案件赔偿数额客观科学，案件在解决知识产权案件赔偿难问题方面，进行了有益的探索。

4. 美商NBA产物股份有限公司诉某科技公司等侵害商标权及不正当竞争纠纷案 NBA联赛在世界范围具有极高知名度，NBA球员形象能够与NBA联赛产生特定对应关系，构成NBA识别特征。对NBA识别特征的商品化垄断使用将产生巨大经济利益，这种利益属于法律保护的利益，应归属原告美商NBA产物股份有限公司。被告蓝飞公司等未经许可在经营的网络游戏中使用NBA球员卡通形象，属于违反诚信原则和商业道德的行为，损害了原告的民事利益，扰乱了公平竞争的市场秩序，构成不正当竞争，广州知识产权法院依法判决被告赔偿原告300万元。

5. 广州某计算机公司诉某网络科技公司侵害著作权及不正当竞争纠纷案 原告广州某计算机公司认为被告某网络科技公司提供游戏直播的工具和平台，以利益分成的方式，召集、签约主播进行《梦幻西游2》游戏直播，侵犯原告的著作权，并构成不正当竞争，诉请1亿元赔偿。广州知识产权法院经审理，依法认定网络游戏在终端设备上运行呈现的连续画面，属于以类似摄制电影的方法创作的作品，认定被告对网络游戏进行直播的行为侵犯原告的著作权，一审依法判决被告停止侵权行为，并赔偿原告经济损失2000万元。

6. 专利案件“4+N”审理法 在专利审判工作中推行“4+N”模块式审理方法，并针对符合条件的一审专利简单案件设计相应的要素式简版文书。“4”指案件一般都会遇到的“权利状态”“行为认定”“技术对比”“法律责任”四大模块，“N”指此基础之上常遇到的被诉侵权人依据专利法提出的抗辩理由，包括“合法来源抗辩”“先用权抗辩”“现有设计或现有技术抗辩”等。

7. 技术顾问 广州知识产权法院与国家知识产权局专利局专利审查协作广东中心建立的合作新模式，技术顾问由该中心审查员兼任，覆盖机械、电学、通信、化学和计算机等领域。技术顾问轮流到法院定期坐班，弥补当前技术调查官专业领域存在的不足。法官可根据案件调查的复杂程度，优先排期所需领域的技术顾问参与办案。该制度自2017年5月试行以来，共有146人次的技术顾问来广州知识产权法院坐班，协助广州知识产权法院技术调查官参与了57宗案件的技术事实查明工作。

8. 技术专家咨询委员会 技术专家咨询委员会主要为广州知识产权法院审理技术类案件涉及的技术问题提供咨询。在3年聘用期内，发挥科学技术专业人士在技术查明方面的专业优势，通过协助技术调查官为法官审理的大量技术类案件提供咨询意见，保证案件的审理质量和效率。广州知识产权法院首批技术咨询专家均是广东乃至全国各自所在专业领域的领军人物，包括5个国家重点大学校长，专业领域涵盖机械、通信、医药生物、化学、光电技术、材料工程、计算机等。

9. 全国优秀法官 全国优秀法官是全国法院系统每两年一次的重要表彰奖励，由最高人民法院组织，从全国近20万法官中评选出100名优秀法官代表。2017年1月，广州知识产权法院龚麒天法官被最高人民法院评为全国优秀法官，成为广东省法院系统5名全国优秀法官之一。

10. 全国法院先进个人 全国法院先进个人是全国法院系统每两年一次的重要表彰奖励，由最高人民法院组织，从全国法院干警中评选出业绩优异、表现突出、群众公认的260名先进个人。2017年11月，广州知识产权法院谭海华法官从广东省法院干警队伍中脱颖而出，成为广东省法院系统14名全国法院先进个人候选人之一。

11. 专业法官会议 广州知识产权法院共设立专利、著作权、商标等三个专业法官会议，分别以对应业务庭的主审法官为主体组建，相关业务庭负责人为各专业法官会议的召集人。主要职责为研究讨论重大、疑难和新类型案件的处理，组织开展重大法律问题的学习研究和专题研究，统一类型案件裁判标准，指导全院相关审判工作的开展。

12. 掌上法院 “掌上法院”作为一款手机软件，切合当下移动客户端及时、便利、高效的特点，融入了包括审务公开、路线导航、新闻动态、法院公告、庭审直播等20余项诉讼服务功能，进一步便捷了当事人参与诉讼。

13. “要素式”裁判文书 将适用于外观设计案件及简单实用新型案件的表格式裁判文书，本着简明、规范、易懂原则，在确保当事人信息、案由、判决主文等必备要素齐全的基础上，对案件事实采用表格列举方式重点突出争议焦点，列举内容包括专利的基本情况、对比事实、被诉侵权行为及依据、原告的经济损失及合理维权费用、被告的抗辩情况及依据，以及其他未尽事实。

14. 法官助理独立跟案 广州知识产权法院首批3名独立跟案的法官助理，平均从事法院工作11年，均在原单位担任过法官，任法官期间，人均办案超过1000件，办案经验丰富，完全能够胜任独立跟案工作。

广州知识产权法院工作报告（意见征求稿）
（2018 年度）

2018 年以来，在广东省委领导和上级法院指导、广州市人大及其常委会的监督下，广州知识产权法院牢固坚持以习近平新时代中国特色社会主义思想为指导，认真学习贯彻党的十九大精神，全面落实中办、国办《关于加强知识产权审判领域改革创新若干问题的意见》要求，全力推进“办精品案件、育精英法官、建现代法院”等三大工程建设，狠抓执法办案、司法改革和队伍建设等各项工作，推动全院工作取得了新发展、新成效。

——**办结案件数再创历史新高**。2018 年 1~10 月（以下数据均截至 2018 年 10 月 31 日），全院共受理各类案件 8113 件，办结 6515 件，同比分别增长了 9.56% 和 21.46%，均再创历史新高；法官人均结案 260 件，同比增加了 46 件，继续在全省各中级法院中处于遥遥领先位置。

——**审判质效持续向好**。当事人对广州知识产权法院一审裁判的服判息诉率持续提升，达到 59.69%，同比上升 12.45%；一审裁判上诉被广东省法院改判、发回重审的比率降至 3.89%，为全省各中院最低。持续保持无重大信访投诉案件、无严重违法违纪问题的良好局面。

——**先进典型培养取得重大进展**。广州知识产权法院是 2017 年度唯一一个被省法院予以集体嘉奖的中级法院，立案庭被最高人民法院授予全国法院知识产权审判工作先进集体，谭海华、邹享球和黄彩丽等被授予全国法院先进个人、全国法院知识产权审判工作先进个人等荣誉称号。

——**服务大局开创出了新的局面**。制定实施了依法推动创新驱动发展战略实施的《实施意见》。积极开展了“服务和保障科技创新十大案例”评选。在惠州市建成仲恺巡回审判法庭并于“4·26 国际知识产权日”投入使用。佛山、东莞、中山、江门等地巡回审判法庭和诉讼服务处建设也正在顺利推进。

——**司法公信力和司法形象获得新的提升**。越来越多的行业巨头、域外当事人选择来广州知识产权法院起诉，使广州知识产权法院逐渐成为知识产权争端解决“优选地”。世界五百强之一的美国亨氏集团、英国驻广州总领事等专门给广州知识产权法院写来感谢信，表扬法官勇于公正司法、维护公平正义的职业品格和法律精神。

一、认真落实上级部署，不断提升为大局服务水平

深入落实中办、国办《意见》要求。中办、国办《关于加强知识产权审判领域改革创新若干问题的意见》下发后，广州知识产权法院认真组织学习，紧密联系实际，狠抓贯彻执行。积极开展专题调研，制定印发了《关于深入学习贯彻 < 关于加强知识产权审判领域改革创新若干问题的意见 > 的实施意见》，全面确立了严格保护、全面保护、推进创新的司法理念，并对破解“三难”问题、加强审判体系建设、推进各项审判工作和队伍建设等，提出了具体意见要求。各部门结合自身工作实际，都制订实行了具体的落实措施。

全力服务科技创新强省建设。牢固树立为科技创新提供司法保障的指导思想，在 2018 年初会同广东省委政法委、广东省知识产权局赴各地高新区联合开展专题调研的基础上，制定实施了《关于依法推动创新驱动发展战略实施、为广东省科技创新强省建设提供有力司法保障的实施意见》。积极参与知识产权保护机制建设，与广东省人民检察院广铁分院、广东省科技厅、广东省知识产权局等共同签署了《加强知识产权保护工作协作协议》，与广东省知识产权局联合主办了第一届广东知识产权司法保护论坛。全院受理的全省范围内涉及专利、技术秘密、计算机软件等技术类的案件已达 3302 件，占到了一审案件总数的 98.13%。同时，坚持积极为广州市科技创新服务，全院受理的一审技术类案件中，涉及广州市的 1172 件，占比超过三分之一；办理的“恒利公司诉杰薄斯公司、艾克玛特公司商标侵权案”，入选广州市法治化营商环境建设十大案例。

研究确立三年发展目标。根据“办精品案件、育精英法官、建现代法院”的工作思路和任务要求，组织专门力量研究制定了《办精品案件、育精英法官、

建现代法院三年规划纲要（2018—2020）》，确立了30余项具体措施，为各项工作发展提供了基本遵循。全院各部门按照《纲要》要求，进一步分解任务，细化措施，全力推动“办精品案件、育精英法官、建现代法院”三大工程建设的深入开展。

二、依法履行审判职责，深入推进办案工作

多措并举狠抓清案工作。2018年1~10月，全院共新收专利权案件3117件，同比下降15.55%；新收著作权案件3962件、同比增长36.38%；新收商标及不正当竞争案件582件，同比增长57.72%。面对新收案件总体大幅增长的严峻形势，大力开展清案工作，不断提升审判效率，确保完成办案任务。一是强化审判力量配置，积极从后勤、行政部门选调有专业教育背景、从事过审判工作的人员充实办案团队，调动一切力量投入清案专项活动；二是动员广州知识产权法院加班加点办案，在清案中锤炼队伍，提升队伍战斗力，干警平均每月自觉加班8天以上，部分审判团队每月加班近20天；三是建立清案考核奖惩机制，对连续两个月办结案件数排在全院后五位的法官，所在审判庭负责人约其谈话，帮助制订具体措施，连续三个月办结案件数排在全院后五位的，主管院领导约其谈话，帮助分析原因，研究制订对策。四是加强后勤服务工作，认真做好诉讼保全、车辆安排、加班用餐等保障工作，确保清案工作顺利进行。在院党组的号召带动下，通过全院干警的辛勤努力，较好完成了办案任务。截至目前，全院办结案件数同比增长21%以上，其中办结专利权案件2722件，同比增长13.89%；办结著作权案件3131件，同比增长33.12%；办结商标及不正当竞争案件394件，同比增长45.93%。

加强重大疑难案件审判工作。制定印发《广州知识产权法院重大疑难复杂、新类型案件处理暂行规定》，对重大疑难复杂、新类型案件从立案到结案实行全程跟踪管理，强化组织领导，深入研究解决法律适用问题，确保办案效果。建立重大疑难案件专报制度，每半个月编印一期，发本院各部门并报上级法院，及时反映全院重大疑难案件审判情况。妥善审结一批重大案件，有效树立保护科技创新成果、促进文化繁荣发展、促进市场健康发展的鲜明导向。广州知识产权法院审理的“大自达屏蔽膜”专利权纠纷案依法认定专

利权保护范围，维护了国内当事人合法权益，裁判结果对全球电磁屏蔽膜行业格局带来深远影响；在格力诉奥克斯一案中依法运用证据妨碍制度，判赔4000万，创专利侵权个案判赔数额新高，有力打击了侵权行为，引发社会各界积极反响；在华进联合公司诉百度公司不正当竞争纠纷一案中，判决百度公司就竞价排名推广业务收取的服务费为非法所得，依法予以收缴，在适时纠正市场主体违法行为的同时，引导互联网行业守法经营，有力促进互联网行业的长远健康发展。

着力破解“举证难、赔偿低、周期长”等三难问题。努力破解“举证难”问题，制定专利、商标、著作权审判指引，细化专家证人、证据披露、证据妨碍排除、律师调查令等工作规则，依法采取诉讼保全措施案件194件，向电商平台等机构颁发律师调查令15件。努力破解“赔偿低”问题，加强知识产权市场价值研究，对重复侵权、恶意侵权的侵权人加大判赔力度，2018年广州知识产权法院判赔数额达到7.23亿元。努力破解“周期长”问题，在立案庭、专利庭分别设立速裁团队，集中审理简单案件，简化庭审程序和裁判文书写作。速裁团队共办结案件1800余件，占全院同期结案数量的三分之一以上，平均结案期限为52天。

三、践行司法为民宗旨，不断提升公正司法水平

大力推进诉讼服务体系建设。积极推动信息技术与诉讼服务深度融合，全面开展“网上立案”和“电子送达”工作，让信息多跑路、让群众少跑腿。自网上立案平台开通以来，全院网上立案率平均高达92%以上，处于全国领先地位。推动诉讼服务中心功能转化升级，融入掌上法院和智慧法院系统，实现诉讼服务中心从“一站式”到“一键式”提升。全面升级诉讼服务大厅，健全诉讼服务设施，完善诉讼服务机制，确保做到来访有人接、材料有人收、疑问有人答、投诉有人管。法院外网全面升级改版，进一步完善便民功能。

全面强化审判指导工作。认真办理广州市各基层法院知识产权上诉案件，结合办案强化业务指导，1~10月共受理二审案件4504件，办结3556件，分别占全院受理和办结案件数的55.52%和54.58%。认真履行对下指导职责，全面加强审判业务指导工作，制定实行了《关于加强与广州市基层法院知识

产权审判业务工作沟通协调的若干意见》，成立了审判业务指导小组，及时了解掌握工作情况，帮助解决遇到的重大疑难法律适用问题。先后召开了广州全市知识产权审判工作座谈会、部分法院知识产权审判工作研讨会，进行面对面指导交流。

加强涉外案件“优选地”建设。根据广东省委要求，广州知识产权法院牵头完成涉外知识产权案件司法保护专题调研，为优化国际化法治化营商环境提供决策参考。坚持平等保护原则，依法维护中外当事人的合法权益，依法公正裁判案件，切实做到程序公正、实体公正。2018 年，广州知识产权法院审结涉外、涉港澳台案件267件，占民事案件结案总数的4.17%，其中包括“大自达屏蔽膜”专利权纠纷案在内的一批著名企业案件。平均审理时长近4个月，而日本个案平均审理周期为 11.6 个月，欧盟主要国家为 18 个月，美国专利案件仅审理前期准备就需 29 个月[①]，相比之下，广州知识产权法院审判效率优势明显，大幅节省外方当事人维权成本，进一步擦亮知识产权争端解决“优选地”品牌，社会各界予以普遍肯定。

四、深化司法改革，推动完善司法体制机制建设

深入开展改革创新年活动。2018 年初院党组就确定 2018 年为全院“改革创新年”，要求各部门结合各自工作实际深入开展改革创新活动，坚持向改革要质量、用改革提效率、以改革促发展。进一步优化综合办公室职责分工，将审判管理、诉讼保全等职责调整给其他部门负责，在其内部成立了行政综合、机关事务、人力资源、公共关系、发展研究 5 个工作部，明确岗位要求，统筹推进各项工作。完善审判业务庭管理机制，在每个庭设立了庭长助理，与部门负责人、廉政监察员共同管理庭室内部的行政事务和队伍建设，基本实现了庭务事项统一管理、法官团队负责办案的新型庭务管理机制。加强技术调查机制建设，充分发挥“技术调查官 + 技术调查官助理 + 技术咨询专家”队伍力量，主动搭建技术鉴别工作平台，持续强化对办案工作的技术支持，2018 年技术调查官及助理、咨询专家参与诉讼保全、审理案件 402 件，同比增长 78.66%。

① 国外审理周期数据来源于 2018 年 4 月 19 日最高人民法院新闻发布会。

全面强化审判监督管理机制建设。全面落实发改案件复查制度，对广东省高级人民法院发回改判的案件，逐一指定专门的核查人，逐级审批后提交审委会讨论，2018 年共复查发改案件 18 件。充分发挥专业法官会议的作用，截至 2018 年 10 月，三个专业法官会议共召开会议近 20 次，讨论案件 50 余件，会议意见采纳率达到 90% 以上，有效提升了办案质量。全面加强审委会工作，实行各业务庭负责人列席审委会制度，及时制定指导意见，讨论重大疑难案件，2018 年审委会共讨论案件 19 件，有力发挥对审判工作的指导作用。

探索健全知识产权审判体系。与惠州仲恺高新区合作，于 2018 年 4 月 26 日共同建设完成了仲恺巡回审判法庭，极大推动了我院审判体系建设，建成了辐射粤东地区的知识产权审判中心。与佛山、东莞政府部门共同推进佛山、东莞巡回审判法庭建设，现已进入施工建设阶段，力争早日挂牌运行。在没有条件设立巡回审判法庭的省级以上高新区，积极落实诉讼服务全覆盖的预定目标，现正抓紧推进江门、珠海等地诉讼服务处建设。构建多元化矛盾纠纷化解机制，认真落实最高人民法院要求，与广州市司法局、律师协会合作建设“律师调解工作室”，聘请 36 名知识产权专业知名律师轮流“驻院”调解。同时，与广东省知识产权人民调解委员会合作开展移送、委托调解，充分运用社会力量，提升案件调解结案率，截至目前，全院办结案件调撤率达 30% 以上。

五、狠抓队伍建设，着力提升队伍能力素质

深入落实上级要求，大力加强队伍建设，积极完善工作举措，不断提升综合素质和司法能力水平，努力建设正规化、专业化、职业化、国际化的审判队伍。**一是突出政治建设**。持续深入学习贯彻党的十九大精神和习近平新时代中国特色社会主义思想，深入贯彻落实习近平总书记视察广东和参加广东代表团审议时所作重要讲话精神，牢固树立“四个意识”、坚定“四个自信”、践行“两个维护”，不断提升广大干警的政治思想意识和政策理论水平。深入推进全院政治建院工作，严明政治纪律和政治规矩，坚决全面彻底肃清李嘉、万庆良等恶劣影响，营造风清气正的良好政治生态。**二是全面加强党建工作**。成立党建工作领导小组，设立党建办公室，配备 5 名专职党务干部，补齐党建机构、人员短板。研究制定《关于全面加强党建工作的实施意见》，

对推进党建工作提出了具体要求，为推动全院党建工作发展提供了基本的制度遵循。举办建院以来的首次全院党务干部培训班，聘请省直机关工委等单位资深党务专家讲课，组织全体学员赴遵义会议旧址参观，推动党务干部业务能力不断提升。以示范党支部和党员先锋岗为抓手，全面推动模范机关建设。**三是狠抓纪律作风建设**。深入开展“两学一做”学习教育和“不忘初心、牢记使命”主题教育，筑牢队伍理想信念根基。大力推进纪律教育学习月活动，切实提高干警的纪律意识。严格落实中央、省委和上级法院部署要求，持续推进中央巡视反馈问题、政治巡察和省法院纪律作风专项督查整改工作，驰而不息狠抓纪律作风建设，持续改进司法作风。坚持抓早抓小、防微杜渐，2018 年广州知识产权法院尚未发生一起干警违法违纪案件，对法官也没有一起重大投诉问题，基本实现了“零信访”。**四是提升司法专业能力**。强化教育培训，与浙江大学、兰州大学等多家高校建立合作机制，开展年度全员轮训。健全学习制度，每月组织一次高层学习论坛，不断提升干警专业水平。认真办好《知产法苑》院刊，积极开展法官沙龙、司辅沙龙、学习论坛、全员读书等活动。深入推进“六个一”工程建设，不断提升队伍综合素质。

同时，扎实推进信息化和物质装备建设，全力提升物质保障水平。开通“掌上法院”，实现与办公系统无缝衔接，干警可在手机上进行公文签批、文件阅读、案件审批、法庭预订等工作。初步建成审判辅助、远程诉讼服务平台系统，稳步推进智能辅助办案系统、固定资产管理系统、物证管理系统的开发应用。推进数据集控中心建设，实现本地和远程诉讼档案全面数字化，探索电子档案同步生成、远程应用。全面开展办公场所升级改造，不断改善办公办案条件，切实满足实际工作需要。深入推进文化场所和设施建设，已经建成图书馆、审判指挥中心和学术报告厅，正在抓紧建设展示馆、文化墙、宣传栏等。

六、自觉接受外部监督，树立公正权威司法形象

自觉接受人大监督。2018 年以来，省、市人大对广州知识产权法院工作高度重视，给予全面关心、支持。省人大常委会黄业斌副主任、市人大常委会陈建华主任等领导同志，都亲自带队到广州知识产权法院调研，对广州知

识产权法院工作给予充分肯定并提出意见要求。全国人大常委会教科文卫委调研组也到广州知识产权法院调研，听取对《专利法》修改的意见建议。广州知识产权法院也不断加强人大代表联络工作，每月向广州市人大报送信息联络专报，目前共报送6期，及时通报广州知识产权法院的重点工作和典型案例审判情况。积极落实广州市人大及其常委会工作部署，认真办理市人大代表提议建议。2018年6月，根据代表建议，广州知识产权法院及时复函，协助推进越秀区诉讼服务处建设。同时，按照广东省高级人民法院的要求，积极建立与全国人大代表、省人大代表结对联络机制，积极听取人大代表建议，强化服务意识，改进审判工作。

深入开展法治宣传。全面强化“4·26世界知识产权日”宣传活动，及时发布2017年知识产权司法保护白皮书及十大典型案例。加强对重大典型案例的宣传，累计在国家级、省级媒体上刊发报道近60篇，“大自达屏蔽膜”案、格力诉奥克斯案等宣传报道受到社会各界广泛关注。加强先进典型宣传，开展“每月一星”评选宣传活动。积极开展送法进园区、进校园、进企业活动，努力在全社会营造知识产权保护的法治氛围。

2019年，我们将继续深入学习贯彻习近平新时代中国特色社会主义思想和党的十九大精神，按照“办精品案件、育精英法官、建现代法院”的总体思路要求，扎实推进办案工作、司法改革和队伍建设，努力推动全院工作不断取得新发展、开创新局面。

一是牢固坚持以习近平新时代中国特色社会主义思想武装头脑、指导审判。持续深入学习贯彻习近平新时代中国特色社会主义思想和党的十九大精神，学习贯彻习近平总书记视察广东重要讲话精神，确保全院工作坚持正确的政治方向。认真落实上级部署，深入推进政治建院工作，不断提升党建工作水平。全力做好服务大局工作，围绕服务和保障加快创新型国家、创新型广东建设的总体要求，以及推进粤港澳大湾区、珠三角国家自主创新示范区、广深科技创新走廊建设的具体要求，尽快出台一批具体措施。

二是深入推进“办精品案件”工程建设。按照公平正义的要求，深入推进“办精品案件”工程建设，深入研究重大法律适用问题，确保把每一宗重大、典型案件都办成精品案件，把每一宗普通案件都办成法律效果与社会效果有机统一的案件。充分发挥广州知识产权法院知识产权民事侵权案件在全国法院甚至全世界法院最多的资源优势和最高人民法院“知识产权司法保护与市场价值研究（广东）基地”设在广州知识产权法院的便利条件，深入开展专题调研，及时总结审判经验，探索建立惩罚性赔偿机制，促进公正司法水平的不断提升。围绕解决“举证难、赔偿低、周期长”等三难问题，积极探索改革创新措施，创造可复制的广东先进经验。

三是扎实推进“育精英法官”工程建设。立足审判工作的实际需要，全力加强专业人才培养工作，不断提升法官队伍整体政治素质、业务素质和司法能力。坚持高标准、严要求不动摇，扎实推进法官“六个一”工程建设，努力培养更多能力强、水平高、作风正的知识产权法律人才。全面强化业务学习培训，积极探索改进学习培训的方式方法，促进每一位法官、司法辅助人员业务水平的不断提升。坚持国际视野，积极培养高素质的涉外知识产权法律专业人才。

四是全力推进“建现代法院”工程建设。进一步增强改革创新意识，进一步深入推进新型法院建设，强化成效经验总结。全力推进司法理念、司法能力、审判权运行机制、审判管理、司法保障等方面的现代化建设，建立健全各项管理机制，不断提升全院工作科学化管理水平。对照国际一流标准，积极探索大数据、云计算、人工智能技术在审判工作中的深度应用，力争创造更多先进经验。

五是全力塑造我国知识产权保护法治形象。增强司法自信，坚持不懈地不断完善保护体系和保护机制，努力打造国际一流的知识产权司法保护制度。加强对外交流宣传工作，积极向全世界宣传广州知识产权法院的成效和经验，不断塑造我国保护知识产权的形象，为推进世界知识产权保护提供我们的智慧和经验。

面对新形势新任务，广州知识产权法院要牢固坚持以习近平新时代中国特色社会主义思想为指导，按照中办、国办《意见》的要求和上级法院的部署，进一步全面加强知识产权审判工作，持之以恒深入推进司法改革和队伍建设，努力推进全院工作的深入发展，力争不断创造并积累更多更好的工作经验，当好全国知识产权司法保护事业的排头兵，为广东省深入实施创新驱动发展战略作出新的更大的贡献！

3 广州知识产权法院：光荣与梦想在这里绽放

（《中国审判》，2018 年第 8 期）

2017 年 12 月 16 日，第一届广东知识产权司法保护论坛在广州知识产权法院举行。来自广东全省科技创新企业代表如美的、格力、华为等高管，以及法官、专家、学者、媒体等 260 余人参加研讨，共同陪伴这家年轻法院度过它的 3 周岁生日。

广东作为改革开放的前沿，也是创新驱动发展的先锋。按照中央顶层设计和全国人大常委会的决定，2014 年 12 月 16 日，肩负着探索司法体制改革、推进创新驱动发展战略的历史使命，广州知识产权法院在广州市黄埔区挂牌成立。主要对专利、植物新品种、集成电路布图设计、技术秘密、计算机软件民事和行政案件，涉及驰名商标认定、垄断纠纷案件的第一审民事案件实行跨区域管辖（深圳除外），以及对不服广州市各基层法院知识产权民事和行政判决、裁定的上诉案件实行管辖。三年来，它始终坚持先行先试、改革创新，立足审判、履行职责，全面推进司法改革和队伍建设，为我国知识产权司法保护和司法体制改革发挥了“先行者”“探路人”作用。

改革：攻坚克难，高起点、高标准建设新型现代法院

广州知识产权法院本着争当司法体制改革“样本法院”的精神，以“敢为天下先”的勇气，让司法体制改革的各项政策在这里生根发芽。从建院开始，它便坚持高起点、高标准，建设新型化、专业化、现代化的知识产权专业法院。

坚持以审判工作为中心，全院 7 个内设机构中，6 个是审判机构和审判辅助机构，包括立案、专利、著作权、商标及不正当竞争等 4 个专业审判庭，

以及技术调查室、司法警察支队等2个审判辅助机构。全院司法行政、后勤保障和政工人事管理等60余项职能，全部归口综合办公室1个机构负责，从根本上实现了政务管理工作的集约化。综合办公室只配备了15名在编人员，仅占全院编制的15%。为缓解审判辅助力量和行政后勤人力不足的问题，以购买社会服务方式招聘91人。

坚持突出法官主体地位，大幅减少审判岗位领导职数和行政后勤人员，在人员配置上服务法官工作需要。4个审判业务庭只设庭长，不设副庭长。大力加强一线办案力量，以法官为核心，按“1名法官+1名法官助理+2名书记员”的模式组建审判团队，确保了审判活动的高效运行。实现“智慧法院”建设，持续投入了上千万元对审判大楼升级改造，现已完成信息中心、诉讼服务中心、审判法庭等场所的建设改造任务。启动信息化建设项目31个，投入资金2900万元，建成数字法庭13个，初步建成同声传译、网上法院、审判辅助、远程诉讼服务等平台系统。办公办案工作的信息化、智能化，大幅提升了法官的工作效率。

围绕“让审理者裁判、由裁判者负责”的司法责任制要求，制定权力清单细则，全面落实主审法官和合议庭负责制，完全赋予合议庭自主审理、自主裁判、自主负责的职责。院、庭领导除作为法官参与审判案件和依规定进行审判管理外，不得过问、干预他人审理的案件。同时，积极建立审判指导监督制度，先后制定施行了审判委员会和专业法官会议讨论案件制度、重大敏感疑难案件报告制度、裁判文书报备制度、发改案件复查制度等，全面强化对审判活动的指导监督，构筑起了体系完备、制度严密的审判权运行监督管理机制。

办案：依法审理，发挥知识产权司法保护的主导作用

由于管辖范围是全省，广州知识产权法院的法官们看到的东西更多了。佛山的家具、东莞的服装、汕头的玩具、中山的灯饰…… 案子让人应接不暇。在筹建阶段，上级法院预测广州知识产权法院年受理案件4500件，按30名法官员额计算，核定法官人均任务量约为150件。

然而自成立以来，年收案数量呈现井喷式增长。特别是2017年，那是

最忙碌的一年，全年收案量达到 9214 件，远远超过筹建预期。“面对新收案件大幅增加的严峻形势，全院干警在新一届院党组的带领下，顽强拼搏、甘于奉献，全年结案 7805 件，同比增长 67.65%，法官人均结案 289 件，在广东省中级法院法官人均结案数量上排名第一，创历史新高，办案质量进一步提升。”王海清院长在 2017 年年终总结大会中谈到。

在这期间，“子弹口红”案、“魔兽世界”案、“香奈儿”案等一批大案要案先后被评为全国知识产权重大典型案例，受到国内外的广泛关注及社会各界的广泛赞誉。

2014 年底，广州知识产权法院刚成立正式受理案件第一天，便收到了一件大要案。卷宗有半米多高，原告是著名网络游戏《魔兽世界》的运营商——美国暴雪娱乐公司和网易公司，指控 3 家网络公司开发、运营的被诉游戏擅自使用了其游戏名称、游戏人物形象以及其他游戏元素，构成著作权侵权及不正当竞争，索赔 1000 万元。而且，原告起诉同时还提出临时禁令申请，要求法院立即颁发禁令，责令被诉游戏整体下线。临时禁令素有知识产权侵权诉讼中的“原子弹” 和“大杀器”之称，运用得当可以及时制止侵权、防止权利人赢了官司输了市场的情况出现，但由于杀伤力极强，容易被权利人滥用变相打击竞争对手，因而法院对临时禁令的审查既积极又慎重。

审判团队和所在合议庭收到案件后马上忙开了，合议庭一致认定临时禁令对双方当事人利益影响重大，应当召开听证，充分听取双方意见后再行决定。2015 年 2 月 9 日听证那天，双方就法院归纳的 5 个禁令审查要件能否成立展开激烈争辩，唇枪舌剑， 你来我往，听证整整持续了一天。

听证后，双方当事人均表达了比较强烈的和解意愿。合议庭当即组织双方调解。尽管做了大量调解工作，三被告也愿意停止被诉游戏的运营，但由于双方的赔偿数额差距较大，最终未能达成和解。

能调则调，当判则判。合议庭一致认为，被告侵权可能性极大，被诉行为持续将给原告造成难以弥补的损害，本案应当立即颁发禁令。2015 年 3 月 6 日，原告根据法院要求交纳了 1000 万元的禁令担保金。2015 年 3 月 9 日，广州知识产权法院签发了成立以来的第一份临时禁令。

执行过程相当顺利，禁令颁发产生了良好的法律效果和社会效果，同行和社会公众多持肯定态度。2016 年“4·26”期间，本案分别被广东省高级人民法院、最高人民法院评为年度十大知识产权案件。

创新：服务社会，依法保障科技创新和经济发展

三年多来，广州知识产权法院共受理各类案件 18906 件。其中，民事案件占 96.59%，展现出广东创新型经济发展的蓬勃动力，体现了社会对维护知识产权市场价值的旺盛司法需求；共办结 16105 件，一审服判息诉率达 80% 以上，有效维护了公平竞争的知识产权市场秩序。

依法保障科技创新促进科技发展。三年多来，广州知识产权法院共办结各类专利案件 7303 件，其中 30% 以上涉及科技发明成果的利用和转化。如 VMI 轮胎鼓案、大自达电磁屏蔽膜案、麦甜洪空气加热锅案等涉及高新技术的案件，依法公正认定了保护范围和保护强度，合理确定了侵权赔偿数额。

依法促进创新型经济发展。三年多来，广州知识产权法院共审结外观设计、实用新型案件分别为 4846 件、1659 件，商标、著作权纠纷案件分别为 957 件、6823 件，为促进创新型经济发展营造了良好的法治环境。针对近年来电子信息产业、新兴文化产业著作权纠纷案件不断增多的情况，广州知识产权法院加强形势研判，深入开展专题研究，统一审判思路对策，依法维护著作权人的合法权益，不断激发文化市场的创造活力。如对网易公司诉华多公司侵害著作权及不正当竞争纠纷案，判决被告赔偿经济损失 2000 万元，在全国引起重大反响。

依法规范知识产权市场秩序。广州知识产权法院着重加强对科技成果转让市场的规范和保护，依法惩治侵权、违约行为，维护科技应用转让的市场秩序；加强对商标权，特别是知名商标权的保护力度，认真审查商业标识之间的差距，限制攀附名牌“搭便车”的空间；依法处理各类侵犯著作权的行为，确保著作权市场秩序健康发展。如广州知识产权法院审理的“西湖龙井”案，认定销售者擅自使用“西湖龙井”商标包装茶叶并销售构成制造和销售的“叠加式” 侵权，较好地发挥引导各行业规范使用地理标志的作用；康芝药业公司申请撤销仲裁裁决案，依法撤销仲裁裁决，确保了市场竞争秩序；科星公司行政处理决定案，在相关专利被宣告无效后，依法撤销行政处理决定，填

补了立法空白，实现了专利保护行政执法与司法保护的无缝衔接。

队伍：人才立院，打造素质高、能力强的审判队伍

说起这三年，法官郑志柱觉得就是一部创业史。作为广州知识产权法院遴选出的第一批主审法官，他曾做过八九年的知识产权审判工作，一看到广州知识产权法院招考，他立即“揭榜”并顺利成为10名主审法官中的一员。

郑志柱说，广州知识产权法院最初用的是萝岗法院办公楼，借用后勤设备，完全“白手起家，从无到有”。在这过程中，广东省高级人民法院提供了大力支持，专门从各个部门抽调人手，组成10人的筹备小组，临时负责广州知识产权法院的行政事宜，此外，还从广州中院、东莞法院、中山法院借调了法官助理。

尽管条件有限、时间仓促，但这并未影响“创业者”们高涨的热情。郑志柱清楚记得，2014年12月21日那天是周日，法院正式开始受理案件，随后，受案量一直居高不下。

2014年、2015年，广州知识产权法院先后三批遴选了共26名政治素质高、业务能力强、作风过硬的知识产权专业法官，引进了“全国法院办案标兵”韦晓云等优秀人才。因为遴选面向全省，有不少法官是从其他城市过来的。他们怀抱着对知识产权事业的情怀与信仰，义无反顾地选择投身于此。

2014年11月，看到遴选公告后，刘培英经过深思熟虑，向丈夫、女儿说明了报名意向。“我跟他们说，我要去接受一下挑战了，他们都觉得挺好。”彼时，女儿准备上初中，丈夫工作也比较忙碌，但他们都理解刘培英对司法工作的期许。在家人的支持下，她报了名。

之前，刘培英接触过民事案件、商事案件、刑事案件、行政案件等几乎所有类型的案件，曾戴着安全帽到工地去勘查墙面开裂的建筑工程，也曾在组织召开破产案件债权人会议时被债权人包围而无法离开；既做过人身损害赔偿案件中的受害人的思想工作，也与离婚案件中的未成年子女沟通过。“通过办理形形色色的不同案件，我接触了纷呈世事百态人生。”刘培英说，就像是读完了法官职业道路的“本科”，她渴望读一读“研究生”，走向知识产权专业化审判道路。

刘培英毅然离开了工作 18 年的东莞市法院系统，来到广州成为广州知识产权法院首批主审法官之一。现在每天早上 5 点 50 分的闹钟一响，她就赶紧起来，先送女儿上学，再从东莞赶往广州，经过 1 个多小时的车程，在 8 点半前到办公室。日子虽然更为忙碌，但她乐在其中。

从无到有，从萌芽到茁壮，高素质、高水平的审判队伍是广州知识产权法院迅速成长的源泉。目前，广州知识产权法院法官平均年龄 44 岁，均从事审判工作 15 年以上，86% 有硕士以上学位；法官助理平均从事法律工作 7 年以上，71% 有硕士以上学位。

一步一个脚印。三年来，通过不断加强先进典型培养，广州知识产权法院培养出了“全国优秀法官”龚麒天、“全国先进个人”谭海华等一批模范典型。队伍建设成效也得到了广东省委政法委和上级法院的充分肯定，被推荐在全省政法队伍建设工作会议上作经验介绍。

承载着光荣与梦想，迎接着机遇与挑战，年轻的广州知识产权法院正走向更成熟更美好的明天。

4 广州知识产权法院举行揭牌仪式

（《人民法院报》，2014 年 12 月 17 日）

今天，广州知识产权法院正式揭牌，中共中央政治局委员、广东省委书记胡春华出席揭牌仪式，最高人民法院常务副院长沈德咏出席并讲话。

沈德咏首先代表最高人民法院党组和周强院长，向广州知识产权法院的成立及首批主审法官任职表示祝贺。他希望广东法院以改革创新的精神，不断推进知识产权审判体制改革和机制创新，积极适应经济社会发展要求和人民群众多元化的司法需求，为走中国特色自主创新道路、实施创新驱动发展战略提供有力的司法保障。

沈德咏强调，知识产权法院是对知识产权进行司法保护的专门法院，必须通过高质量、高效率的司法裁判，塑造知识产权司法保护的良好形象。要坚持法律面前人人平等，坚持严格公正司法，扎实推进审判流程公开、裁判文书公开、执行信息公开三大平台建设，发挥民事和行政审判“二合一”优势，统一裁判标准，明确工作职责，确保每一个案件的处理都经得起法律和历史检验。面对经济发展新常态，必须更加注重知识产权的司法保护，更加注重推动科技进步和全面创新，更加注重加快转变经济发展方式。要依法妥善审理好各类专利、植物新品种、集成电路设计、技术秘密等知识产权案件，充分发挥知识产权司法保护机制激发创新动力、创造潜力和创业活力的独特作用，要平等保护中外各方当事人的合法权益，有效行使对授权确权行为的司法审查权，加强对知识产权行政执法行为的司法监督。

沈德咏要求，知识产权法院作为新设专门法院，要充分发挥新型审判机构的示范作用，扎实推进各项司法改革，努力创造可复制、可推广的经验做法。要解放思想，敢啃硬骨头，既要解决好当前面临的实际问题，又要努力突破深层次的体制性、机制性、保障性障碍。要探索改革知识产权审判制度，加快完善技术调查官制度、知识产权证据制度、行政和民事交叉案件审理制度，为做好审判工作提供有力的制度保障。要加强队伍建设，努力提升知识产权审判队伍素质和司法能力。要加大知识产权审判人才培养力度，切实强化职业培训和岗位锻炼，努力建设一支复合型的高素质知识产权法官队伍。要加强党风廉政建设和反腐败工作，坚守司法职业良知，切实改进司法作风，确保知识产权法院队伍清正廉洁。

沈德咏指出，加强知识产权司法领域的国际交流和合作，是适应我国全面深化改革、扩大对外开放的客观需要，也是不断提升我国知识产权大国形象的必然要求。要加大国际交流力度，进一步提升我国知识产权司法保护的国际公信力。要更加注重强化全球视野和世界眼光，更加注重拓宽对外交流渠道，更加注重学习借鉴国际知识产权司法保护经验，积极推动知识产权国际规则的发展完善，全面展示中国法院加强知识产权司法保护的良好形象。

广东省委副书记、政法委书记马兴瑞，广东省委常委、秘书长林木声，广东省委常委、广州市委书记任学锋，最高人民法院副院长陶凯元出席揭牌仪式。广东省高级人民法院院长郑鄂主持仪式。最高人民法院相关部门负责人，广东省委、省人大、省政府、省政协有关领导及相关部门负责人，广东省知识产权局主要领导，广州市委、人大及萝岗区领导，广州知识产权法院筹备工作领导小组人员及成员单位有关领导，广州知识产权法院法官遴选委员会委员，广东省高级人民法院、广州市中级人民法院有关领导，媒体记者代表参加了揭牌仪式。

人民法院報

2014年12月17日 星期三

PEOPLE'S COURT DAILY

海南探索建立与行政区划适当分离的司法管辖制度改革

广州知识产权法院举行揭牌仪式

胡春华出席 沈德咏讲话 马兴瑞林木声任学锋陶凯元出席 郑鄂主持

江必新在江苏调研行政案件集中管辖试点工作时强调

立足审判职能 加强调查研究

为全面贯彻实施新行政诉讼法创造良好条件

5 把广州知识产权法院建成科技化专业化新型化法院

（《羊城晚报》，2014年12月17日）

2014年12月16日上午，广州知识产权法院在广州市萝岗正式成立，省委书记胡春华、最高人民法院常务副院长沈德咏共同为广州知识产权法院揭牌，并考察法院立案窗口和审判法庭，详细了解广州知识产权法院设立相关情况。广东省委副书记马兴瑞在仪式上致辞。

广州知识产权法院是经党中央、全国人大常委会、最高人民法院批准设立的全国三家知识产权法院之一，肩负着为司法体制改革先行先试的重要使命。

胡春华在调研中要求广州知识产权法院各位法官牢记使命、不负重托，充分发挥知识产权法院在推动司法体制改革和创新型经济发展上的双重作用，高水平做好知识产权审判工作。

沈德咏代表最高人民法院对广州知识产权法院提出五点希望：一是坚持严格公正司法，塑造知识产权司法保护的良好形象；二是主动适应经济发展新常态，充分发挥知识产权审判职能作用；三是积极推进司法改革，努力创造可复制、可推广的经验做法；四是加强队伍建设，努力提升知识产权法院队伍素质和司法能力；五是加大国际交流力度，进一步提升我国知识产权司法保护的国际公信力。

马兴瑞在致辞中代表广东省委、省人大、省政府、省政协向广州知识产权法院的成立表示祝贺。他强调，要坚持高起点谋划、高标准建设、高水平管理，不折不扣地把广州知识产权法院建设成为科技化、专业化、新型化的现代化法院。要坚持公正司法，充分发挥司法主导作用，为实施创新驱动发展战略提供司法服务，为深化司法体制改革探索积累新鲜经验，努力当好知识产权法院排头兵。

广东省高级人民法院院长郑鄂主持揭牌仪式，最高人民法院副院长陶凯元，广东省领导林木声、任学锋、雷于蓝、陈云贤、梁伟发，广东省检察院检察长郑红，广州市市长陈建华，广州市人大常委会主任张桂芳等参加活动。

时政

A6

广州知识产权法院成立，胡春华沈德咏马兴瑞等出席揭牌仪式并调研

把广州知识产权法院建成科技化专业化新型化法院

详解广州知识产权法院

只设四个庭 不设副庭长

办案终身制 错案要追责

广东科技成果与产业对接会在佛山举办，朱小丹出席会议并讲话

300余项技术成果 200余项技术需求 参与对接

省十二届人大常委会第四十一次主任会议召开

人大工作要适应新常态下新要求

6 知识产权法司法保护助推“中国创造”

（《南方日报》，2014 年 12 月 17 日）

2014 年 12 月 16 日，广州知识产权法院正式成立。这个新诞生的法院承担着司法改革先行先试的重任，不仅不设行政级别完全去行政化，让主审法官对案件审理行使独立审判权，更首试法官办案质量终身负责。

达到中等收入水平后，我国经济增长方式亟需向创新驱动转变，而知识产权保护可以解除企业创新的“后顾之忧”，知识产权法院的设立则为定纷止争提供了坚实的司法保障。过去，一些企业知识产权意识淡薄，依靠模仿甚至“山寨”实现了快速发展。由“中国制造”转向“中国创造”，必须依托坚实的知识产权保护作后盾，否则，企业就不可能有强大动力搞创新，产业转型升级也就成了一句空话。广东是知识产权大省，更是知识产权案件大省，从 2009 年占全国案件总量的 20.55% 已跃升至 2013 年的 29.68%。近年来，广东审理了涉及国内外知名企业一大批大案，还审理了全球第一件标准必要专利纠纷等享誉全球的经典案例。而且，广州也是粤港澳自由贸易园区三大构建平台所在地，知识产权司法保护需求旺盛，案件量连年居全省首位，在此设立知识产权法院势在必行。可以预见，广州建立知识产权法院将有利于通过加强保护技术创新，来保持广东在国内国际科技创新中的领头地位。

作为全国第二家揭牌成立的知识产权法院，广州知识产权法院所承担的改革使命则远不止于此。它不仅身负知识产权司法保护制度重大改革的目标，同时也是我国司法改革的探索者和先行者。事实上，广州知识产权法院在筹建过程中一直引人瞩目。2014 年 11 月 19 日，广州知识产权法院法官遴选委员会正式成立，并抽签产生首次法官遴选委员会。这是全国根据最新的中央司法改革精神成立的首个遴选委员会。对于知识产权法院法官的遴选，遵循专业性、权威性、中立性原则，省高院领导班子无一担任委员。这样的选拔方式能最大限度地保证法官的业务能力优先，遴选审判经验丰富的一线法官，加强理论和实践的结合，同时也将为下一步全省司法改革中省一级法官遴选委员会的设立提供参考。

另一方面，与北京、上海不同的是，广州知识产权法院从设计之初就将去行政化作为一项试点探索。该院是唯一不设行政级别的法院，各审判庭也不设行政级别，主审法官之间没有行政级别之差、一律平等。广东的司法体制改革试点方案，共包含1个总方案《广东省司法体制改革试点方案》和6个子方案，核心正是围绕“去行政化”。党的十八届三中全会通过的决定中指出，审判权运行机制改革的一个重要目标就是要“让审理者裁判，由裁判者负责”。其中，能否寻找解决司法行政化问题的合适道路，决定着改革目标是否能够实现。在法官管理上逐步摆脱行政体制，形成独立的、专业等级式的法官体系；在案件管理上逐步摆脱审批制，形成主审法官、合议庭、审判委员会独立民主的案件决策机制；在法官待遇上逐步摆脱行政级别，形成与案件相适应的法官员额和与责任相配套的独立待遇机制；在责任上，逐步摆脱行政负责模式，实行议事表决负责机制。广州知识产权法院的成立为司法改革提供了破冰前行的窗口，尽管这是一个新生的法院，但其中所承载的改革使命意义重大。

党的十八届四中全会通过的决定明确提出，完善激励创新的产权制度、知识产权保护制度和促进科技成果转化的体制机制，为知识产权法律制度的完善指明了方向。正如劳动、资本一样，知识也是经济增长的核心要素。广州知识产权法院将肩负知识产权司法保护的重任，助推“中国制造”向“中国创造”大步前行。

南方日报 高度决定影响力

2014年12月17日 星期三　返回头版　版面导航　标题导航　往期报纸

知识产权司法保护助推“中国创造”

2014-12-17　我有话说（1人参与）

南方日报评论员

16日，广州知识产权法院正式成立。这个新诞生的法院承担着司法改革先行先试的重任，不仅不设行政级别完全去行政化，让主审法官对案件审理行使独立审判权，更首试法官办案质量终身负责。

达到中等收入水平后，我国经济增长方式亟需向创新驱动转变，而知识产权保护可以解除企业创新的“后顾之忧”，知识产权法院的设立则为定纷止争提供了坚实的司法保障。过去，一些企业知识产权意识淡薄，依靠模仿甚至“山寨”实现了快速发展。由“中国制造”转向“中国创造”，必须依托坚实的知识产权保护作后盾，否则，就不可能有企业有强大动力搞创新，产业转型升级也就成了一句空话。广东是知识产权大省，更是知识

7 从创业到立业：广州知产法院的“起步”

（《人民法院报》，2015 年 12 月 21 日）

2015 年 12 月 16 日，广州知识产权法院建院挂牌满周年。但他们没有组织开展纪念活动，因为在他们心里，最好的纪念就是执法办案。

这一天，记者走进广州知识产权法院，从立案庭到法庭，从会议室到调解室，深入了解法官们的日常工作情况和该院在司法责任制、扁平化管理及技术调查官参与案件审理等方面的工作情况。

知识产权法院应运而生

2013 年，中国法院受理各类知识产权一、二审案件超过 11 万件，成为全球受理知识产权案件数字最多的国家。2014年，这一数字更是达到13万件。有调查显示，我国80%以上的知识产权案件集中在东部沿海地区和部分中心城市。

广东是知识产权大省，也是知识产权案件大省。仅2013年，广东法院就审结知识产权案件2.5万件，占全国的四分之一。

知识产权案件专业性强、类型新颖，且疑难复杂的案件逐年增多，审理难度逐渐加大。

与此同时，我国实施的创新驱动发展战略，明确了知识产权在国家经济发展和参与国际竞争中的核心地位，让中国社会尊重和保护知识产权的意识大幅度提高。中国知识产权案件数量增长迅猛，普通法院已经无法从数量及专业水平上适应新形势的需求。

2014年8月31日，第十二届全国人民代表大会常务委员会第十次会议通过了《关于在北京、上海、广州设立知识产权法院的决定》，宣告设立知识产权法院。

知识产权法院按照审级设置，既是初审法院，又是上诉法院；既审理民事案件，又审理行政案件。知识产权法院同时是跨行政区划的法院，有利于打破地方干扰，统一裁判标准，集中示范效应，加强司法保护。

2014年12月16日，广州知识产权法院挂牌成立。该院主要对专利、植物新品种、集成电路布图设计、技术秘密、计算机软件民事和行政案件，涉及驰名商标认定、垄断纠纷案件的第一审民事案件实行跨区域管辖（深圳除外），以及对不服广州市各基层法院知识产权民事和行政判决、裁定的上诉案件实行管辖。

截至2015年12月16日，广州知识产权法院共收案4862件，全院13名主审法官（含3名院领导）共审结案件3238件，结案率达66.6%，主审法官人均结案249件，解决诉讼标的金额约1.6亿余元。

对于现在的“成绩单”，广州知识产权法院时任院长杨宗仁说，这是在党委、上级法院的领导和指导下，全院干警共同努力、付出的结果。

法官全权负责案件审理

“让审理者裁判，由裁判者负责”，这是在采访中，广州知识产权法院的法官们提到最多的一句话。

广州知识产权法院从成立伊始，就严格贯彻司法责任制，实行了审判权运行机制改革，制定《权力清单细则》，明确审判委员会、合议庭、主审法官的权力界限，保障审判权符合审判规律科学运行。同时也一并落实了办案责任制，院长、副院长均编入合议庭审理案件。承办案件的主审法官即为合议庭审判长，除法律规定外，院长不签发未参加审理案件的裁判文书。

2015 年 12 月 16 日上午 9 时 25 分，副院长林广海敲响法槌，作为主审法官审理 4 起侵害外观设计专利权纠纷案件。成立一年来，广州知识产权法院 3 名院领导共审结案件 115 件。

“我院明确了审判权行使的界限，院领导只签发自己参加审理的案子。”法官谭海华说，“有权必有责，既然把权给你了，责也一定要担起来。”

法官郑志柱坦言，主审法官把责任承担起来，现在“下笔时”更加慎重。

责任大了，压力也就接踵而来。谭海华用“如履薄冰”来形容自己的工作状态：“一年来我审结的案件超过 280 件，每个裁判文书都是看了又看。”如何面对工作重担？谭海华说，早上他不一定是第一个到法院上班的，但晚上他常常是最后一个下班的。

法官龚麒天和郑志柱则表示，要通过不断学习，积累专业知识和经验，才能更好地应对新的挑战。

“我们的工作做好了，对以后的司法改革工作是有意义的。”谭海华说。

司法行政事务集约化管理

按照精简原则，广州知识产权法院实行扁平化管理，仅设 6 个内设机构：立案庭、专利审判庭、著作权审判庭、商标及不正当竞争审判庭、综合办公室（政治部）及技术调查室。

广州知识产权综合办公室统一行使全院的各项行政职能。广州知识产权法院综合办公室工作人员陈仁欣向记者介绍，综合办公室下设政务中心、行政中心、审务中心、信息中心、司法辅助协调中心和司法事务中心等 6 个工作团队。

“根据‘相对分工、共同承担、责任到人’的原则，综合办公室承担 60 余项司法行政职能。”陈仁欣说。

经过一段时间的运行，综合办公室的设立有效减少了内设机构及人员编制，杜绝了部门间的互相推诿，提高了办事效率。

配足法官辅助力量

“我们用‘活’了法官助理。”陈仁欣说，广州知识产权法院探索建立“1名主审法官+2名法官助理+1名书记员”的办案团队，其中一些法官助理在原单位已是审判人员。“由于他们的工作配合，主审法官可以更加集中精力来多办案、办好案。”

实践证明，这一办案团队的配备模式，提高了主审法官的审判效率，从而提高了整个法院的办案数量。

蔡健和在来到广州知识产权法院工作之前，曾是广东省广州市中级人民法院的一名助理审判员。从2012年担任助理审判员开始，他承办了不下280件知识产权案件。

来到广州知识产权法院后，蔡健和的身份一下从助理审判员变成了法官助理。从自己承办案件到帮助主审法官审理案件，蔡健和说：“虽然有了一个角色的转换，但仍然从事审判业务，而且主审法官非常信任我的协助，肩上的担子一点没小。”

让事实查明更清楚

2015年4月22日，广州知识产权法院开庭审理乐网公司诉联通公司著作权权属、侵权纠纷案，广州知识产权法院技术调查官邹享球出庭参与案件审理。

“那是我第一次坐在技术调查官席位上，也是我们法院第一次有技术调查官参加庭审。我有一些激动，有一些兴奋，还有一些小紧张。”邹享球笑着回忆起他第一次参加庭审时的心情。

技术调查官属于司法辅助人员，其在庭审与合议时协助合议庭查明与技术相关的事实问题，但不具有审判权。

“就是在法官理解技术问题的焦点、对控辩双方提出的技术问题上，在专业方面对法官的工作予以协助。我们既是技术顾问，也是办案中的助手。”

作为全国法院首批出庭参与案件庭审的技术调查官，邹享球这样解释自己的工作定位。

2015年以来，广州知识产权法院先后出台了对技术调查官参与诉讼活动、选任和管理及工作规程的暂行试行办法。

2015年12月16日，广州知识产权法院成立一周年的日子，邹享球又参加了一起侵害计算机软件著作权纠纷案的庭审。

这一年，他们办过的案子

自成立以来，广州知识产权法院审结了一批疑难复杂、新颖典型、具有影响力的案件。

案例一：有效引导市场秩序

羿丰公司与杨某签订商铺租赁合约，并约定不得侵犯他人合法知识产权。香奈儿公司针对该铺内销售印有其注册商标的手拎包、皮包的情况，认为杨某经营的店铺销售假冒其商标的产品，羿丰公司帮助侵权。

广州知识产权法院二审认为，羿丰公司作为商标侵权高发地的市场的经营管理者，负有法律责任，未采取有效措施制止侵权行为的继续，过错明显，认定帮助侵权。

“这类案件几乎存在于每个大城市。”该案主审法官郑志柱表示，该案探索并严格适用了侵害商标权案件中商铺出租管理方构成帮助侵权的条件，在严谨慎断的前提下加大对权利人、知名品牌合法权益的保护。

案例二：关注“互联网 +”

泽洪公司主张其享有《斗破苍穹》小说的网页游戏改编权，泽洪公司、页游公司主张享有《斗破苍穹》网页游戏软件的著作权以及反不正当竞争权益，并认为菲音公司开发、维动公司运营《斗破乾坤》网页游戏侵犯泽洪公司小说改编权，对泽洪公司和页游公司构成不正当竞争。

广州知识产权法院二审认为，菲音公司利用了小说的独创性基本表达，侵犯了泽洪公司的小说改编权；菲音公司开发、维动公司运营《斗破乾坤》

网页游戏软件构成不正当竞争。

该案对近几年井喷式爆发的游戏新类型案件中侵犯改编权的认定具有典型意义，对于游戏不正当竞争行为进行了充分论理；并通过对同时涉及游戏著作权及不正当竞争的新类型复杂案件的裁判，保护了新兴产业的创新。

该案主审法官龚麒天介绍说，广州知识产权法院加强对“互联网 +”时代新型典型案件的审判探索，在保护创新上做了大量工作。

案例三：回归权利本源

罗威欧公司是“愤怒的小鸟 /Angry Birds”注册商标专用权人，罗威欧公司认为，采蝶轩公司、采蝶轩面包店未经原告许可，生产、销售侵犯其注册商标专用权的蛋糕，对其品牌形象造成不良影响。

广州知识产权法院二审审理认为，涉案蛋糕是将“红鸟”形象作为蛋糕插片进行使用，相关公众会将“红鸟”形象作为卡通形象，仅凭“红鸟”形象并不能起到识别采蝶轩面包店出售的蛋糕生产商的作用，并且涉案蛋糕的包装塑料袋上显示有“采蝶轩”商标，清晰地表明蛋糕来源于采蝶轩面包店。

该案主审法官谭海华解释说，“红鸟”只是装饰作用，不是商标，不会引起混淆，因此不构成对注册商标专用权的侵犯。

8 为创新驱动发展提供有力司法保障

（《南方日报》，2015 年 4 月 4 日）

在加快经济发展方式转变和产业结构转型升级的关键时期，需要通过创新来支撑和引领经济结构优化升级。要实现这一目标，就必须保护好知识产权，激发全社会的创新热情，促进经济社会发展尽快走上创新驱动、内生增长的轨道。实现个人利益和社会利益、个别正义和社会正义最大限度的统一，是知识产权司法保护的永恒追求。

创新驱动发展战略作为推动广东经济结构调整和产业转型升级的总抓手和核心战略，是广东新一轮发展的必然选择，也是提高广东核心竞争力的关键所在。科技创新离不开知识产权制度的激励和保护。从世界范围来看，引领潮头的国家，往往是知识产权保护较好的国家。利用知识产权促进创新发展，已成为国际竞争的重要方式和手段。根据《国家知识产权战略纲要》中“发挥司法保护知识产权的主导作用”的要求以及司法保护的终局特性，司法在推动创新驱动发展战略实施上将日益发挥重要作用。广东作为知识产权大省，也是知识产权诉讼案件大省（占全国五分之一）。知识产权司法保护作为创新驱动发展战略的“助推器”，必将成为广东创新驱动发展不可或缺的重要一环。作为全国首批设置的三个知识产权审判专业机构之一的广州知识产权法院，要全面履行审判职责，为推进科技创新、调整经济结构、转变发展方式提供有力司法保障。

准确把握知识产权司法保护政策

知识产权既缺乏天然的物理边界，又缺乏清晰的法律边界，在保护范围和保护强度方面，都存在着政策上的考虑和利益上的平衡。知识产权制度因之成为各国为促进本国经济社会发展而采取的政策性手段。

“加强保护、分门别类、宽严适度”是我国知识产权司法保护的基本政策，知识产权审判必须牢牢把握，一以贯之。加强保护是核心。当前，我国正处于加快经济发展方式转变和产业结构转型升级的关键时期，需要通过创新来支撑和引领经济结构优化升级。要实现这一目标，就必须保护好知识产权，激发全社会的创新热情，促进经济社会发展尽快走上创新驱动、内生增长的轨道。

加强保护要求在法律存在弹性空间或者法律适用存在多种可能时，行使司法裁量权要作出有利于保护的选择；加强保护要在法律原则和规则的范围内，根据不同门类知识产权自身属性和特点，采取相应的保护措施，如科技成果类和商业标识权的保护内容和方法就存在着明显的差异；加强保护还要与我国的经济社会发展状况水平相适应，超越发展阶段过度保护会导致垄断引发成本问题，削弱保护又会引起过度搭便车行为，抑制公众创新热情，两者都将阻碍经济社会发展。实现个人利益和社会利益、个别正义和社会正义最大限度的统一，是知识产权司法保护的永恒追求。

狠抓重点领域和关键环节

知识产权法院承担着司法创新和知识产权保护改革创新的双重重任。面对前所未有的新形势、新任务，要牢牢把握机遇，沉着应对挑战，紧紧围绕“四个全面”谋划推进各项工作，务必在重点领域和关键环节抓出成效。

强化重点领域知识产权保护。重点领域的自主核心知识产权，是一个企业乃至国家提高核心竞争力的战略资源，对于激发市场活力、推动产业结构调整、促进文化繁荣具有重大意义。一是加强专利权保护。重点加强对基础前沿研究、战略性新兴产业、现代信息技术产业等领域的技术成果保护，推动技术突破和技术创新。二是加大对驰名商标的保护力度。坚决制止假冒商标、恶意抢注等商业标识侵权行为。三是加强著作权保护。重点加强对优秀文化资源、文化创新成果和新型文化业态的保护，鼓励自主创新。另外，要进一步加强竞争保护，重点打击仿冒、虚假宣传、侵犯商业秘密等不正当竞争行为，促进现代市场体制机制的完善。

完善知识产权司法保护机制。改革开放30多年来，我国已经初步建立了较为完整的知识产权制度，但某些领域的知识产权保护制度还不够完善，如目前的知识产权运行体系与自贸区国际化法制化营商环境的要求还存在着差距。要利用丰富的案件资源优势，坚持问题导向，根据各类知识产权的属性和实践需要，加强审判调研和成果转化，不断丰富和完善司法保护机制，为广东省乃至全国构建与国际接轨的知识产权制度积累经验。

优化知识产权司法保护体制。坚持改革创新，是激发知识产权司法保护活力，确保公正司法的制度保障。一是进一步优化符合职业特点的司法人员分类管理制度。将法院人员分为法官、审判辅助人员和司法行政人员，实行分类管理。二是进一步落实法官员额制。完善主审法官、合议庭办案机制，落实主审法官、合议庭办案责任，促进司法公正和司法民主。三是建立完善技术事实查明机制。选任技术调查官作为专业辅助技术人员，细化技术事实查明机制的操作程序，强化对鉴定意见、专家意见的审查，不断提高技术事实认定的科学性。

拓展知识产权司法保护服务。自觉践行党的群众路线，不断满足人民群众日益增长的司法需求是广州知识产权法院的工作方向。一是探索建立立案登记制。改革案件受理制度，变立案审查制为立案登记制，充分保障当事人诉权。二是加强维权和诉讼指导。强化对权利义务、举证责任、诉讼风险等事项告知工作，引导权利人理性维权；加大证据保全和依职权调取证据的力度，凡是符合证据保全或者调查收集证据条件的，均及时采取相关措施，切实减轻权利人的举证负担。三是延伸审判职能。将知识产权保护关口前移，深入重点企业、科技工业园区开展“送法”服务，提升企业风险防范意识和司法保护意识；对审判工作中发现的突出问题、共性问题、高发问题，向相关部门提出司法建议，为相关部门完善知识产权运用、管理和保护提供有力服务；探索研究在知识产权纠纷高发地开展巡回审判，提高企业和社会尊重和保护知识产权意识。

加强知识产权保护合作交流。在社会信息化、文化多样化、经济全球化的大背景下，加强知识产权保护必须走合作共赢、协同发展之路。一是加强部门协作，形成保护合力。要妥善处理知识产权司法保护和行政保护的关系，加强与行政执法部门的合作，建立信息共享平台，推进知识产权保护联动机制建设。二是加强国际交流，提升国际形象。高度重视涉外知识产权审判工作，畅通交流渠道，拓宽交流领域，加强与国际组织和知识产权司法保护经验丰富国家之间的交流合作，有机借鉴国外先进成果。回应各方关切，澄清误解，有效展示知识产权司法保护成果，提升我国知识产权审判国际影响力。

南方日報 高度决定影响力

2015年4月4日 星期六　返回头版　版面导航　标题导航　往期报纸

为创新驱动发展提供有力司法保障

2015-04-04　我有话说（1人参与）

在加快经济发展方式转变和产业结构转型升级的关键时期，需要通过创新来支撑和引领经济结构优化升级。要实现这一目标，就必须保护好知识产权，激发全社会的创新热情，促进经济社会发展尽快走上创新驱动、内生增长的轨道。实现个人利益和社会利益、个别正义和社会正义最大限度的统一，是知识产权司法保护的永恒追求。

创新驱动发展战略作为推动广东经济结构调整和产业转型升级的总抓手和核心战略，是广东新一轮发展的必然选择，也是提高广东核心竞争力的关键所在。科技创新离不开知识产权制度的激励和保护。从世界范围来看，引领潮头的国家，往往是知识产权保护

9 为创新驱动发展撑起法治保护伞

（《人民法院报》，2018 年 4 月 17 日）

作为全国三大知识产权专门法院之一的广州知识产权法院，成立三年多来，大力推进知识产权诉讼制度改革，不断提高知识产权审判质效，司法助力广东科技创新取得不断突破。从建院至今，共结案 17961 件；审结外观设计、实用新型案件 7202 件，商标、著作权纠纷案件 8892 件。其中，2018 年 1 月至 3 月，审结案件 856 件，同比增长 88.81%，为南粤创新驱动发展撑起法治保护伞。

优化法治环境为规范市场引路

广州方邦公司在全球的电磁屏蔽膜领域排名前三。一年前，这家公司摊上件麻烦事。同行日本大自达公司以广州方邦公司生产销售的产品侵害其发明专利权为由，将广州方邦公司诉至广州知识产权法院，索赔 9200 万元。

经过一系列的审慎查明，主审法官朱文彬最终认定，广州方邦公司的屏蔽膜产品与对方的发明专利既不相同也不等同，驳回了日本大自达公司的诉讼请求。

“广东这些年电子信息产业发展很快，核心技术一旦遭遇侵权，对企业来说可能是一个致命的打击。”这样的案子，从事 12 年知识产权审判的朱文彬遇过不少。

知识产权审判如何助力创新驱动发展战略，这是摆在广州知识产权法院面前的重大课题。

志行万里者，不中道辍足。三年多来，广州知识产权法院把服务创新驱动发展作为审判工作的首要职责，加强对科技发明和创新成果的保护力度，惩治假冒、仿制、剽窃等侵权行为，营造全方位保护的法治环境。

“良好的法治环境不仅促进创新型经济发展，还关系到国家的国际形象。”广州知识产权法院副院长吴振说，像美国高通公司和苹果公司、韩国三星公司等都将广州作为纠纷解决的首选地，就是因为相信中国的司法公信力。

直面难题打破知识产权诉讼“怪圈”

法国人克里斯提·鲁布托设计的子弹口红在进军我国市场时，发现问叹公司等企业制造销售的口红与其成品外观设计十分相似，为此向法院申请诉前禁令，请求立即制止问叹公司等企业的侵权行为。

通则变，变须新。针对实践中受侵害企业“赢了官司，丢了市场”的问题，广州知识产权法院通过适用诉前禁令、诉中禁令、使用技术调查官协助等举措，提高司法救济及时性，充分发挥司法保护的主导作用。

吴振表示，知识产权打官司就是打市场，由于案件审理周期往往比较长，诉前禁令打破了当事人“赢了官司，输了市场”的“怪圈”。

为适应知识产权专业化审判能力的需求，提高技术类案件审理，广州知产法院专门设立技术调查室，率先探索建立技术调查官制度。从理解和查明技术事实入手，在认定技术事实的基础上，再从法律的层面进行审理和裁判。

实施办案精品工程打造“广知品牌”

谭海华是广州知识产权法院成立后第一批遴选法官，现在是著作权庭的负责人，办过许多精品案件，不少案件还被评为全国典型案例。

在该院，像谭海华这样的法官不在少数：全国优秀法官龚麒天承办的《魔兽世界》案获选“2015 年中国十大知识产权典型案例”；郑志柱法官审理的网易诉 YY 游戏直播侵权案获选“2017 年度中国十大最有研究价值知识产权案例”。

2017 年以来，广州知识产权法院党组提出“办精品案件、育精英法官、建现代法院”新的工作思路，知识产权审判引领创新驱动作用得到不断提升。

美国玛氏公司诉金立泰公司不正当竞争案宣判后，美国玛氏公司专门寄来中英文双语感谢信：“终审判决书展现出无可辩驳的推理和对法律理解适用的清晰释义。我们坚信，中国知识产权保护必将会取得长足的发展。”

广州知识产权法院院长王海清告诉记者，该院将牢牢抓住新一轮历史性机遇，构建人才和机制改革深度融合的审判运行新模式，创造出更多知产审判的“广州经验”，树立中国知识产权保护新形象，为中国创新驱动战略发展提供更有力的司法保护。

人民法院报

围绕工作目标 狠抓问题整改

内蒙古解决执行难专项巡查不手软

用“法”激活乡村经济振兴的因子

——广西梧州法院司法扶助贫困村脱贫发展纪实

最高法老领导党支部召开组织生活会

沈德咏通报全国两会有关情况

为安徽改革发展稳定营造良好法治环境

巡回审判进万家 解纷明德说孝道

湖北涉民生案件集中执行开局有声

浙江法院开动脑筋推进破产审判

为创新驱动发展撑起法治保护伞

——广州知识产权法院审判工作纪实

10 建设好的营商环境 这家法院真的很拼

（《南方都市报》，2016 年 3 月 30 日）

广州知识产权法院，被寄望作为广州乃至广东深入实施创新驱动发展战略、建设市场化国际化法治化营商环境、提升核心竞争力的重要支撑。

2014 年 12 月 16 日正式挂牌成立的广州知识产权法院，迄今刚满 1 岁 3 个月。一年多以来，广州知识产权法院通过内部机制的集约化、扁平化改革，去行政化程度比传统法院更为彻底；广州知识产权法院进行的审判权运行机制改革，使办案效率也得到提高。2016 年 3 月 16 日，广东省委常委、广州市委书记任学锋调研时指出，广州知识产权法院是广州乃至广东深入实施创新驱动发展战略、建设市场化国际化法治化营商环境、提升核心竞争力的重要支撑。

成立专门法院有助于破除地方干扰

广东是知识产权案件大省，广东知识产权案件的数量在 2009 年就占了全国总量的 20.55%。2013 年，广东法院审结知识产权案件 2.5 万件，占全国的四分之一，数量居全国首位。此外，知识产权案件的专业性强，新类型和疑难复杂案件逐年增多，导致审理难度也在逐渐加大。

近年来，我国实施的创新驱动发展战略，进一步明确了知识产权在国家经济发展和国际竞争中的核心地位。但迅猛增长的知识产权案件数量，以及国家经济发展对知识产权保护水平上更专业的需求，让普通法院已经难以适应这一新形势。2014 年 8 月，全国人大常委会通过了关于在北京、上海和广州三地设立知识产权法院的决定。2014 年 12 月 16 日，广州知识产权法院在广州萝岗正式成立。按照设置，广州知识产权法院既是初审法院，又是上诉法院，它同时是跨行政区划的法院。外界评价一般认为，它的成立有利于打破地方干扰，统一裁判标准，集中示范效应，加强知识产权的司法保护。

一个综合办承担 60 余项行政职能

作为一家在司法改革大背景下应运而生的新型法院，广州知识产权法院在贯彻一系列司法改革精神上显然步子迈得更开。2014 年 12 月，根据中央司法改革精神成立的国内首个法官遴选委员会，以“高标准、高起点”遴选出了广州知识产权法院首批 10 名主审法官，法院的三名院领导同时兼任主审法官。

广州知识产权法院在成立之初，就将去行政化作为一项试点探索。法院内部机构按照精简原则，实行集约化、扁平化管理。据悉，广州知识产权法院综合办公室统一行使全院的各项行政职能，多达 60 余项。经过一段时间的运行有效减少了内设机构及人员编制，大大提高了办事效率。通过繁简分流、团队集约办案等方式，进一步提高了办案效率。从挂牌成立起至 2015 年 12 月 31 日，广州知识产权法院共受理案件 4940 件，审结 3393 件。2014 年到岗的 13 名主审法官 (含 3 名院领导) 人均结案达 261 件。其中 3 名院领导 2015 年共审结案件 115 件，起到了带头垂范作用。

受理跨行政区域案件多来自佛山、中山、东莞

作为一家真正意义上实现跨行政区域管辖相关类型知识产权案件的法院，一年以来，广州知识产权法院受理的非广州市行政区域内的案件有多少，主要来自哪些地级市？据广州知识产权法院披露的广州知识产权法院 2015 年全年收案统计数据显示，以当事人所在区域划分，该院 2015 年全年受理的 4940 宗案件中，涉广州市的知识产权案件为 2139 件，占比 43.30%。

涉佛山市的案件为 640 件，占比 12.96%；涉中山市的案件为 527 件，占比 10.67%；涉东莞市的案件 437 件，占比 8.85%。由此可见，广州知识产权法院成立一年多，其受理的跨行政区域知识产权案件已经占了较大比重，知识产权保护的区域辐射作用已初见规模。另据披露，在广州知识产权法院所

收全部案件中，案件类型以专利权纠纷案件所占比重最大，达到了 2673 件，占比 54.11%；其次为著作权纠纷案件，达到 1704 件，占比 34.49%。

治理密码：立足我国国情加强研究国际相关制度

广州知识产权法院实现了划行政区域管辖一审，涉专利、植物新品种等“高精尖”知识产权案件。一年多来在这些案件的审判水平、与国际知识产权保护接轨等方面，做出了积极探索。广州知识产权法院方面称，广州知识产权法院贯彻最高人民法院有关知识产权保护的精神，在立足我国国情的基础上，加强了对国际保护创新成果司法制度的研究，不断在知识产权司法保护中创造和贡献中国智慧、中国经验。

04 政务

建设好的营商环境 这家法院真的很拼

广州首对非法屠宰点场地出租者进行追刑

全市范围内打击私屠滥宰"百日行动"中，移交涉刑案件3宗，刑拘7人

建设好的营商环境 这家法院真的很拼

广州知识产权法院，被寄望作为广州乃至广东深入实施创新驱动发展战略、建设市场化国际化法治化营商环境、提升核心竞争力的重要支撑

来源：南方都市报　2016年03月30日　版次：GA04　作者：吴笋林

2014年12月16日正式挂牌成立的广州知识产权法院，迄今刚满1岁3个月。一年多以来，该院通过内部机制的集约化、扁平化改革，使得去行政化程度比传统法院更为彻底；该院进行的审判权运行机制改革，使办案效率也得到提高。3月16日，省委常委、广州市委书记任学锋调研时指出，广州知识产权法院是广州乃至广东深入实施创新驱动发展战略、建设市场化国际化法治化营商环境、提升核心竞争力的重要支撑。

成立专门法院

有助于破除地方干扰

广东是知识产权案件大省，广东知识产权案件的数量在2009年就占了全国总量的20.55%。2013年，广东法院审结知识产权案件2.5万件，占全国的四分之一，数量居全国首位。此外，知识产权案件的专业性强，新类型和疑难复杂案件逐年增多，导致审理难度也在逐渐加大。

近年来，我国实施的创新驱动发展战略，进一步明确了知识产权在国家经济发展和国际竞争中的核心地位。但迅猛增长的知识产权案件数量，以及国家经济发展对知识产权保护水平上更专业的需求，让普通法院已经难以适应这一新形势。2014年8月，全国人大常委会通过了关于在北京、上海和广州三地设立知识产权法院的决定。2014年12月16日，广州知识产权法院在广州萝岗正式成立。按照设置，广州知识产权法院既是初审法院，又是上诉法院，它同时是跨行政区划的法院。外界评价一般认为，它的成立有利于打破地方干扰，统一裁判标准，集中示范效应，加强知识产权的司法保护。

审判篇

推进“办精品案件”工程建设，服务科技创新大局，履行司法审判职能，认清知识产权审判工作在推进创新驱动发展战略实施、建设科技创新强国、实现中华民族伟大复兴中的重要作用，不断提升审判质量、效率和司法公信力，为建设知识产权强国和世界科技强国提供有力司法服务和保障。建院至2018年10月，共受理各类案件26574件，办结22249件，2017年法官人均办案289件，在全省中级法院中排名首位，全国领先。办结的“魔兽世界”案、“香奈儿”案、格力诉奥克斯案、“梦幻西游”案等一批大案要案，先后被评为全国、全省知识产权重大典型案例，受到了国内外的广泛关注及社会各界的广泛赞誉。

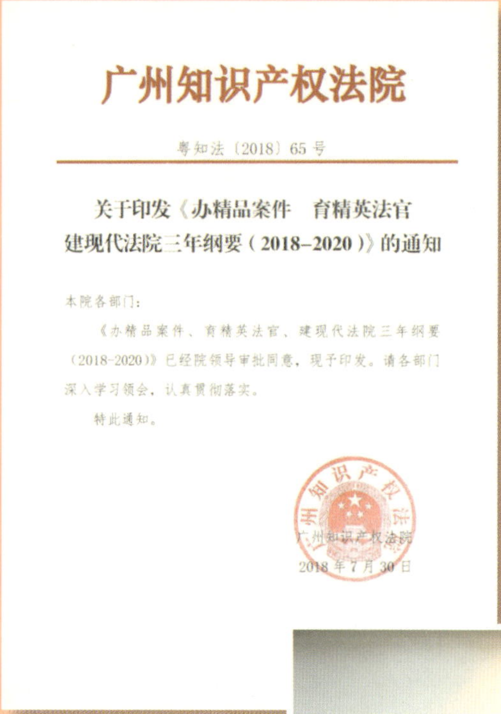

广州知识产权法院

粤知法〔2018〕65号

关于印发《办精品案件　育精英法官　建现代法院三年纲要（2018–2020）》的通知

本院各部门：

《办精品案件、育精英法官、建现代法院三年纲要（2018-2020）》已经院领导审批同意，现予印发。请各部门深入学习领会，认真贯彻落实。

特此通知。

广州知识产权法院

2018年7月30日

◆ 2018 年 7 月 30 日，广州知识产权法院印发《办精品案件 育精英法官 建现代法院三年纲要（2018–2020）》。

◆ 广州知识产权法院新型审判团队庭审现场。

◆ 2018 年，格力奥克斯案件庭审，法官和技术调查官们进行细致入微的现场比对。

◆ 广州知识产权法院通过审判加强司法保护，维护市场秩序的平稳健康发展，得到当事人的正面评价。

(参考译文)

广州知识产权法院

王海清院长

尊敬的王海清院长：

我谨代表英国驻广州总领事馆向广州知识产权法院表示衷心的感谢，感谢贵院在与英国戴森技术有限公司（“戴森公司”）相关的知识产权案件中所表现出的负责态度以及专业精神。戴森公司以其创新尖端的产品闻名于世，包括全球首创的戴森 Air Multiplier™无叶风扇及戴森 Supersonic™ 吹风机。

我从戴森公司获悉，在（2018）粤 73 行保第 6 号关于广州市耀昵发电子产品有限公司侵犯戴森专利专用权一案中，贵院的刘宏法官、程方伟法官和郭小玲法官作为该案的合议庭法官，依据中华人民共和国相关法律，作出诉前禁令的裁定，要求被告立即停止生产及销售被诉侵权吹风机产品。上述三位法官作出的禁令裁定及时地避免了戴森遭受进一步不可弥补的损害，有效地保护了戴森的合法权益。

英国驻广州总领事馆对该案不存在任何立场，但就诉前禁令而言，它是非常重要的救济手段，防止不可弥补的损害，保护权利人的合法权益。近年来，诉前禁令一直是中英两国在知识产权领域进行司法交流的核心内容。我们期待贵院能够继续引领诉前禁令在中国的司法实践。

为知识产权执法提供一个透明公平的平台，并依法有效采取救济措施，对发展健康的市场经济至关重要。这也是促进中国与世界各国，包括英国在内的贸易和投资蓬勃发展的基础。

戴森公司让我注意到这些案件，并希望藉由我们感谢贵院所展现的专业素养。同时，我也希望借此机会表达我对贵院的感谢之意。

最后，期待未来双方进一步合作。

致礼！

梅凯伦
总领事
英国驻广州总领事馆

British
Consulate-General
Guangzhou

英国驻广州总领事馆

广州市天河区珠江新城珠江西路 5 号
广州国际金融中心 22 层
邮政编码 (510623)

22F Guangzhou International Finance Centre
5 Zhujiang Road West, Zhujiang New Town
Guangzhou, PR China
510623

电话/Tel: +86 (0)20 8314 3000
传真/Fax: +86 (0)20 8333 6485

Chief Judge WANG Haiqing

Guangzhou Intellectual Property Court

Dear Chief Judge WANG,

I am writing to express the British Consulate General's gratitude for the dedication and professionalism of the Guangzhou Intellectual Property Court in intellectual property cases involving Dyson Technology Ltd a UK company known worldwide for its innovative and cutting edge products, including the Dyson Air Multiplier™ fan and Dyson Supersonic™ hairdryer.

Dyson has brought my attention to case number (2018) YUE 73 XING BAO No. 6, against defendant Guangzhou City Yaonifa Electronic Appliance Co., Ltd. I understand that Judges LIU Hong, CHENG Fangwei and GUO Xiaoling were assigned to the case from your Court, and in accordance with Chinese law issued a preliminary injunction against the defendant, ordering the defendant to immediately cease manufacturing and selling the hairdryers in question, which allegedly infringe Dyson's design patent.

The Consulate General does not take a view on the merits of this case. However, interim injunctions, with proportionate safeguards, are important remedies to prevent irreparable harm and protect the legitimate interests of rights owners. Interim injunctions have been an important element of UK-China judicial exchanges on intellectual property in recent years. We note and welcome the leading role of Guangzhou Intellectual Property Court in developing judicial practice on interim injunctions in China.

Providing a transparent and fair platform for the enforcement of intellectual property rights – and fully using remedies available under the law – is crucial for the development of a healthy market economy. It is also the foundation of flourishing trade and investment between China and the world, including with the UK.

Dyson has made us aware of these cases and wish to express their gratitude in relation to the professionalism of your Court. I would like to add my thanks to theirs.

I look forward to more positive co-operation in future.

Yours sincerely,

Karen Maddocks
Consul General
British Consulate-General Guangzhou

BRITISH CONSULATE GENERAL GUANGZHOU

◆ 英国领事馆发来感谢信，感谢广州知识产权法院在相关知识产权案件中所体现出的负责态度和专业精神，期待广州知识产权法院能继续引领诉前禁令在中国的司法实践。

1 探索适应知识产权特性的司法保护机制　实现知识产权的市场价值

（《人民法院报》，2015 年 9 月 21 日）

2015 年 9 月 18 日，最高人民法院知识产权司法保护与市场价值研究（广东）基地揭牌仪式在广州知识产权法院举行。最高人民法院副院长陶凯元出席会议并发表讲话。

陶凯元在讲话中强调，基地建设意义重大，是服务和保障国家创新驱动发展战略和全面深化改革的一项重要举措；是进一步解决知识产权维权成本高、赔偿额度小的难题，加大知识产权保护力度的一项重要工作；是勇于先行先试，推进司法改革和知识产权司法保护制度改革的重要平台。

陶凯元对基地建设提出四点要求：一要探索适应知识产权特性的司法保护制度机制。从有利于财产利用和流转、有利于市场资源优化配置、有利于提高资源利用效率的角度，探索和完善有利于加大知识产权保护力度的途径。二是要强化品牌效应，建设具有国际影响力的交流基地。借鉴国外法院解决知识产权侵权损害赔偿难以及知识产权诉讼证据规则的先进经验，创立中国知识产权司法保护的规则。同时，要善于让国外同行分享中国在知识产权司法保护中积累的有益经验，向世界展示我国知识产权司法保护成果，传递我国知识产权司法保护的“好声音”，展现我国知识产权司法保护的良好国际形象。三是要注重三家基地的协同建设和成果互享。北京、上海、广东三家基地从法制化、国际化、市场化三个方向分别定位，各具特色，要在最高人民法院的统一部署和指挥下，协同发挥整体效应，广东基地要注重把知识产权市场价值与侵权损害赔偿的重大典型案例成果推荐汇编给北京案例指导基地；同时在知识产权市场价值与司法保护方面参加上海基地的国际交流与合作。四是要以开放的视野，把广东基地建成辐射全国的重要平台。知识产权司法保护及市场价值研究课题，将伴随着国家创新驱动发展的步伐不断深化。广东基地虽然依托广州知识产权法院建立，但其作用、效能和影响不应限于当地。基地要有开放意识和长远眼光，努力建成吸引全国资源和人才的中心。结合广州知识产权法院主要管辖涉专业技术性较强案件优势，在案件资源、审判经验和人才配备方面发挥聚合效应，为全国知识产权司法保护水平提高起到带动作用。

广东省人民政府副省长陈云贤、广东省高级人民法院院长郑鄂出席并致辞。陈云贤对最高人民法院一直以来对广东知识产权保护工作的关心、支持表示感谢，他表示，广东将继续建立知识产权信息分享和合作研究机制，完善配套服务体系，构建知识产权行政执法与司法保护紧密合作的长效机制和保护体系，服务广东经济发展转型升级、服务广东省社会管理创新和依法治理。最高人民法院相关部门负责同志，广东省、市相关领导，北京、上海、广州三家知识产权法院院长，专家学者等共 80 多人出席了此次活动。

人民法院报

最高人民法院 最高人民检察院 公安部 国家安全部 司法部

联合出台《关于依法保障律师执业权利的规定》

保障律师执业权利 有效发挥律师作用

眉山：完善诉非衔接 推进平安建设

人民法院报

2015年09月21日 星期一　往期回顾　«上一期 下一期»

‹ 上一篇 下一篇 ›　放大⊕ 缩小⊖ 默认○

陶凯元在最高人民法院知识产权司法保护与市场价值研究（广东）基地揭牌仪式上强调

探索适应知识产权特性的司法保护机制 实现知识产权的市场价值

本报讯 （记者 林晔晗 通讯员 潘玲娜 肖晟程）9月18日，最高人民法院知识产权司法保护与市场价值研究（广东）基地揭牌仪式，在广州知识产权法院举行。最高人民法院副院长陶凯元出席会议并发表讲话。

陶凯元在讲话中强调，基地建设意义重大，是服务和保障国家创新驱动发展战略和全面深化改革的一项重要举措；是进一步解决知识产权维权成本高、赔偿额度小的难题，加大知识产权保护力度的一项重要工作；是勇于先行先试，推进司法改革和知识产权司法保护制度改革的重要平台。

2 广州知识产权法院：四种语言发布司法保护《白皮书》

（《南方日报》，2016年4月26日）

2016年4月25日，广州知识产权法院向社会发布《司法保护状况（2015年度）白皮书及典型案例》（以下简称《白皮书》）。广州知识产权法院于2014年12月16日挂牌成立，是全国三家知识产权专门法院之一，也是其中唯一一家跨行政区划管辖案件的法院。成立一年多来，该院的法官人均结案数达全省法官平均结案数的2倍多。

此次发布的《白皮书》不仅是广州知识产权法院发布的首份审判工作白皮书，也是我国首次以"中英法日"四种语言对照本形式向国际国内发布知识产权司法保护的状况。

应对涉网游侵权作出首个诉中禁令裁定

广州知识产权法院《白皮书》显示，近年来，涉及网络游戏的知识产权侵权案件日益增多，该院对这一领域的侵权行为也加大了制裁力度。

《魔兽世界》是美国一家公司研发的网络游戏。2015年，美国企业与网易公司（该游戏在中国大陆的独家运营商）将国内另外三家公司告上法庭。两原告起诉称，三家被告公司提供下载的被诉游戏《全民魔兽》，是一款全面抄袭、大量侵害原告著作权、特有名称权的产品，而且三被告还涉及虚假宣传等不正当竞争行为。两原告在起诉的同时提出诉中禁令申请，请求法院立即禁止三被告停止被诉侵权行为。

广州知识产权法院在组织听证后立即作出诉中禁令，要求三被告立即对被诉游戏作出处理，关停大部分功能，并且在禁令期间不影响为涉案游戏玩家提供余额查询及退费服务。目前此案正在进一步审理中。

广州知识产权法院副院长吴振介绍，该院2015年以来审理了多起网络游戏侵权的案例，此类侵权网游具有生命周期短，传播速度快、范围广的特点，侵权方给著作权人造成的损害难以计算和量化。另外，一些被诉游戏还采用低俗方式营销，也会给原告带来损害。在这类案件中，如何贯彻诉讼禁令“积极慎重，合理有效”的司法政策，如何判断网络游戏侵权行为“是否给权利人造成难以弥补的损害”，以及禁令作出后如何保障游戏玩家的利益，均应慎重考虑。该案是广州知识产权法院成立以来作出的首个禁令裁定，得到了业内人士和社会公众的广泛肯定。

广东省高级人民法院有关人士介绍，涉互联网知识产权侵权诉讼持续高发，网络案件依然是知识产权审判中争议和挑战最大的领域。涉互联网案件带来新的法律问题，向原有的审判规则提出挑战，法院需要在新的领域和业态下，从立法精神和知识产权司法保护政策出发，对不断涌现的互联网新类型商业模式和行为进行规范。

受理超200件涉外案件　涉及美英法日等多个国家

广州知识产权法院审判工作白皮书显示，自2014年12月21日至2015年12月31日，该院共受理各类知识产权案件4940件，审结3393件，结案率68.68%。13名主审法官（包括3名院领导）人均结案261件，是2015年度全省法官人均结案数的2.36倍。

据介绍，截至目前，广州知识产权法院受理的各类知识产权案件包括涉港澳台地区、涉外案件200余件。其中涉及美国的当事人有83件，涉及英国、法国、日本3个国家的案件也分别有十多件。广州知识产权法院首份《白皮书》用“中英法日”四种语言进行发布，正是为了更好地向世界各国彰显我国华南地区知识产权保护的现状与力度。

2015年以来，广州知识产权法院与国家、省市知识产权局、国内高校以及知名企业开展工作学术交流，议题涉及知识产权审判各领域。同时，该院受理知识产权行政案件19件，审结14件，依法强化知识产权行政保护，促进和监督行政机关依法行政，保护行政相对人的合法权益；受理不正当竞争、技术合同、特许经营合同案件 113 件，审结 82 件，有力打击了仿冒、虚假宣传、侵犯商业秘密等不正当竞争行为。

为确保技术类知识产权案件的审理质量，广州知识产权法院积极探索多元化技术事实查明新机制，在司法鉴定、专家辅助人、专家咨询等现有技术事实查明机制基础上，依托广州区位和资源优势，确保裁判结果的科学性和专业性。其中，技术调查官参与了 16 次审案，为法官优质高效审结技术类知识产权案件提供重要辅助。与此同时，广州知识产权法院积极探索实施技术调查官、专家咨询委员会制度，发布《广州知识产权法院技术专家咨询委员会章程（试行）》，探索专家委员会为法官审理技术类案件提供技术咨询，有效运用社会力量推进知识产权审判的专业化进程。

法官办案，终身担责　审理者裁判，裁判者负责

案多人少矛盾是珠三角地区法院面临的普遍性问题，在广州知识产权法院也是如此。广州知识产权法院成立一年来，13 名法官要审理 4900 多件案件，考验着法院的管理智慧。

按照“让审理者裁判、由裁判者负责”的要求，广州知识产权法院落实司法责任，设计和推进以审判权运行机制为核心的各项改革。为规范权力界限，该院制定了《权力清单细则》，明确审判委员会、合议庭、主审法官的权力界限，重点解决主审法官权责不清、杂务缠身、合而不议等问题。

在建设法官团队、完善审判责任制的改革方面。该院组建“1 名法官 +1 名或 2 名法官助理 +1 名书记员”的相对固定的审判团队。合议庭不设固定审判长，承办案件的主审法官即为审判长，履行审判长职责，其他合议庭成员按照审判权限和发挥的作用分别承担相应责任。

此外，废止个案汇报制和审批环节，法官、合议庭全权负责案件的裁判工作，并对案件质量终身负责。合议庭就相关法律和技术问题可自行选择向院长、技术调查官、主审法官联席会议等进行咨询，咨询意见仅供合议庭参考，消除审判权的行政化运作倾向。建立审判委员会讨论事项过滤机制，把审判委员会的主要职责定位于研究法律适用和总结审判经验上，除法律另有规定外，具体个案仅就合议庭审理案件适用实体法、程序法和证据规则不能形成

决议的重大、疑难法律适用问题进行讨论表决，最大限度减少上会讨论个案的数量，促进法官、合议庭积极履职、主动担责。

广州知识产权法院积极推进裁判文书上网。至 2015 年 12 月 31 日，该院共计有 1100 件案件裁判文书公开上网，裁判文书上网率 88.58%。同时，法院开通网上庭审直播，网民可通过门户网站“庭审直播”栏目和微信客户端，实时同步观看庭审情况。

3 广州知识产权法院发布2017年度司法保护白皮书，建院以来受理案件1.8万余宗，结案标的达11.2亿

（《南方日报》，2018年4月25日）

2017年是知识产权法院三年试点工作收官的重要一年。2018年4月24日，广州知识产权法院召开新闻发布会，该院副院长黎炽森发布了该院2017年度司法保护白皮书，并公布2017年十大典型案例。

建院三年多以来，广州知识产权法院不断加大知识产权保护力度，服务于国家创新发展大局。截至2017年底，共受理各类案件18906件，审结16105件。结案标的总额从2.38亿元增长到2017年的11.2亿元，上升了3倍多。

技术调查官提出意见　被合议庭采纳率超95%

白皮书显示，2017年，广州知识产权法院积极探索完善知识产权诉讼制度，破解知识产权诉讼举证难、赔偿难、周期长的问题，切实提高审判质效。

知识产权诉讼举证难，是影响知识产权司法保护的重要因素。

广州知识产权法院通过加强并完善保全措施，充分发挥保全作用。“我院积极采取证据保全措施，有效解决了当事人在特殊情况下的举证问题。”黎炽森说。据悉，2017年该院仅专利案件涉及诉讼保全的就有350余件，同比上升46%。

记者了解到，该院还通过颁发律师调查令等方式，适当加大依职权调查取证力度。据悉，2017年，该院向电商平台等机构，颁发律师调查令56件，

得到积极配合，极大缓解了当事人在互联网时代因客观原因造成的举证困难。

针对赔偿难、赔偿低等问题，广州知识产权法院还依托最高人民法院“知识产权司法保护与市场价值研究（广东）基地”，积极研究利用市场价值规则，确定赔偿数额和明确保护力度。白皮书显示，2017 年该院案件赔偿数额显著提高，其中，发明专利权纠纷案平均赔偿额在 60 万元左右。

审理周期长是困扰加强知识产权司法保护的另一难点。

广州知识产权法院通过进一步完善技术调查官制度，探索有效运行机制及时查明技术事实，扫除案件审理障碍。2017 年，该院与国家专利局审查协作广东中心合作，聘任该中心涉机械、电学、通信、化学和计算机领域的 22 名审查员作为技术顾问，建立轮流由 2 名审查员驻该院办公的常态化协作机制。

数据显示，2017 年该院技术调查官共参与保全、审理案件 324 件，是 2015 年 98 件的 3.3 倍。技术调查官提出的技术意见被合议庭采纳率超过 95%，为审判案件提供了及时高效的技术支持。

设专利一审案件速裁小组　绝大部分案件一周内办结

记者了解到，2017 年以来，广州知识产权法院还从审判专业化、高效化、标准化和便捷化等方面入手，积极探索审判机制创新。

比如，为完善疑难案件讨论制度，提高疑难案件审理质量，该院专门印发《关于建立专业法官会议制度的实施方案（试行）》。根据上述方案，该院在 2017 年 7 月设立了专利、著作权、商标及不正当竞争三个专业法官会议。

“专业法官会议为审判委员会指导下的自治组织，直接受院审判委员会领导，接受审判委员会的监督。”黎炽森说，截至目前，三个专业法官会议共举行 17 次会议，讨论 40 个案件、50 个具体专业问题，形成了“红日禁令案”、马自达株式会社与广州马自达公司侵害商标权纠纷案等典型案例。

为缓解案多人少突出矛盾，广州知识产权法院还大力推进“简案快审、繁案精审”，加快案件审理进程。

一方面，该院 2017 年 9 月在立案庭设立速裁组，初步探索二审案件繁简分流。“在该举措下，速裁组法官承担了大量简案系列案的审理。比如，我们1名法官带4名助理，从去年9月到去年底，审结案件800余件，占全院结案数7805件的十分之一。”黎炽森说。

2017年10月底，该院还在专利庭设立了专利一审案件速裁小组，由庭负责人带领一名主审法官先行先试，进一步探索一审案件繁简分流。

数据显示，目前，该速裁小组受理案件16批次323件，扣除管辖权异议及待开庭的案件，已开庭的案件结案119件，占已开庭案件的85%，绝大部分案件在开庭后1个星期内办结，及时处理了大量简单一审专利权纠纷案件。

跨区域管辖广东省内一审技术类案件，是广州知识产权法院在全国三家知识产权法院中的一大特色。2018年4月份，该院官方网站增设网上立案通道，推广使用至今网上立案率超90%。

此外，依托各地知识产权局和知识产权快速维权中心，该院分别对中山、汕头诉讼服务处的功能进行升级，实现就地提供咨询、立案、开庭等各项主要诉讼服务功能，并于2017年4月在东莞设立诉讼服务处。至2017年底，三个服务处已远程立案和移送案件213件，并实现远程庭审和法官前往当地开展集中庭审。

4 广州知识产权法院设立全省首家巡回审判法庭

（《南方日报》，2018 年 4 月 27 日）

2018 年 4 月 26 日上午，广州知识产权法院仲恺巡回审判法庭正式办公。自此，该院已经在广东省共设立四个诉讼服务点。

广州知识产权法院在惠州仲恺高新区设立全省第一家巡回审判法庭，该法庭将立足惠州，辐射粤东，开庭审理粤东地区属于广州知识产权法院管辖的各类知识产权案件。广州知识产权法院院长王海清说，包括佛山高新区在内，未来将在广东省知识产权案件相对集中的各高新区探索设立诉讼服务处。

5 全省首家知识产权诉讼服务处可远程诉调对接

（《新快报》，2017 年 3 月 17 日）

2017 年 3 月 17 日，广州知识产权法院中山诉讼服务处功能提级优化新闻发布会暨知识产权案例研讨会在中山市古镇镇举办。

世界知识产权组织中国办事处副主任吕国良、广州知识产权法院副院长黎炽森、广东省知识产权局副巡视员黄光华、中山市政府副市长徐小莉，及中山市知识产权局、中山市中级人民法院、中山市古镇镇等相关领导、中山市各镇经信部门、企业代表等，参加了当天的活动。

灯都古镇对知识产权保护的强烈需求

跨区域管辖是司法改革的重要举措，对于提升裁判水平、统一裁判尺度具有重要意义，但同时也产生了远程诉讼服务的现实需求。广州知识产权法院成立至今，受理的各类一审案件中，一方当事人为中山地区的案件达到 1291 件，约占该院一审案件收案总数的 21%，涉及到专利、计算机软件开发、驰名商标认定等各类纠纷。其中，专利类型案件所占比重最大，达到 1235 件，占中山地区案件总数的 96%。

为回应辖区企业、群众强烈的司法需求，该院于 2015 年 10 月在中山古镇成立全省首家远程诉讼服务处，旨在为中山及周边地区的企业、群众提供立案咨询、指导调解、案件查询、远程答疑、远程接访、法制宣传等诉讼服务。中山诉讼服务处成立一年多来，共接待当事人来访 1200 余人次、移送诉讼证据 105 件、开展法治宣讲 9 场，取得了良好的效果。

功能升级后企业维权有哪些便利

据介绍，根据辖区当事人的意见反馈，以及一线接待同志的实务调研，发现除传统的咨询、接访、宣传等需求外，当地企业、群众对立案、开庭、远程调解的需求更加强烈。在充分调研的基础上，该院于 2016 年 9 月制定了《中山远程诉讼服务处功能提级、优化的方案》，至 2017 年 3 月完成各项升级准备工作。

优化升级后，可提供远程立案、远程庭审、远程调解、案件查询、远程答疑接访、法治宣传等诉讼服务。依托科技手段，让信息多跑路、让当事人少跑腿，就地提供咨询、立案、开庭等各项主要诉讼服务，真正实现足不出中山即可完成各项诉讼行为。

全省首家知识产权诉讼服务处可远程立案诉调对接

新快报·ZAKER广州　03-17

新快报讯 记者李红云 通讯员区春兰 张小红报道 今日，广州知识产权法院中山诉讼服务处功能升级优化新闻发布会暨知识产权案例研讨会在中山市古镇镇举办。

6 广州知识产权法院制定专门意见加强知产审判推动在省级以上高新区普遍建立诉讼服务网点

（《南方日报》，2018 年 4 月 25 日）

2018 年初，中共中央办公厅、国务院办公厅发布了《关于加强知识产权审判领域改革创新若干问题的意见》（以下简称《意见》），这是两办印发的第一个专门面向知识产权审判领域里程碑式的纲领性文件。日前，广州知识产权法院在认真学习《意见》的基础上，制定了该院实施意见。

该实施意见严格落实两办《意见》各项要求，围绕广州知识产权法院“办精品案件、育精英法官、建现代法院”的总体目标，结合“改革创新提升年”工作主线，切实做到以创新的方法激励创新，以创新的方式保护创新。

亮点包括：加强证据规则研究探索，破解“举证难”问题。不断扩大调查取证范围，简化审批程序。制定证据保全规则，规范证据保全程序，提升证据保全效能。依法用活用好调查令，积极探索建立专家证人制度，更好地发挥专家辅助人作用。积极探索适用证据披露、证据妨碍排除等证据规则，依法惩治妨碍举证等违法行为。

加强知识产权市场价值研究，破解“赔偿低”问题。依托最高人民法院设在该院的“知识产权司法保护与市场价值研究（广东）基地”，全面加强知识产权市场价值问题研究。积极支持有关社会组织、行业协会推进知识产权价值评估、鉴定机构建设。

强化内部监督管理，破解案件审理“周期长”问题。深入推进繁简分流工作，完善简单案件速裁机制，确保高效快速审结。全力推动知识产权纠纷多元化纠纷化解机制建设。

推进专业化审判体系建设，健全巡回审判和诉讼服务机制。加快建设惠州、佛山两个巡回审判法庭，积极研究在东莞等地设立新的巡回审判法庭，在各地的省级以上高新区普遍建立起诉讼服务网点。

进一步健全技术调查官制度，加快技术调查官队伍建设。在现有聘请技术专家的基础上，建立覆盖更广、层次更高、针对性更强的专家顾问团。探索引进聘用制技术调查官。制定技术调查官回避制度、参与庭审、收集和保全证据等规则，完善监督考评机制，规范技术调查官参与诉讼活动行为。

南方日報 高度决定影响力

2018年4月25日 星期三　返回头版　版面导航　标题导航　往期报纸　下载南方+

“最快今年底进入人体试验关键环节”

受理案件1.8万余宗 结案标的达11.2亿

上一版　下一版

广州知识产权法院制定专门意见加强知产审判

推动在省级以上高新区普遍建立诉讼服务网点

2018-04-25　我有话说（1人参与）

■相关

南方日报讯（记者/祁雷）今年初，中共中央办公厅、国务院办公厅发布了《关于加强知识产权审判领域改革创新若干问题的意见》（以下简称《意见》），这是两办印发的第一个专门面向知识产权审判领域里程碑式的纲领性文件。日前，广州知识产权法院在认真学习《意见》的基础上，制定了该院实施意见。

该实施意见严格落实两办《意见》各项要求，围绕广州知识产权法院“办精品案件、育精英法官、建现代法院”的总体目标，结合“改革创新提升年”工作主线，切实做到以

7 国产手游也叫“魔兽”被法院颁发行“禁令”

（《广州日报》，2016 年 4 月 26 日）

我国网络游戏市场规模已超过千亿元，在井喷式发展的背后，知名游戏被山寨手游“蹭 IP”（知识产权）的现象频生。2016 年 4 月 25 日，广州市知识产权法院发布《广州知识产权法院司法保护状况知识和典型案例（2015）白皮书》，两件网络游戏侵权案件入选十大典型案例。

技术调查官出动

“北、上、广三地知识产权法院相比较，广州知识产权法院收案的突出特点是知识产权侵权纠纷占比高。”该院副院长林广海表示，技术的发展会带来新的侵权行为和类别。

2015 年 4 月，全国首位“技术调查官”在广州知识产权法院亮相。其实像医疗纠纷、买卖合同，几乎所有审判都难免遇到技术问题，为什么知识产权案件就需要引入“技术调查官”呢？林广海分析，因为涉及知识产权案件的技术问题不同于其他技术问题，它不光是证据也是事实，还是当事人之间的权利义务内容，权利义务的划分还涉及到公共利益。在知识产权审判中，法院是中立的，不会以公共利益优先，因此，引入专业人士分析技术问题尤为必要。

网游侵权容易维权难

据广州知识产权法院法官郑志柱介绍，从收案情况看，近年针对网络游戏的侵权纠纷增速明显，且案件标的高。但由于法律未认定游戏作品为独立类型，起诉方往往只能以游戏人物形象或游戏场景等美术作品遭到侵权提起诉讼。

《魔兽世界》是游戏巨头暴雪娱乐公司制作的知名大型多人在线角色扮演游戏，网易是该游戏在中国大陆地区的独家运营商。2015 年 1 月，暴雪和网易把国产手游《全民魔兽》的开发、运营、传播三家公司以侵害其美术作品著作权、擅自使用原告知名游戏特有名称、装潢及虚假宣传的不正当竞争行为告上了广州知识产权法院。同时，暴雪和网易提供了 1000 万元的等值现金担保，申请禁止被告向公众提供、传播、运营被诉游戏。

2015 年 3 月，广州知识产权法院在听证后，确定原告胜诉可能性高，认为被诉游戏的上线势必挤压原告新推游戏的市场份额，且网络游戏具有生命周期短，传播速度快、范围广的特点，于是颁发了成立以来的第一个禁令，禁止被告公司复制、发行及通过信息网络传播被诉游戏和实施涉案不正当竞争行为。

广州日报

广州日报 >> 2016年4月26日 >> A4版

搜索 本版新闻 标题导航 系列报刊 大洋网 网站地图

放大 缩小 默认 语音阅读 A叠（24版） / 今日72版

国产手游也叫“魔兽”被法院颁发行“禁令”

〈查看评论〉

大洋新闻 时间：2016-04-26 来源：广州日报 作者：方晴

世界知识产权日

广州日报讯 （记者方晴 通讯员程方伟、李德军）我国网络游戏市场规模已超过千亿元，在井喷式发展的背后，知名游戏被山寨手游“蹭IP”（知识产权）的现象频生。昨天，广州市知识产权法院发布《广州知识产权法院司法保护状况知识和典型案例（2015）》白皮书，两件网络游戏侵权案件入选十大典型案例。

技术调查官出动

“北、上、广三地知识产权法院相比较，广州知识产权法院收案的突出特点是知识产权侵权纠纷占比高。”该院副院长林广海表示，技术的发展会带来新的侵权行为和类别。

去年4月，全国首位“技术调查官”在广州知识产权法院亮相。其实像医疗纠纷、买卖合同，几乎所有审判都难免遇到技术问题，为什么知识产权案件就需要引入“技术

8 广州两企业仿法国大牌口红子弹造型 九款产品被叫停

（《广州日报》，2016 年 7 月 1 日）

以红底高跟鞋为标识的法国知名品牌 Christian Louboutin（克里斯提·鲁布托），2015 年 9 月推出了子弹造型的高价口红，受到消费者关注。然而没过多久，广州两家企业也推出了 9 款造型相似的口红。2016 年 6 月 22 日，广州知识产权法院根据克里斯提·鲁布托的申请，责令两家企业立刻停止制造销售涉案口红。据悉，这是广州知识产权法院的首宗专利诉前禁令，这一禁令为权利人及时提供了保护。

广州知识产权法院 2016 年 6 月 30 日发布，该院根据克里斯提·鲁布托的申请，作出诉前禁令裁定，责令广州问叹贸易有限公司立即停止制造、销售、许诺销售涉案九款口红产品，广州贝玲妃化妆品有限公司立即停止制造涉案九款口红产品。记者调查了解到，此“贝玲妃”不是美国知名化妆品品牌贝玲妃，而是位于广州花都区的一个化妆品代工工厂。

据广州知识产权法院发布，申请人克里斯提·鲁布托享有“化妆品的盖子”“化妆品的容器”等外观设计专利，涉案的专利产品尚未在中国境内销售。克里斯提·鲁布托发现被申请人制造、销售、许诺销售的九款口红产品的外观设计与其专利设计构成相同或者近似，故申请诉前禁令。

广州知识产权法院经听证后认为，诉前禁令的审查必须判断被诉侵权行为是否存在侵权的可能性，而涉案的九款口红产品均落入涉案专利权的保护范围，被申请人问叹公司、贝玲妃公司实施的行为均存在侵权的可能性；而且，不颁发禁令将会导致申请人的市场份额永久性地被破坏、缩短专利产品的生命周期，因此，制止可能的侵权行为具有紧迫性，不颁发禁令将会给申请人造成难以弥补的损害。

9 “梦幻西游 2”网游直播侵权案一审宣判

（《人民法院报》，2017 年 11 月 14 日）

近年来，网络游戏直播作为新兴行业，在吸引大量玩家的同时侵权风险日益显现。游戏玩家直播玩游戏必然需要播放游戏画面，但未经授权的直播画面会惹上官司？2017 年 11 月 14 日，广州知识产权法院对网易诉华多公司侵害著作权案作出一审判决，判决被告停止通过网络传播“梦幻西游”或“梦幻西游 2”的游戏画面，并赔偿原告经济损失 2000 万元。

广州网易计算机系统有限公司（以下简称网易公司）发现广州华多网络科技有限公司（以下简称华多公司）通过 YY 游戏直播网站等平台，直播、录播、转播“梦幻西游 2”（涉案电子游戏）游戏内容，经交涉未果，于 2014 年 11 月 24 日提起诉讼。

网易公司诉称，涉案电子游戏属计算机软件作品，游戏运行过程呈现的人物、场景、道具属美术作品，游戏过程中的音乐属音乐作品，游戏的剧情设计、解读说明、活动方案属文字作品，游戏运行过程呈现的连续画面属以类似摄制电影创作方法创作的作品，被告窃取其原创成果，损害其合法权利。

华多公司辩称网易公司非权利人，涉案电子游戏的直播画面是玩家游戏时即时操控所得，不是著作权法规定的任何一种作品类型；且游戏直播是在网络环境下个人学习、研究和欣赏的方式，属于著作权法中的个人合理使用行为。

庭审中，双方围绕保护对象、权利归属、侵权行为或不正当竞争行为、法律责任等展开辩论并交换质证诉辩证据。

广州知识产权法院经审理认为，华多公司在其网络平台上开设直播窗口、组织主播人员进行涉案电子游戏直播，侵害了网易公司对其游戏画面作为类电影作品之著作权，依法判决被告停止侵权、赔偿损失等，停止侵权具体为停止通过信息网络传播电子游戏“梦幻西游”或“梦幻西游 2”的游戏画面。

法官说法

诸如涉案电子游戏之大型、多人参与网络游戏，其创作凝聚了开发者的心血。如不保护创作者对其作品进行许可传播或不许可传播的排他性权利，不利于对开发者形成权利激励和促进全社会智慧产品的产出，也不符合著作权法的立法宗旨。

涉案电子游戏“梦幻西游”“梦幻西游 2”，核心内容包括游戏引擎和游戏资源库，经由用户在终端设备上操作后，引擎系统调用资源库的素材在终端设备上呈现，产生一系列有伴音或无伴音的连续画面，这些画面表达了创作者的思想个性，且能以有形形式复制，此创作过程与“摄制电影”的方法类似，因此涉案电子游戏在终端设备上运行呈现的连续画面可认定为类电影作品，该作品的“制片者”应归属于游戏软件的权利人。

结合著作权法对放映权、广播权和信息网络传播权的规定，华多公司的游戏直播行为所侵害的均不属于著作权法所列举的“有名”之权利，归入“应当由著作权人享有的其他权利”；与之对应的，涉案的侵权行为也不属于著作权法所列举的“有名”之侵权行为，归入“其他侵犯著作权的行为”。另外，游戏的呈现画面是电子游戏的基础价值，尽管游戏用户存在追求游戏中预设的“过关”或“升级”的可能，但游戏呈现画面的价值并不因此而丧失，故游戏直播行为不属著作权法中的合理使用范畴。

综上，被告侵害了原告对其游戏画面作为类电影作品之著作权，应当承担停止侵害、赔偿损失等侵权责任。关于赔偿数额，一审法院根据华多公司关联企业的财务年度报告、涉案电子游戏播放热度和华多公司前游戏主播的证人证言，估算出华多公司游戏直播业务及涉案电子游戏获利情况，再结合涉案作品的类型、权利种类、华多公司持续侵权的情节、规模和主观故意等因素，酌情确定华多公司赔偿网易公司经济损失 2000 万元。

此外，基于权利人对权利的自主处分，其他行为主体存在的游戏直播行为，不成为其免责的理由。同时，基于上述判定，网易公司在本案中请求保护的权益已得到保护，无须再论及其所提出的计算机软件作品、美术作品、文字作品、音乐作品等竞合性权利主张或不正当竞争等指控。

人民法院报

[现在开庭]

免费领鸡蛋？免费送香皂？

14名被告人诈骗老人钱财被判刑并处罚金

案说 情·理·法

轻信虚假回购承诺 七旬老人被骗23万余元

法院判决收藏品公司构成欺诈返还老人被骗款

“梦幻西游2”网游直播侵权案一审宣判

侵权公司被判赔偿原告经济损失2000万元

作案七起 杀害四人 劫得财物价值200余万元

宁波绿洲珠宝行抢劫案公开开庭审理

拒付工人工资 包工头被判刑

公告

10 华为终端公司诉惠州三星公司、三星中国公司侵权案开庭

（《南方日报》，2018年8月31日）

2018年8月30日，广州知识产权法院公开开庭审理了原告华为终端公司诉被告惠州三星公司、三星中国公司侵害发明专利权纠纷一案。

原告华为终端公司诉称，其于2010年4月28日申请了名称为“一种在界面中添加图标的方法、装置及移动终端”的发明专利，并于2014年12月31日获得发明专利授权，现处于有效期内。原告华为终端公司认为三星五款无线终端设备采用的相关技术落入了原告华为终端公司上述专利权利要求的保护范围，而被告惠州三星公司制造、使用、销售了上述无线终端设备，被告三星中国公司在其官网展示了上述无线终端设备并提供购买链接和渠道，侵犯了原告华为终端公司的专利权。原告华为终端公司诉请两被告立即停止侵犯原告涉案专利权的行为，并连带赔偿经济损失1500万元。

被告惠州三星公司辩称，上述五款无线终端设备未落入原告华为终端公司专利权保护范围，其使用的是现有技术。而原告华为终端公司主张的涉案专利是方法专利，仅使用行为受保护，而两被告没有实施使用涉案专利权利要求方法的行为，因此，原告华为终端公司起诉两被告除使用以外的行为没有法律依据。同时，两被告作为独立法人，并无共同侵权的故意，不构成共同侵权。原告华为终端公司以两被告的侵权获利作为赔偿计算的依据，但没有提供任何关于侵犯专利权获利的证据，诉请赔偿1500万元没有法律依据。

被告三星中国公司的答辩意见与被告惠州三星公司一致，并认为其没有制造行为，原告华为终端公司也没有证据证明其销售了涉案无线终端设备，其所销售的手机合法来源于被告惠州三星公司，而原告华为终端公司自身生产的手机也没有使用涉案专利所限定的技术方案。

当日，两被告对原告提交的部分证据充分发表了质证意见，由于案情复杂，证据事实较多，法庭将另定时间再次开庭。

11 因饮料“撞名”轮胎，倍耐力发力维权

（《中国知识产权报》，2018 年 10 月 17 日）

因认为香港倍耐力公司、深圳倍耐力公司、广州贝奇公司等5名被告生产、销售的倍耐力强化维生素饮料等产品（下称被诉侵权产品）使用了自己合法持有的“倍耐力”“Pirelli”等商标（以下统称涉案商标），涉嫌构成商标侵权，倍耐力轮胎公司将上述 5 名被告起诉至广州知识产权法院，请求法院判令其停止侵权并赔偿经济损失及合理开支 100 万元。

日前，广州知识产权法院经审理后，对该案作出一审判决，认定被告企业构成商标侵权，需停止侵权，销毁标有侵权标识的库存产品、标贴及包装物，并赔偿倍耐力轮胎公司经济损失等 20 万元。

饮料企业被诉侵权

倍耐力集团公司是一个拥有 130 余年历史的跨国企业，旗下的倍耐力轮胎公司是全球第五大轮胎制造商。经过多年的市场拓展以及赛事赞助等，倍耐力轮胎公司在中国市场获得较高知名度。在倍耐力轮胎公司使用的涉案商标中，“Pirelli”商标来源于其外文企业名称，另两个商标分别是“Pirelli”的音译和其外文名称的艺术加工版。

在经营过程中，倍耐力轮胎公司在市场上发现与其企业名称“撞名”的饮料产品和企业。经调查发现，香港倍耐力公司系被诉侵权产品的的委托生产方，通过其官网对该产品进行推广和宣传；深圳倍耐力公司负责被诉侵权产品在国内地区的营销；广州贝奇公司系被诉侵权产品的被委托方，同时也在各个电商网站上对该饮料进行宣传和推广。

倍耐力轮胎公司认为，在被告使用含有“倍耐力”“Pirelli”等标识前，

涉案商标已在轮胎行业中享有了较高的知名度和美誉度。香港倍耐力公司、深圳倍耐力公司、广州贝奇公司在经营活动中使用了涉案商标，其意图是利用原告长期创下的市场声誉，此行为涉嫌侵犯了涉案商标的注册商标专用权。

沟通无果后，倍耐力轮胎公司将5被告起诉至法院，请求法院判令停止侵权，并赔偿经济损失等。

对于倍耐力轮胎公司的指控，广州贝奇公司对其享有相关商标权无异议，但否认其行为构成商标侵权，辩称，首先，原告未提供证据证明“倍耐力”“Pirelli”商标已达到驰名状态，两个商标非驰名商标；其次，被诉侵权标识由字母和汉字组成，中间有加字符号进行突出，与涉案商标的字母组成、含义不同，发音也不相近似，在整体外观上与涉案商标视觉效果不同，不构成近似；再者，被诉侵权产品属于饮料行业，原告属于轮胎行业，双方的市场不同，行业不同，消费群体不同，受众不同，难以让人对两者产生存在联想。此外，虽然公司确受香港倍耐力公司委托试生产了少量被诉侵权产品，但产品标贴由香港倍耐力公司提供，成品已全部交给委托方，之后再无生产且已销毁了所有生产原材料和标贴，公司仅实施了加工行为，没有实施销售行为。因此，广州贝奇公司在涉案产品使用被诉侵权标识未侵犯原告权益。

香港倍耐力公司、深圳倍耐力公司等其余4名被告均未应诉答辩。

一审判赔20万元

广州知识产权法院受理该案后，进行了公开开庭审理。

在涉案商标是否构成驰名商标问题上，广州知识产权法院结合在案证据，认为涉案商标中的“Pirelli”商标不足以认定其驰名性，而“倍耐力”与“Pirelli”图形商标在被诉侵权行为发生之时已为公众所知晓，构成驰名商标。

在被诉侵权标识是否构成商标侵权问题上，广州知识产权法院经审理认为，被诉侵权饮料虽与“倍耐力”等驰名商标核定使用的商品种类不同，但因该饮料产品自称具有缓解疲劳的功能，尤其在“运动”“耐力”等方面易使普通消费者对该饮料产品的来源与原告该两商标产生联想，易误导消费者以为该“倍耐力”饮料产品的经营者获得原告许可使用上述商标或与原告存在某种联系，对商品的来源造成误认和混淆，减弱和降低已驰名的两商标的显著性，对原告享有的相关合法利益造成损害。据此，广州知识产权法院依法认定被诉侵权标识的使用者侵犯了原告对“倍耐力”两驰名商标的注册商标专用权。

在各被告应承担的法律责任问题上，广州知识产权法院经审理认为，香港倍耐力公司与广州贝奇公司共同生产使用了带有侵权标识的产品，各自在网络上展销侵权产品，均侵犯了原告上述商标的专用权，判令二公司停止侵权行为并共同承担赔偿等。在深圳倍耐力公司等 3 名被告应承担的法律责任问题上，法院结合在案证据认为，倍耐力轮胎公司起诉 3 名被告实施或帮助实施了侵权行为并应承担相应责任的事实和法律依据不足，依法应驳回原告的相关诉请。

12 电磁屏蔽膜行业爆发专利大战，索赔额高达 9272 万元！

（《中国知识产权报》，2018 年 4 月 18 日）

手机、电脑、笔记本等电子产品，会因高频电磁波干扰产生杂讯，这就催生了电磁屏蔽技术。而电磁屏蔽膜则是伴随手机发展而出现的新元器件，能够将电磁波限定在一定范围内，使电磁波从屏蔽体的一面耦合或辐射到另一面时受到抑制或衰减。近日，一起涉及全球电磁屏蔽膜行业两大巨头、索赔额高达 9272 万元的专利侵权诉讼迎来二审判决，受到业界广泛关注。

因认为广州方邦电子股份有限公司（下称方邦公司）生产销售的 8 款屏蔽膜产品侵犯了自己拥有的发明专利权（下称涉案专利），日本大自达电线股份有限公司（下称大自达公司）将其起诉至广州知识产权法院，请求法院判令方邦公司停止侵权，赔偿经济损失及合理支出 9272 万元。广州知识产权法院经审理后作出一审判决，认定被诉侵权技术方案未落入涉案专利的权利要求保护范围，方邦公司不构成侵权。大自达公司不服，向广东省高级人民法院（下称广东高院）提起上诉。近日，广东高院就该案作出二审判决，驳回大自达公司上诉，维持一审原判。

大自达公司是电磁屏蔽膜行业全球市场规模较大的企业，方邦公司则是规模仅次于大自达公司的国产电磁屏蔽膜产品制造商，由于涉案双方均是业界知名企业，且该案索赔额巨大，该案自立案起就受到广泛关注。对此，业内人士建议，电磁屏蔽膜是技术密集型产品，对技术创新要求较高，相关从业者在加强技术创新的同时，还应提高专利保护意识，及时提交专利申请。

8 款产品被诉侵权

2010 年 2 月 3 日，大自达系统电子株式会社（下称大自达株式会社）向国家知识产权局提交了一件名为“印刷布线板用屏蔽膜以及印刷布线板”的发明专利申请。在提交原始申请文件后，大自达株式会社对专利申请权利要求进行了修改。此后，国家知识产权局数次作出审查意见通知书，大自达株式会社相应地对权利要求进行了修改。2012 年 10 月 17 日，涉案专利申请人由大自达株式会社变更为大自达公司。2012 年 11 月 28 日，国家知识产权局就涉案专利申请发布授权公告（专利号：ZL200880101719.7），专利权人为大自达公司。

成立于 2010 年 12 月的方邦公司，是国内知名电磁屏蔽膜制造商，制造、销售了型号为 HSF6000-2 等 8 款屏蔽膜产品。2013 年至 2016 年，方邦公司就上述 8 款产品获得销售毛利润 3.05 亿余元。然而，这 8 款产品却引发了一起巨额专利诉讼。2017 年 1 月，大自达公司以上述 8 款产品落入了涉案专利权利要求 8—10，构成专利侵权为由，将方邦公司起诉至广州知识产权法院，请求法院判令方邦公司销毁用于生产上述产品的设备和模具，以及销毁所有库存涉嫌侵权产品，并赔偿经济损失 9200 万元、合理维权费用 72 万元。

对于大自达公司的指控，方邦公司辩称，被诉 8 款侵权产品的技术方案一致，与涉案专利的权利要求 8~10 相比对，被诉侵权技术方案的第一金属层并非以波纹结构的方式形成，未包含权利要求 8 中“第一金属层以沿着所述绝缘层的所述单面表面成为波纹结构的方式形成”的技术特征，被诉侵权技术方案不落入涉案专利的权利要求保护范围，方邦公司不构成对涉案专利权的侵犯。

法院审理辨明是非

广州知识产权法院依法受理该案后，进行了公开开庭审理。法庭上，原被告双方就多个焦点问题进行了辩论：如何解释涉案专利权利要求 8 中关于第一金属层以波纹结构的方式形成这个技术特征，从而确定大自达公司涉案专利权利要求保护范围；被诉侵权技术方案是否包含与“第一金属层以沿着所述绝缘层的所述单面表面成为波纹结构的方式形成”的技术特征相同或等同的技术特征，从而确定被诉侵权技术方案是否落入大自达公司涉案专利权利要求保护范围等。

广州知识产权法院对各个焦点问题进行了查明，既传唤了大自达公司委托的鉴定人出庭询问，也向技术调查官征询技术意见，并且通过法官联席会议讨论等程序，于2017年7月作出一审判决，认定被诉侵权技术方案未落入涉案专利权利要求保护范围，方邦公司不构成侵权，驳回了大自达公司的全部诉讼请求。

大自达公司不服，向广东省高级人民法院提起上诉。广东省高级人民法院经审理认为，大自达公司主张被诉侵权产品的金属层具有“以沿着所述绝缘层的所述单面表面成为波纹结构的方式形成”特征的主张不能成立，被诉侵权产品未落入涉案专利的权利要求保护范围，方邦公司未构成专利侵权。据此，法院驳回大自达公司的上诉，维持原判。

加强布局避免纠纷

据该案一审审判长朱文彬介绍，因案件双方当事人均在电磁屏蔽膜行业具有重要的行业地位，该案结果会给全球相关行业格局带来深远影响。广州知识产权法院经过证据保全、组织调解、传唤鉴定人、开庭审理、咨询技术调查官等合法程序，依法运用涉案发明专利的说明书及附图、专利授权时涉及多次修改权利要求的相关审查档案，以及结合工具书、教科书等文献，对双方当事人的集中争议问题进行了审慎查明，认定方邦公司未构成专利侵权；该案一审的审理，强调了法院认定的专利权利要求保护范围应符合专利权产生时所公示的边界，既要符合授权、保护这种专有性、垄断性权利的初衷，也要符合诚实信用原则，为社会公众提供明确的法律预期，避免了不当压缩社会公众对于公有技术自由运用的空间。

此外，在不少人看来，该案平等对待国内外当事人，依法保护双方在诉讼中的权利，为我国涉外知识产权审判提供了很好的范本。同时，该案也给电磁屏蔽膜行业的其他从业者敲响了专利保护的警钟。

北京大学国际知识产权研究中心客座研究员杨安进在接受中国知识产权

报记者采访时表示，由于该行业对技术和创新要求较高，这就需要从业者提高专利意识，加强知识产权布局，比如，除及时提交专利申请外，也要注重提高专利申请书的撰写质量，能经得住专利无效宣告请求程序的考验；公司内部要成立专业的法务部门，随时同技术研发人员沟通，及时将研发材料存档备案；在推出一项新产品前，要及时进行专利检索，当发现隐患时，要第一时间对技术和产品进行调整；如果公司被起诉侵权，应第一时间进行风险评估，然后制定详尽可行的应诉策略，或聘请专业律师团队进行应诉，或选择和解，双方签署专利交叉许可协议等。

中国知识产权报　维权新闻热线：010-82803888转6231　投稿：http://tg.iprchn.com

维权周刊 CIPN　主编：冯飞　2018年4月18日 星期三出版　09

REPORT 深度报道

电磁屏蔽膜行业需镀好专利"保护膜"

本报记者 姜旭
通讯员 肖晟权

手机、电脑、笔记本等电子产品，会因高频电磁波干扰产生杂讯，这就催生了电磁屏蔽技术。而电磁屏蔽膜则是伴随手机发展而出现的新兴器件，能够将电磁波限定在一定范围内，使电磁波从屏蔽体的一侧耦合或辐射到另一侧时受到抑制或衰减。近日，一起涉及全球电磁屏蔽膜行业两大巨头、索赔额高达9272万元的专利侵权诉讼迎来二审判决，受到业界广泛关注。

因认为广州方邦电子股份有限公司（下称方邦公司）生产销售的8款屏蔽膜产品侵犯了自己拥有的发明专利权（下称涉案专利），日本大自达电线股份有限公司（下称大自达公司）将其起诉至广州知识产权法院，请求法院判令方邦公司停止侵权，赔偿经济损失及合理支出9272万元。广州知识产权法院经审理后作出一审判决，认定被诉侵权技术方案未落入涉案专利的权利要求保护范围，方邦公司不构成侵权。大自达公司不服，向广东省高级人民法院（下称广东高院）提起上诉。近日，广东高院就该案作出二审判决，驳回大自达公司上诉，维持一审原判。

大自达公司是电磁屏蔽膜行业全球市场规模较大的企业，方邦公司则是规模仅次于大自达公司的国产电磁屏蔽膜产品制造商。由于涉案双方均是业界知名企业，且该案索赔额巨大，该案自立案起就受到广泛关注。对此，业内人士建议，电磁屏蔽膜是技术密集型产品，对技术创新要求较高，相关从业者在加强技术创新的同时，还应提高专利保护意识，及时提交专利申请。

8款产品被诉侵权

2010年2月3日，大自达系统电子株式会社（下称大自达株式会社）向国家知识产权局提交了一件名为"印刷布线板用屏蔽膜以及印刷布线板"的发明专利申请。在提交原始申请文件后，大自达株式会社对专利申请权利要求进行了修改。此后，国家知识产权局数次作出审查意见通知书，大自达株式会社相应地对权利要求进行了修改。2012年10月17日，涉案专利申请人由大自达株式会社变更为大自达公司。2012年11月28日，国家知识产权局就涉案专利申请发布授权公告（专利号：ZL200880101719.7），专利权人为大自达公司。

成立于2010年12月的方邦公司，是国内知名电磁屏蔽膜制造商，制造、销售了型号为HSF6000-2等8款屏蔽膜产品。2013年至2016年，方邦公司就上述8款产品获得销售毛利润3.05亿余元。然而，这8款产品却引发了一起巨额专利诉讼。2017年1月，大自达公司以上述8款产品落入了涉案专利权利要求8-10，构成专利侵权为由，将方邦公司起诉至广州知识产权法院，请求法院判令方邦公司销毁用于生产上述产品的设备和模具，以及销毁所有库存涉嫌侵权产品，并赔偿经济损失9200万元、合理维权费用72万元。

对于大自达公司的指控，方邦公司辩称，被诉8款侵权产品的技术方案一致，与涉案专利的权利要求8-10相比对，被诉侵权技术方案的第一金属层并非以波纹结构的方式形成，未包含权利要求8中"第一金属层以沿着所述绝缘层的所述单面表面成为波纹结构的方式形成"的技术特征，被诉侵权技术方案不落入涉案专利的权利要求保护范围，方邦公司不构成对涉案专利权的侵犯。

法院审理辨明是非

广州知识产权法院依法受理该案后，进行了公开开庭审理。法庭上，原被告双方就多个焦点问题进行了辩论，如何解释涉案专利权利要求8中关于第一金属层以波纹结构的方式形成这个技术特征，从而确定大自达公司涉案专利权利要求保护范围；被诉侵权技术方案是否包含与"第一金属层以沿着所述绝缘层的所述单面表面成为波纹结构的方式形成"的技术特征相同或等同的技术特征，从而确定被诉侵权技术方案是否落入大自达公司涉案专利权利要求保护范围等。

广州知识产权法院对各个焦点问题进行了查明，既传唤了大自达公司委托的鉴定人出庭询问，也向技术调查官征询技术意见，并且通过法官联席会议讨论等程序，并于2017年7月作出一审判决，认定被诉侵权技术方案未落入涉案专利权利要求保护范围，方邦公司不构成侵权，驳回了大自达公司的全部诉讼请求。

大自达公司不服，向广东高院提起上诉。广东高院经审理认为，大自达公司主张被诉侵权产品的金属层具有"以沿着所述绝缘层的所述单面表面成为波纹结构的方式形成"特征的主张不能成立，被诉侵权产品未落入涉案专利的权利要求保护范围，方邦公司未构成专利侵权。据此，法院驳回大自达公司的上诉，维持原判。

加强布局避免纠纷

据该案一审审判长朱文彬介绍，因案件双方当事人均在电磁屏蔽膜行业具有重要的行业地位，该案结果会给全球相关行业格局带来深远影响。广州知识产权法院经过证据保全、组织调解、传唤鉴定人、开庭审理、咨询技术调查官等合法程序，依法运用涉案发明专利的说明书及附图、专利授权时涉及多次修改权利要求的相关审查档案，以及结合工具书、教科书等文献，对双方当事人的集中争议问题进行了审慎查明，认定方邦公司未构成专利侵权；该案一审的审理，强调了法院认定的专利权利要求保护范围应符合专利权产生时所公示的边界，既要符合授权、保护这种专有性、垄断性权利的初衷，也要符合诚实信用原则，为社会公众提供明确的法律预期，避免了不当压缩社会公众对于公有技术自由运用的空间。

此外，在不少人看来，该案平等对待国内外当事人，依法保护双方在诉讼中的权利，为我国涉外知识产权审判提供了很好的范本。同时，该案也给电磁屏蔽膜行业的其他从业者敲响了专利保护的警钟。

北京大学国际知识产权研究中心客座研究员杨安进在接受中国知识产权报记者采访时表示，由于该行业对技术和创新要求较高，这就需要从业者提高专利意识，加强知识产权布局，比如，除及时提交专利申请外，也要注重提高专利申请书的撰写质量，能经得住专利无效宣告请求程序的考验；公司内部要成立专业的法务部门，随时同技术研发人员沟通，及时将研发材料存档备案；在推出一项新产品前，要及时进行专利检索，当发现隐患时，要第一时间对技术和产品进行调整；如果公司被起诉侵权，应第一时间进行风险评估，然后制定详尽可行的应诉策略，或聘请专业律师团队进行应诉，或选择和解，双方签署专利交叉许可协议等。

一周点评

回归商标保护初心 树立商标布局意识

何勇

近日，最高人民法院发布"东风"案再审判决书，认定"东风"定牌加工不构成商标侵权。该案判决公布后，引发业界热议。

在笔者看来，再审判决回归到商标保护的初心，即强调商标的本质属性在于其识别性，商标保护在于避免导致相关公众的混淆误认，并以商标的识别功能是否会被破坏作为侵权判断的基础。同时，再审判决充分考虑到有关加工贸易的司法政策，统筹知识产权保护与贸易发展，合理平衡权利人利益、他人合法权益和社会公共利益。

2015年，最高人民法院在"PRETUL"案中，以"不能被认定为商标意义上的使用行为"为由排除了定牌加工行为构成商标侵权。此后，"PRETUL"案的判决理由被广泛采纳，与此同时，其也引发诸多质疑。比如，我国商标法中对于"商标意义上的使用"并无明确界定，能否以此作为统一的排除侵权理由？再如，最高人民法院评选的"2015中国法院50件典型知识产权案例"中，"PRETUL"案和江苏省高级人民法院审理的"东风"案同时入选。两个做出相反认定的案件一起被列入当年的典型案例，本身就说明最高人民法院并不排斥对"PRETUL"案为代表的对定牌加工行为一律排除侵权认定的态度。

在"东风"案再审判决中，最高人民法院首先指出，不用于识别或区分

13 格力空调诉奥克斯专利侵权 格力一审胜诉 奥克斯被判赔偿 4000 万元

（《广州日报》，2018 年 4 月 27 日）

2018 年 4 月 26 日，在第 18 个世界知识产权日来临之际，广州知识产权法院对格力诉奥克斯空调专利侵权案作出一审判决：宁波奥克斯空调有限公司（以下简称奥克斯）侵犯珠海格力电器股份有限公司（以下简称格力）的空调技术实用新型专利，需立刻停售侵权的八个型号空调产品，并赔偿格力经济损失 4000 万元。

格力起诉奥克斯八个型号产品侵权

法院审理查明，格力于 2008 年 4 月 25 日向国家知识产权局申请“一种空调机的室内机”实用新型专利权，2009 年 5 月 20 日获得授权公告。

格力称，在以往空调机的生产中，前接水槽、后接水槽、引水槽、排水口等各零件或组件均为分开设计，需要分别开制多幅模具，导致生产成本的增加、生产效率的低下。而且由于装备工序较多、装配关系较为复杂，容易产生因装配不严密导致的漏水、漏风凝露问题，空调运转时也容易产生因各零件热胀冷缩程度不同而导致的异响。

而格力的专利空调机，底壳与前后接水槽、引水槽均是一体成型，可以减少零件数量，减少装配工序，提高生产效率。空调机的漏水、漏风凝露、异响问题也大大减弱，由此获得市场青睐。

然而格力发现，这一专利技术竟出现在竞争对手的产品上。格力电器诉称，第一被告奥克斯以及第二被告广州某东贸易有限公司未经许可，生产、销售、许诺销售使用格力电器专利技术的八个型号空调产品，侵犯了格力电器的专利权。请求法院判令两被告立即停止侵权，被告奥克斯赔偿格力电器经济损失及合理费用合计4000万元。2017年10月10日及11月16日在广州知识产权法院两次公开开庭审理，涉案空调在法庭上被现场拆卸，以便法官与技术调查官比对技术细节。

2018年4月24日，广州知识产权法院对该案进行一审宣判。法院认为被诉侵权产品落入原告专利权的保护范围，奥克斯公司提出的技术抗辩不能成立，判令奥克斯立即销毁库存侵权产品及制造侵权产品的专用模具，并赔偿格力经济损失及维权合理费用共4000万元。

还有5项专利权案件宣判

据悉，广州知识产权法院同日宣判了格力诉奥克斯侵犯其他5项专利权案件。

在3件案件中，由于格力不能证明奥克斯公司在涉案专利的授权公告日后继续存在制造被诉侵权空调的行为，因此奥克斯在涉案专利授权公告日前制造被诉侵权空调的行为以及在授权公告日后销售上述空调的行为均不构成侵权，格力全部诉讼请求被法院驳回。

在其余2件案件中，奥克斯制造销售被诉空调的行为被法院认定构成侵权，且奥克斯构成举证妨碍责任，奥克斯被判按照格力诉请的全部金额600万元进行赔偿。

广州日报
身边纸
17
一朵"奶花"引发的侵权案
4·26 知识产权日
法官人均结案289件
格力空调诉奥克斯专利侵权
牙好胃口好
种牙拯救健康危机

改革篇

推进“建现代法院”工程建设，全面落实司法体制综合配套改革，积极探索新的改革措施，当好改革的“先行者”和“排头兵”。坚持以法官为主体配置审判力量，以审判为中心设置内设机构，按“1名法官+1名法官助理+2名书记员”的模式组建全国首批新型审判团队，在全国法院中率先实现内设机构扁平化、集约化，以司法责任制为核心完善审判权运行机制。落实司法为民要求，贴近创新主体的知识产权司法保护需求，构建“诉讼服务处+巡回法庭”服务模式，先后成立中山、东莞、汕头诉讼服务处及惠州仲恺巡回审判法庭，在佛山、东莞建设巡回审判法庭，服务各地高新区建设。

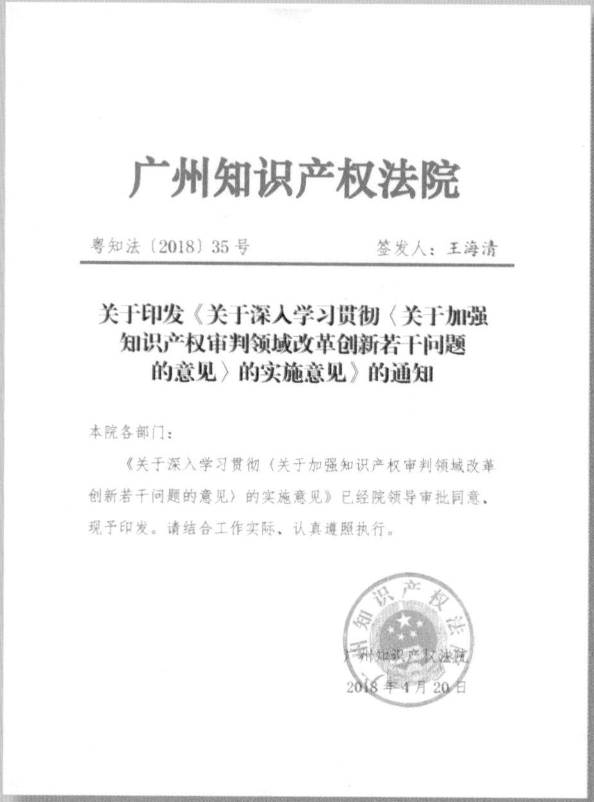

广州知识产权法院

粤知法〔2018〕35号　　　　签发人：王海清

关于印发《关于深入学习贯彻〈关于加强知识产权审判领域改革创新若干问题的意见〉的实施意见》的通知

本院各部门：

《关于深入学习贯彻〈关于加强知识产权审判领域改革创新若干问题的意见〉的实施意见》已经院领导审批同意，现予印发。请结合工作实际，认真遵照执行。

广州知识产权法院

2018年4月20日

◆ 广州知识产权法院印发关于深入学习贯彻《关于加强知识产权审判领域改革创新若干问题的意见》的实施意见。

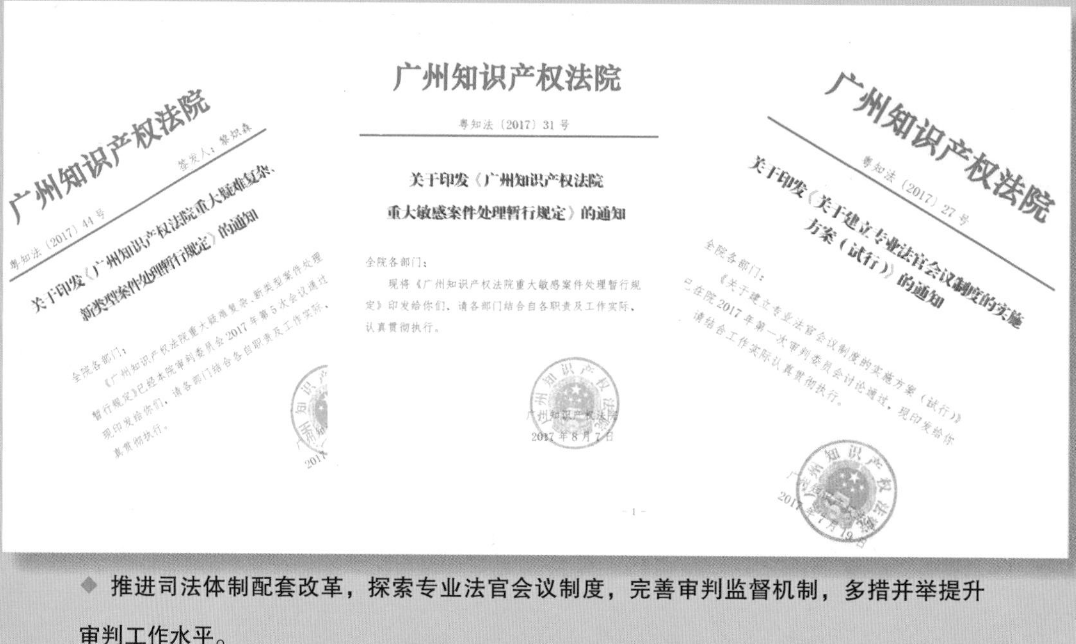

广州知识产权法院

粤知法〔2017〕44号　　　　签发人：黎炽森

关于印发《广州知识产权法院重大疑难复杂、新类型案件处理暂行规定》的通知

广州知识产权法院

粤知法〔2017〕31号

关于印发《广州知识产权法院重大敏感案件处理暂行规定》的通知

全院各部门：

现将《广州知识产权法院重大敏感案件处理暂行规定》印发给你们，请各部门结合自各职责及工作实际，认真贯彻执行。

广州知识产权法院

2017年8月7日

广州知识产权法院

粤知法〔2017〕27号

关于印发《关于建立专业法官会议制度的实施方案（试行）》的通知

◆ 推进司法体制配套改革，探索专业法官会议制度，完善审判监督机制，多措并举提升审判工作水平。

◆ 加强技术调查机制建设，建立专业的技术调查官队伍，强化对法官办案工作的技术支持。图为技术调查官与法官团队参加外出保全。

◆ 聘请国家知识产权局专利局专利审查协作广东中心的审查员作为技术顾问，为各项审判活动开展提供技术支撑。

一站式诉讼服务大厅

网上诉讼服务

网上立案率 92%，全国领先

线上诉讼服务

在中山、汕头、东莞等地设立远程诉讼服务处

◆ 建立实体、网络、线上三位一体的诉讼服务中心，为当事人提供更加便捷的诉讼服务。

◆ 2015 年 10 月 21 日，广州知识产权法院首个诉讼服务处——中山诉讼服务处在中山市古镇设立。

◆ 2018年4月26日，广州知识产权法院首个巡回审判法庭——仲恺巡回审判法庭揭牌仪式在惠州仲恺高新区举行。

1 广州知识产权法院：一场最彻底的审判权运行机制改革

（《中国审判》，2015 年 11 期）

2014 年 12 月 16 日，酝酿已久的广州知识产权法院正式挂牌成立。作为全国司法改革的重大举措之一，北、上、广三家知识产权法院在前后不久的时间里面世，“三足鼎立”的知识产权法院布局，在国内、国际社会引起广泛关注。以广州知识产权法院为例，成立 4 个月以来，美国驻广州领事馆领事包迪、美国副贸易代表罗伯特 · 何里曼，以及新加坡驻广州领事馆代表纷纷到访。

用广州知识产权法院院长杨宗仁的话来说，成立这么短时间，密集性地与外国领事馆、贸易代表会面是自己未曾预料到的。

同时，由于广州知识产权法院从设计之初就将去行政化作为一项试点探索，“法官权利”——审判权运行机制情况在业界显得格外引人注目：作为广东唯一没有行政级别的法院，广州知识产权法院按照全新模式进行编制规划，在庭室设置上，除了立案庭、专利审判庭、著作权审判庭、商标及不正当竞争审判庭 4 个审判业务庭之外，仅设立一个综合行政机构和 2 个司法辅助机构，审判庭不确定行政级别，庭长由主审法官兼任，不设副庭长。

对于这样的机制，专家认为，该院在审判权运行和配置方面几乎综合了全国法院近年来在该领域试点经验和优势之大成。

2015 年 4 月 15 日，笔者走进该院，走进这个拥有两名法学博士、一名全国审判业务专家的院领导班子，走进这群在“高聚光灯”下从广东三级法院遴选出来的精英法院团队，从解构“法官权利清单”入手，对他们“如何确立审委会、合议庭、主审法官在审判工作中的权利分配”等进行了实地调查。

彻底的“法官权利”改革

笔者未曾想到，采访的第一个对象广州知识产权法院专利庭法官谭海华竟然有过“一面之缘”。

初见谭海华，他刚好从广东省高级人民法院政治部参加完筹建中的广州知识产权法院法官遴选报名。从他不多的言谈中，笔者还是能感受到一名中年人对参加这次遴选的些许犹豫：毕竟是全省遴选，能否脱颖而出胜算几何？新法院地处广州开发新区，交通不便，如果选中以后上班可能要每天在广州、佛山两个城市间穿梭……

再次见面，笔者没再核实他当时是怎样的心情，从他自信的言谈、释然的表情里，笔者已经读出他对自己的选择的满意度。

谭海华经历丰富，1998 年任命助理审判员以来，从事过知识产权、涉外民商事案件审理，在研究室“爬过格子”，甚至还在佛山市纪委工作过 1 年。

“到这里 4 个月，我感受到了一名法官的职业尊荣感。”谭海华扬了扬手中一份签有他名字的文书告诉笔者，“这是我做法官这么多年来第一次签发的财产诉前保全裁定。这在很多法院，最起码也要副庭长才可以签发。”

而这只是主审法官“权力清单”之一。

谭海华一口气给笔者列了八项法官可签发的法律文书：判决书、调解协议书、管辖权异议裁定、撤诉裁定、财产诉前保全裁定、诉讼保全裁定、诉前禁令和诉中禁令。

“除了‘罚款、拘留、法院依职权启动的保全裁定’等法律规定的必须由院领导签发的文书外，其他的法律文书主审法官都可以签发。”谭海华坦言，这是一次很彻底的“放权”。

“这让我在签发每一份法律文书时反而感到一份庄重。”谭海华说，“我必须慎之又慎，确保万无一失，才能对得起这份责任和信任。”

“让审理者裁判，由裁判者负责，不能只是挂在嘴上，更应该落到实处。”杨宗仁告诉记者，“作为一名从事法官职业多年的法律工作者，我深感还权于法官的必要性，我们希望通过努力在广州知识产权法院进行一场最彻底的审判权运行机制改革，为践行‘让审理者裁判，由裁判者负责’探索和积累经验。”

“高门槛”的“审委会革命”

审判委员会作为法官的最高审判机构，如何更好地发挥它在审判管理中的导向性作用，各地法院做法不一。广州知识产权法院的做法是通过提高上会门槛，通过加强研判、规范和统一裁判尺度，充分发挥专业法院审判委员会在法律适用方面的指引性作用。

据该院副院长吴振介绍，目前，全院共受理案件1207件，审委会成立以来，上审委会讨论案件数仍为零，目前审委会讨论的主题为审判管理事项等工作。

什么样的情况才可以上审委会，笔者翻开《广州知识产权法院岗位职责规范》（暂行）在这里找到了答案。按照暂行规定，该院对提交审委会讨论的案件类型总体上划为四类：使用实体法、程序法方面法律没有明确规定，或者法律规定相冲突，合议庭不能形成决议的；运用证据规则方面存在法律疑难问题，严重影响事实查明，合议庭不能形成决议的；合议庭评议的一致意见或者多数意见可能导致案件裁判标准明显不统一的；其他社会关注度极高的督办案件等。

“从目前来看，严把上审委会条件这一制度设计，给法官‘消极断案’设立了一道无形的‘防火墙’，这也倒逼法官、合议庭在办案中真正做到积极履职、主动担责。”全国审判业务专家、该院副院长林广海认为，不让一般案件随意进入审委会，一是给审委会委员们“松了绑”，在很大程度上也是在给法官“放权”“壮胆”。

合议庭承载下的权利表达和监督

2015年1月21日，广州知识产权法院杨宗仁、吴振、林广海三位院领导分别担任3起案件的审判长，与其他法官组成3个合议庭开庭，审理涉及作品放映权、特许经营合同、侵害商标权等不同类型案件。

庭审后，杨宗仁“趁热打铁”当即召集合议庭成员讨论案件。杨宗仁以承办法官身份首先向合议庭成员介绍了案情，并提出了自己的处理意见后，合议庭成员“毫不客气”地提醒杨宗仁要注意一个细节问题：上诉人公司已经注销，可能会影响到二审案件对事实的表述和当事人主题信息的变化。

合议庭成员经讨论最终达成一致意见：在责成上诉人提交公司注销相关证明材料后，再进行第二次合议。

“一个案子讨论两三回很正常。”龚麒天法官告诉记者，“事实上，合议庭讨论越充分，对案件公正审理越有保障。”因为反复讨论和反复论证查找的过程，就是一个不断达到内心确信的过程。

“合议庭是承载和表达法官权力、监督法官权力的良好载体，法官的权力最终也是通过合议庭决议形式见诸于一份份判决书中。”与龚麒天同在一个合议庭的庄毅法官告诉记者，“法院审判管理权和审判权界限明确，一般案件判决由合议庭讨论决议，争议中很难达到一致意见时，我们可提交法官联席会议进行讨论，合议庭可以采纳也可以不采纳，这样一来合议庭的权利和责任更大，反过来倒逼合议庭要非常慎重地审判。”

“让法官有职业尊荣感是法院公正办案的基石，对于一个新组建的专业性审判机构而言，这一点尤为重要。‘放权于法官’是要在全院范围内形成‘尊重专业能力、支持法官办案’的工作新局面，使之成为一种共同价值追求和主旋律融入建院的根基，让知识产权审判真正为‘创新驱动’发挥更强大的司法保障作用。”杨宗仁说。

2 广州知识产权法院改革创新举措交出可喜成绩单：权利人不再赢了官司丢了市场

（《法制日报》，2017 年 5 月 3 日）

作为司法改革先行先试的新型专门法院，广州知识产权法院积极探索推进符合知识产权审判的各项改革创新举措，交出一张可喜的成绩单：2016 年办结案件 4907 件，同比增长 44.62%；结案率 77.9%，同比增长 9.22%；结收案比 103.26%，同比增长 33.09%。

《法制日报》记者了解到，针对实践中受侵害企业“赢了官司，丢了市场”问题，广州知识产权法院通过探索适用诉前禁令、诉中禁令措施，注重使用技术调查官协助查明事实等举措，提高司法救济及时性，充分发挥司法保护的主导作用，积极为广东实施创新驱动发展战略提供有力的司法保障。

首发诉前禁令防止损失扩大

2016 年 6 月 23 日，广州知识产权法院作出 3 家知识产权法院成立以来首份专利诉前禁令，有效避免了权利人诉讼期间损失继续扩大。

该案主审法官谭海华告诉记者，法国人克里斯提·鲁布托设计的红底鞋、化妆品等产品在全球享有广泛知名度。近年，克里斯提·鲁布托以子弹和王冠造型申请了口红外观设计专利，拟推向我国市场，但发现我国问叹公司等企业制造、销售、许诺销售的口红外观设计与其专利相同或近似。为此，权利人向法院申请禁令，请求责令问叹公司等企业立即停止制造、销售、许诺销售涉案口红产品，及时制止侵权行为，避免损害继续扩大。

谭海华说，专利诉前禁令申请审查包括涉案专利是否稳定有效；被申请人正在实施的行为是否具有侵权可能性；不颁发禁令是否会给申请人的合法权益造成难以弥补的损害；颁发禁令给被申请人带来的损失是否小于或相当于不颁发禁令给申请人带来的损失；颁发禁令是否会损害社会公共利益；申请人提供的担保是否有效、适当6项内容。

广州知识产权法院专门举行听证会，围绕6个方面查明情况，作出禁令裁定，责令问叹公司等企业立即停止制造、销售、许诺销售涉案口红产品。此后，权利人提起诉讼。经审理，广州知识产权法院一审认定问叹公司等企业构成侵权，判决其赔偿经济损失102万元。

诉前禁令是保障当事人利益的重要措施，但是，立法并未明确诉前禁令应审查的内容。鉴于此，这份禁令突破性阐述了对禁令申请应衡量颁发禁令与否对申请人和被申请人带来的损失情况，提出只有符合"颁发禁令给被申请人带来的损失小于或相当于不颁发禁令给申请人带来的损失，才可颁发禁令"的观点，填补了立法空白。

谭海华说，此案明确了对申请人的合法权益是否造成难以弥补损害的具体判断方法，明确在被申请人听证时表示无须提供担保的情况下，仍应要求申请人提供合理、适当的担保。

广州知识产权法院副院长吴振认为，本案中的诉前禁令在应从哪些方面进行审查和如何审查方面考虑得更为周全，为今后法院审查相关禁令申请提供了有益参考和借鉴。

诉中禁令及时维护权利人权益

维权过程漫长是困扰知识产权案件当事人的另一个问题。广州知识产权法院积极探索适用诉中禁令，及时有效维护权利人的合法权益，避免权利人"赢了官司，丢了市场"。

2015年3月，在网易、暴雪诉七游科技、分播公司等网络公司案中，广州知识产权法院作出诉中禁令：禁止被告公司复制、发行及通过信息网络传播被诉游戏和实施涉案不正当竞争行为。

该案主审法官龚麒天介绍说，暴雪娱乐公司是《魔兽世界》系列游戏的著作权人，网易公司是该游戏在中国大陆的独家运营商。两公司诉称，被告七游公司开发、被告分播公司独家运营、被告动景公司提供下载的被诉游戏《全民魔兽》(原名《酋长萨尔》)侵害了其美术作品著作权，被告同时构成擅自使用原告知名游戏特有名称、装潢及虚假宣传的不正当竞争行为。

原告在起诉的同时，请求法院立即禁止3被告实施被诉侵权行为，并提供1000万元等值现金担保。

龚麒天介绍说，法院组织双方听证并进行严格审查后认为，被告侵犯原告美术作品著作权及构成不正当竞争的可能性很高；被告游戏在原告新推游戏正式上线同时推出，由于网络游戏具有生命周期短，传播速度快、范围广的特点，被诉游戏必然挤占原告新推游戏的市场份额也损害了原告的良好商誉，给原告造成的损害难以计算和量化；被告游戏的名称、人物形象等重要组成部分均构成侵权，原告要求被告游戏整体下线，具有正当性和必要性。

据此，广州知识产权法院作出裁定，禁止被告七游公司复制、发行及通过信息网络传播被诉游戏，禁止被告分播公司复制、发行、通过信息网络传播被诉游戏和实施涉案不正当竞争行为，禁止被告动景公司通过其官网传播被诉游戏。

七游公司和动景公司自动履行了裁定，分播公司在法院督促和释明后亦履行了裁定。此后，法院作出一审判决，认定上述被告公司构成侵权，赔偿原告经济损失共计600万元。

吴振认为，此案充分彰显了法院加强知识产权司法保护的决心。禁令颁发后顺利执行，实现较好的法律效果。裁定特别要求被告在禁令期间应继续为游戏玩家提供余额查询及退费等服务，体现了对游戏玩家利益的考虑，实现较好的社会效果。

技术调查官有效破解审判难题

知识产权案件中法律问题常常与技术问题交织在一起，而技术问题的判断直接关系到事实认定和法律适用。数据显示，广州知识产权法院审理的知识产权案件约60%为涉技术类案件，技术事实的查明有着举足轻重的作用。

为适应知识产权专业化审判的需求，提高技术类案件审理的科学性、高效性、中立性，广州知识产权法院专门设立技术调查室，率先探索建立技术调查官制度。

2015 年 4 月 22 日，广州知识产权法院技术调查官首次亮相庭审现场，协助法官查明技术事实。据悉，在该院已判决结案的案件中，技术审查意见的采纳率达到 100%。

在磊若公司诉广州易江南公司侵害计算机软件著作权案中，作为 Serv-U 系列计算机软件著作权人的原告磊若公司，通过 Telnet 命令远程访问被告易江南公司官方网站发现，其正在使用 Serv-U FTP Serverv 6.4 软件。据此，磊若公司请求法院判令被告立即停止侵权行为，卸载侵权软件并赔偿原告经济损失及为制止侵权行为而支出的合理费用共计 20 万元。

该案主审法官彭盎告诉记者，自从有了技术调查官，许多案件审理中遇到的难题迎刃而解。在该案中，为查明“服务器端软件权利人仅采用 Telnet 命令远程取证方式证明侵权人存在侵权行为是否足以证明侵权人安装、使用了被诉计算机软件”等问题，法院指派技术调查官技术参与庭审活动。

庭上，技术调查官经法官就案件有关技术问题向原被告委托诉讼代理人、专家辅助人发问。合议时，技术调查官就上述技术问题独立提出技术审查意见，帮助法官查明了技术事实。

吴振说，技术调查官参与协助技术调查工作的方式多样，包括提供咨询、参加庭审、合议过程中提供和技术有关的事实认定意见以及参与证据保全、调查取证等工作，进一步提高了知识产权案件的审理效率和质量。

03 编辑：孟绍群 周斌 校对：张学军 电子信箱：sfaxw@126.com

政法·司法

星期三 2017年5月3日 法制日报 LEGAL DAILY

肖杰任海南省委政法委书记

政法人事录

本报讯 记者**邢东伟** 近日，海南省委根据中央有关规定和海南省委换届后的工作需要，经请示中组部并征得中央有关部门同意，决定省委常委肖杰同志担任省委政法委书记。

据公开资料，肖杰，男，1968年10月生，广东雷州人，研究生学历，法学硕士，1992年7月参加工作，1994年7月加入中国共产党，曾任海南省农业厅副厅长、党组成员，海南省政府副秘书长、办公厅党组成员，琼海市委书记，海南省科技厅厅长、党组书记，海南省农业厅厅长、党组书记兼省农业科学院党委书记，海南省三沙市委书记、市长。

关注·知识产权司法保护

权利人不再赢了官司丢了市场

广州知识产权法院改革创新举措交出可喜成绩单

□本报记者 章宁旦 本报通讯员 肖晟程

作为司法改革先行先试的新型专门法院，广州知识产权法院积极探索推进符合知识产权审判的各项改革创新举措，交出一张可喜的成绩单：2016年办结案件4807件，同比增长44.62%；结案率77.9%，同比增长9.22%；结收案比102.26%，同比增长22.09%。

首发诉前禁令防止损失扩大

诉中禁令及时维护权利人权益

技术调查官有效破解审判难题

本报广州5月2日电

一线探访

上海法院立案登记更高效便利

手机扫码立案少等半小时

□本报记者 蔡长春 文/图

图为律师张黎玮演示手机扫码立案。

安岳县法院节点控时提高立案速度

20分钟立案在一线落地生根

□本报记者 蔡长春 文/图

“法院+工会”诉前诉中诉后全程调解

□本报记者 章宁旦 本报通讯员 林辉铭

齐齐哈尔公安局成立“小检察院”

□本报记者 张东凯 张冲 本报通讯员 张冰

青岛双处罚交通违法送餐员

本报讯 记者**孙安清** 通讯员**栾心龙 韩通科**

内乡法院送法进社区进校园

本报讯 通讯员**张庆燕 程相鹏**

本社社址：北京市朝阳区花家地甲一号 邮政编码：100102 电话中继线84772288 广告许可证京朝工商广登字20170106号 零售：每份壹元贰角 昨日本报(北京版)开印时间03时00分 印完时间04时20分 印刷质量服务热线：(010)84772855 举报电话：010-84772861 邮箱：fzrb-jw@126.com

3 核心战略保护神

——广州知识产权法院司法创新工作记事

（《人民法院报》，2017 年 5 月 3 日）

2017 年 4 月 4 日，中央领导对广东工作作出重要批示，希望广东做到“四个坚持，三个支撑，两个走在前列”，要“把创新驱动发展作为经济社会发展的核心战略”。

广东是经济大省，也是知识产权强省。2016 年底，全省有效发明专利量达 16.8 万件，连续七年全国第一。

作为创新的保护神——知识产权审判，在司法实践中该如何创新，才能不辱使命，不负重托？“4・26 世界知识产权日”前夕，我们走进成立两年有余的广州知识产权法院，探秘该院的创新举措。

诉前禁令：避免赢官司丢市场

2016 年 5 月，法官谭海华遇到了难题。

法国知名奢侈品牌“子弹口红”被他人侵权，其外观设计专利权人克里斯提・鲁布托提起诉前禁令，请求法院责令广州三家公司停止制造、销售、许诺销售被诉侵权产品。

尽管干了十几年的知识产权审判，有丰富“临床经验”的谭海华还是感到棘手。如果不颁发禁令，任由“李鬼”占领市场，将对权利人的合法权益造成难以弥补的损害。禁令一旦发出，被诉侵权的企业被禁止制造销售产品，也关乎企业的生死。

经过公开听证，谭海华和其他两位法官反复研讨，创造性地提出对专利诉前禁令申请的审查应包括“涉案专利是否稳定有效”“被诉行为是否具有侵权可能性”等六项内容。

在长达26页的裁定书中，谭海华还创造性地提出，只有符合“颁发禁令给申请人带来的损失小于或者相当于不颁发禁令给申请人带来的损失，才可颁发禁令”的观点，被业内人士誉为填补了“立法的空白”，为同类专利纠纷的审理提供了范例。

该院副院长吴振表示，打知识产权官司就是打市场，由于案件审理周期往往比较长，诉前禁令打破了当事人“赢了官司，输了市场”的怪圈。

技术调查官成就法官慧眼

2017年4月21日，广州知识产权法院公布2016年度十大案例，法国达索公司诉中山某公司侵害计算机软件著作权案名列其中。承办法官彭盎说，技术调查官功不可没。

达索公司依法享有SolidWorks2009、SolidWorks2010等软件的著作权，起诉中山某公司未经授权在计算机上安装使用上述软件，要求立即停止侵权并索赔800万元。法院裁定进行证据保全。保全过程中，该公司拒不配合，强行断电恶意阻挠。

紧急情况下，技术调查官在中山某公司营业场所两台计算机上查到了安装被诉侵权软件SolidWorks2012的日志，并及时固定了证据。后法官推定中山某公司65台电脑均安装使用了SolidWorks2012软件，依法判决其停止侵权并赔偿达索公司经济损失257万元。广东省高级人民法院二审予以维持原判。

侵犯计算机软件著作权案件审理难度大，主要原因是技术性强，且侵权行为极具隐蔽性，随时可以删除。彭盎认为，该案采用正版软件价格乘以非法安装数量来计算损失赔偿数额，突破了《著作权法》规定的50万元最高赔偿上限，如果没有技术调查官的技术支持，这样的司法创新难以想象。

面对高新技术领域专利纠纷快速增长的趋势，广州知识产权法院积极组建技术调查官队伍，为合议庭查明案件技术事实提供意见，并在高等院校、科研机构、行政机关等单位聘请了29位专家，组成技术专家咨询委员会，为技术调查官开展工作提供帮助。

2016年以来，广州知识产权法院共有94件案件启用技术调查官或技术咨询专家，他们对案件技术事实认定提出的意见，被采纳率达到100%。

伸长知产司法保护“手臂”

2016年12月，广州知识产权法院第二家远程诉讼服务处——汕头诉讼服务处揭牌成立。服务处选址在玩具产业集中的汕头市澄海区，依托中国汕头（玩具）知识产权快速维权中心开展日常运营，进一步延伸诉讼服务。

作为司法改革先行先试的跨行政区划法院，广州知识产权法院管辖除深圳外广东全省的案件。仅以专利案件为例子，该院受理来自广州、佛山、中山、东莞四地的专利案件占总收案数的78.97%。

2015年10月，中山诉讼服务处的成立受到当地政府热捧。中山古镇是闻名遐迩的灯饰灯具产业聚集区，知识产权的保护状况日益成为当地法治化营商环境的重要标志。据《南方日报》报道，知识产权有关专家表示，在全省乃至全国范围内，中山诉讼服务处设在镇一级，将为中山市高标准建设知识产权示范城市工作注入新的力量。

远程立案、远程庭审、远程调解，中山、汕头诉讼服务处成立后，通过远程视频、科技法庭等信息化手段，立足当地、面向周边地区，为企业及群众提供包括立案咨询、指导调解、案件查询、远程答疑等在内的一系列诉讼服务。伸长司法手臂，为的是真正节省诉讼当事人往返广州参与诉讼的时间、人力、物力成本，有利于实现快速维权。

截至2017年4月，广州知识产权法院受理的当事人一方为中山地区的一审案件1291件，约占总受案数的21%。

4版 2017年5月3日 星期三 总编室主办 见习编辑 孙 凯 【综合新闻】 新闻热线(010)67550968 电子信箱 人民法院报

"法行基层"好新闻竞赛

核心战略保护神

——广州知识产权法院司法创新工作记事

范 贞 肖晟程

今年4月4日，中央领导对广东工作作出重要批示，希望广东做到"四个坚持、三个支撑、两个走在前列"，要"把创新驱动发展作为经济社会发展的核心战略"。

广东是经济大省，也是知识产权强省。2016年底，全省有效发明专利量达16.8万件，连续七年全国第一。

作为创新的保护神——知识产权审判，在司法实践中该如何创新，才能不辱使命、不负重托？"4·26世界知识产权日"前夕，我们走进成立两年有余的广州知识产权法院，探秘该院的创新举措。

诉前禁令：避免赢官司丢市场

技术调查官成就法官慧眼

伸长知产司法保护"手臂"

提高保障水平 完善服务举措

宜昌中院助力宜昌自贸片区建设

代表委员见证执行"突袭"

本报记者 刘宝权 本报通讯员 王建舟 陈有伟 文/图

图①：执行法官向房地产开发公司工作人员下达执行通知。

图②：执行法官向该公司财务人员说明强制搜查法律依据。

图③：人大代表、政协委员现场了解搜查情况。

图④：执行法官清点并扣押搜查出的涉案账目。

影像·法行基层

微新闻

【江西上栗县法院】

三部门联合惩治涉农"老赖"

【内蒙古巴彦淖尔临河区法院】

深入推进诉调对接机制

（王晓东 魏 杰）

三招拿下暴力拒执案

——广西南宁青秀区法院执行攻坚工作一瞥

林 滢

第一招：以"利剑行动"为常态

第二招：以"联合司法"为发力点

第三招：以"刚柔并济"为落脚点

用足内力 善借外力 凝聚合力

⇨上接第一版

创新终本案件单独管理 持续打造阳光执行

为庆祝"五一"国际劳动节，喜迎"五四"青年节，近日，青海省高级人民法院开展了以健身徒步比赛为主的文体系列活动，得到了广大干警的积极响应。图为健身徒步比赛活动现场。 鲁国斌 摄

今日八版 零售：每份0.9元

4 解构法官“权力清单”
——广州知识产权法院审判运行机制调查
（《人民法院报》，2015 年 5 月 7 日）

2015 年 4 月 15 日，广州市萝岗经济技术开发区开创大道 2662 号，广州知识产权法院立案大厅，电子显示屏上循环滚动着的开庭公告，庄毅、杨宗仁、谭海华、吴振、林广海……法官们的名字在主审法官一栏里引人注目。大厅墙上，13 名身着法官袍的法官照格外醒目。

杨宗仁，广州知识产权法院首任院长。这位曾先后在广东河源、东莞两地中级法院担任过院长的法学博士，收案 18 件、结案 9 件。除了要完成好立案庭排期给他的开庭、合议等办案任务外，还要协调和指挥着这个从无到有、百业待兴的新法院正常运转。

自 2014 年 12 月 16 日成立以来的 120 天，作为全国第一批三家之一的知识产权法院，这里吸引着越来越多关注的目光。

8 项法官“权力清单”：一次彻底的“放权”

初见专利庭法官谭海华，从他不多的言谈中，记者还是能感受到一名中年人对参加知识产权法院法官遴选的些许犹豫：毕竟是全省遴选，能否脱颖而出胜算几何？如果选中，以后上班可能要每天在广州、佛山这两个城市间穿梭……

从他自信的言谈、释然的表情里，记者已经读出他对自己选择的满意感。

“到这里 4 个月，我感受到了一名法官的职业尊荣感。”谭海华扬了扬手中一份签有他名字的文书告诉记者，“这是我做法官这么多年来第一次签发的财产诉前保全裁定。这在很多法院，最起码也要副庭长才能签发的材料，现在我自己就可以签发。”

而这只是主审法官“权力清单”之一。

由于广州知识产权法院从设计之初就将去行政化作为一项试点探索，“法官权力”——审判权运行机制情况在业界显得格外引人注目。广州知识产权法院按照全新模式进行规划，4个审判业务庭庭长由主审法官兼任，不设副庭长。庭长只承担法律规定应当由庭长履行的职责，并负责主持主审法官会议，统一案件裁判标准，组织开展审判业务的调研指导。

谭海华一口气给记者列了8项法官可签发的法律文书：判决书、调解协议书、管辖权异议裁定、撤诉裁定、财产诉前保全裁定、诉讼保全裁定、诉前禁令、诉中禁令。

“除了罚款、拘留、法院依职权启动的保全裁定等法律规定的必须由院领导签发的文书以外，知识产权法院的法官都可以签发。”谭海华坦言：这是自己当法官17年以来，感受最彻底的一次“放权”。

“这让我在签发每一份法律文书时反而感到一份庄重和责任。”谭海华说。

谈及“放权”法官，商标及不正当竞争庭法官庄毅感受良多。这位有着20多年审判经验的资深法官告诉记者：“这是自己过去从未有过的感受，院领导从不干预法官办案，谈及案件审理，只停留在专业和法律适用问题的业务交流。”

杨宗仁告诉记者：“我们希望通过努力在广州知识产权法院进行一场最彻底的审判权运行机制改革，为践行‘让审理者裁判，由裁判者负责’，探索和积累经验。”

“高门槛的审委会”倒逼法官果断用权

审判委员会作为一个法院的最高审判机构，如何更好地发挥它在审判管理中的导向性作用，各地法院做法不一。广州知识产权法院是通过提高上会“门槛”，通过加强研判、规范和统一裁判尺度，充分发挥专业法院审判委员会在法律适用方面的指引性作用。

"滥于"将案件提交审委会讨论的结果是办案效率大打折扣，而真正应该上会的案子却因为排期等原因而得不到充分的讨论。而这里的审委会却显得有些"冷清"。

据副院长吴振介绍，目前，全院共受理案件1272件，上审委会讨论案件数仍为零。

什么样的案子可以上审委会？审委会到底该干什么？

记者翻开《广州知识产权法院岗位职责规范（暂行）》，在这里找到了答案。该院对提交审委会讨论案件类型总体上划为四类：适用实体法、程序法方面法律没有明确规定，或者法律规定相冲突，合议庭不能形成决议的；运用证据规则方面存在法律疑难问题，严重影响事实查明，合议庭不能形成决议的；合议庭评议的一致意见或者多数意见可能导致案件裁判标准明显不统一的；其他关注度极高的督办案件等。

2014年年底刚刚获选第三届全国审判业务专家的副院长林广海认为，严把上审委会条件这一制度设计，给法官消极办案设立了一道无形的"防火墙"，倒逼法官、合议庭在办案中真正做到积极履职、主动担责。

随着专业技术领域的日新月异，审委会工作的视野和格局也在不断扩展：围绕发挥知识产权审判在创新驱动战略中的审判职能作用，该院出台了33条实施意见，问题直指知识产权侵权行为隐蔽、举证难等司法热点问题；国务院宣布批准建立广东自贸区的第二天，2015年4月21日，庄毅、刘培英等4名法官就自贸区营运可能涉及的知识产权纠纷进行了实地调研。

合议庭承载下法官权力的表达和监督

2015年1月21日上午，广州知识产权法院3位院领导杨宗仁、吴振、林广海同时敲响法槌，公开开庭审理分别涉及作品放映权、特许经营合同、侵害商标权等不同类型的案件。

庭审后，杨宗仁趁热打铁，当即召集合议庭成员讨论案件。待杨宗仁提出了自己的处理建议后，合议庭其他成员毫不客气地发表反对意见：上诉人公司已经注销，其行为虽然无法影响判决结果，但可能影响到二审案件对事实的表述和当事人主体信息的变化。

合议庭成员经讨论最终达成一致意见：在责成上诉人提交公司注销相关证明材料后，再进行二次合议。

这样热烈的讨论场景，在这里已成为一种常态。

“一个案子讨论两三回很正常。”商标及不正当竞争庭法官龚麒天告诉记者，“经常是第一次讨论，谁也说服不了谁，然后大家再分头查找资料，特别是在碰到专利侵权诉讼中等同原则如何适用等疑难新类型案件时，大家意见经常不一致，往往是一个问题解决了另一个问题又来了。”

合议制成为承载和监督法官权力的新载体：将院长、副院长均编入合议庭审理案件；进一步完善合议庭制度，加大合议庭成员内部之间的监督制约力度，明确合议庭成员在认定事实、适用法律、作出裁判、裁判文书制作等各个环节中的共同责任。

“充分发挥合议庭作用，让法官的权力最终通过决议的形式见诸于一份份判决书中。”庄毅告诉记者，“法院审判管理权和审判权界限明确，一般极少数案件进入审委会，在合议中很难达到一致意见的，我们交由法官联席会讨论为合议庭提供参考建议，确保决议更准确。”

众所周知，统一裁判标准，一般由院庭领导层层把关才得以实现，而知识产权审判领域裁判标准如何统一的问题一直在业界颇受关注，这也是成立知识产权法院的主要原因之一。广州知识产权法院是让法官在实践中充分讨论、充分认证并逐步达到统一认识，确保司法的既判力和裁判的权威性。

该院通过定期不定期举办法官论坛、专家论坛、法官联席会议，对司法热点进行讨论，不断统一办案思路；成立了三个调研小组，将商标、专利和著作权作为主要攻关方向；由院领导牵头、主审法官参与，开设了知识产权审判标准化等三个课题研究方向。

“让法官有职业尊荣感是人民法院公正办案的重要基石，对于一个新组建的专业性审判法院而言，这一点尤为重要。放权于法官，是要在全院范围内形成尊重专业能力、支持法官办案的工作新局面，使之成为一种共同价值追求和主旋律融入建院的根基。”杨宗仁说。

人民法院报

2015年05月07日 星期四　往期回顾　《上一期　下一期》

上一篇　下一篇　放大　缩小　默认

实务周刊

依法惩治刑事犯罪　守护国家法治生态

解构法官“权力清单”

—— 广州知识产权法院审判权运行机制调查

本报记者 林晔晗 本报通讯员 范贞 韩亚圻 邹兴

2015年4月15日，广州市萝岗经济技术开发区开创大道2662号，广州知识产权法院立案大厅，电子显示屏上循环滚动着的开庭公告，庄毅、杨宗仁、谭海华、吴振、林广海……法官们的名字在主审法官一栏里引人注目。大厅墙上，13名身着法官袍的法官照格外醒目。

杨宗仁，广州知识产权法院首任院长。这位曾先后在广东河源、东莞两地中级法院担任过院长的法学博士，收案18件、结案9件。除了要完成好立案庭排期给他的开庭、合议等办案任务外，还要协调和指挥着这个从无到有、百业待兴的新法院正常运转。

5 广东司法改革铸就多个样本

（《南方都市报》，2015 年 11 月 12 日）

裁判文书没及时挂上网？审判流程没按时公开？在别人眼里可能不算什么，但在陈润霖这里，这些都是大事儿，马虎不得。

陈润霖是广东省高级人民法院的审判管理办公室主任，近些年来，推动司法公开成为他的主要工作之一。除了司法公开，广东的司法改革还涉及多个领域，每一项背后，都有很多像陈润霖这样的法官在开拓与付出。改革是由法官们共同推动的。

“深化司法体制机制改革”，是习近平总书记作出的重要指示。2014 年 10 月，十八届四中全会召开，会上审议通过了《中共中央关于全面推进依法治国若干重大问题的决定》，并对全国司法改革工作作出部署。

作为全国首批司法改革试点省份之一，广东一直扮演着“改革先行者”的角色，从 2013 年的先行先试，到 2014 年 11 月，广东司法改革试点工作正式启动，广东法院的探索经验，铸就一个又一个“改革样本”。

实际上，广东各地人案不均、城乡差异较大……司法改革这样复杂的工程，对广东来说并不容易。围绕“让人民群众在每一个司法案件中感受到公平正义”的目标，广东法院在困难中一路前行，越来越多的法官在改革浪潮中实现新的自我认同。

司法公开　难在改变法官观念

2013 年，最高人民法院印发《关于推进司法公开三大平台建设的若干意见》的通知，要求各级法院推进审判流程、裁判文书、执行信息三大平台建设。

在此之前，陈润霖已经接触司法公开的具体工作，不过一开始，他没想到有这么多难题。

“每个平台搭建，都需技术支撑，而技术支撑离不开资金投入。”陈润霖指了指他楼下的办公室，他说，别看那么小的一个房间，里面的系统与服务器，其实需要花很多钱。

信息化建设是司法公开不可缺少的支撑，他很快发现，比资金更棘手的是改变部分法官的观念。陈润霖说，观念的形成需要时间积累，有些法官以前没意识到司法公开的重要性，突然说要公开，一时不能理解。而另一方面，由于广东是案件大省，法官们一直面临着较大的办案压力，司法公开难免增加额外负担，这让推进变得更难。

陈润霖觉得，司法公开是一件本来就该去做的事情，这么简单的一件事，竟然有人不愿去做？不过他还是理解了法官们的难处。“给他们增加太多负担的话，确实很难推进。”陈润霖说，随后法院启用一款新软件，法官只需点几个按键，就可以完成裁判文书上网，而且法官助理与书记员都可以代为操作，非常方便。

“提供便利的同时，还要给法官们一点压力。”陈润霖说，压力不是来自他这里，而是来自当事人。比如审限公开后，办案拖拉的法官，可能要面临当事人的监督与质疑。

2014 年，惠阳“许霆案”判决书在网上流传，由于判决具有法官鲜明的个人色彩，被网民誉为“伟大的判决书”，与此同时，一名法官在进行裁判文书上网时，发布的却是一份判决书写作模板。判决的好与坏，公众自有评判，陈润霖觉得，这正是司法公开的目的——不仅保障公众的知情权，还可以倒逼法官提高审判质量，实现司法公正。

实际上，司法公开在方便公众的同时，对法官也同样带来便利。“现在法官审案时，查找相似案例方便多了。”陈润霖说，在网上一搜就可以，不必再来回翻卷宗，既节省时间又保证裁判尺度的统一。

从审判流程公开到裁判文书上网，从减刑假释案件公示到庭审网络直播，从执行信息公开到“一院一网站”建设……广东法院的多年努力，使司法与公众的距离变得越来越近。对比刚开始，大家觉得法院有种“脱胎换骨”的感觉，为严格执行司法公开常与法官锱铢必较的陈润霖，现在不用总“黑脸”了，因为司法公开逐渐成为一种共识，他觉得这是最难得的。

目前，广东省高级人民法院不仅拥有审判流程、裁判文书、执行信息三大平台，还建立了以网站、短信、电子公告屏等为载体的多元化司法公开体系。2014 年，全省法院网上公开文书 37.37 万份，知识产权裁判文书上网量达到全国第一。陈润霖预计，2015 年还会更多。

陈润霖心中“好”的标准，很重要的一点是“说人话”，也即进行司法公开时，文风要接地气，少说官话套话。“不说让 80 后 90 后们追捧，至少能让我这个 60 后读得下去吧。”陈润霖打趣说，如果连他这个年纪的人都读不下去，那应该没人看了。不过，在各法院争相开微博、微信的热潮里，陈润霖反而想做“减法”，他认为，“留下有价值的载体，集中精力把它们做好更重要。”

在法院工作近 30 年，这名老法官对司法公开的理解愈加通透。他描述起心目中的司法公开应该是什么样子：“现在还是用制度规范来约束法官，等到大家慢慢形成习惯，也许过个十年八年，就沉淀为一种文化，融入到法官的骨髓里、血液里。”他希望，那时不用再专门去讲司法公开，大家就会自然而然地践行“看得见的正义”。

知识产权法院　按全新模式运作

回忆起广州知识产权法院的创立，郑志柱觉得就是一部创业史。作为广州知识产权法院遴选出的第一批主审法官，刚开始条件很差，他把这个过程形容为“曲折”。

王芳也深有同感。她是从广东省高级人民法院抽调过去的筹备小组成员，时至今日她还记得，当时大家挤在一个大办公室，一边吃盒饭一边商量事情的情景。听起来很艰苦，可这些回忆让他们都感到亲切。

2014 年 12 月 16 日，广州知识产权法院在萝岗开创大道正式挂牌成立。郑志柱说，当时用的是萝岗法院办公楼，借用后勤设备，完全“白手起家，从无到有”。这一过程中，广东省高级人民法院提供了大力支持，专门从各个部门抽调人手，组成 10 人的筹备小组，临时负责广州知识产权法院的行政事宜，此外，还从广州中院、东莞法院、中山法院借调法官助理。

广州知识产权法院就是在这样紧张的状态下挂牌成立的，但这并未影响“创业者”们高涨的热情。郑志柱清楚记得，12 月 21 日那天是周日，法院正式开始受理案件，院长与副院长专程去到窗口接收诉讼材料。随后，受案量一直高居不下，截至 2015 年 11 月 10 日，已共受理各类案件 4073 件，主审法官人均结案 206.7 件。

条件苦，工作累，郑志柱却很享受在广州知识产权法院工作的感觉。他曾做过八九年的知识产权审判工作，后来转去立案系统，始终忘不了对知识产权案件审判的情结，一看到广州知识产权法院招考，他立即去“揭榜”了，并顺利成为 10 名主审法官中的一员。

在他看来，广州知识产权法院的管辖范围是全省，这让他看到的东西更多了。佛山顺德的家具、东莞的服装配材、汕头的玩具、中山的灯饰……一有案件来，他就可基本形成预判，猜到大概是哪一类型纠纷，遇到专业性较强的技术类案件，则有技术调查官提供专业意见。2015 年 4 月 22 日，广州知识产权法院开庭首次引入技术调查官参与，这在北上广三家知识产权法院中是首例。

广州知识产权法院虽按中级法院组建，但不确定行政级别，按照全新模式进行编制规划，实行扁平化管理。对王芳来说，广州知识产权法院彻底废除了金字塔结构，是一个能让大家畅所欲言的地方。比如法庭数量有限，案件那么多，怎么办？法官们就在一起商议，自己制定轮排制度。她认为，得益于“自我管理”理念的建立和推行，让法院迅速度过“创业艰难期”。

为确保审判权依法独立行使，实行“让审理者裁判，裁判者负责”，广州知识产权法院贯彻司法责任制，正式挂牌后，设立主审法官联席会议制度。如果法官遇到“疑难杂症”，可以在联席会议里讨论，不过，最后“操刀”表决的仍是主审法官本人。

此外，广州知识产权法院还制定了《权力清单细则》，明确合议庭办案责任制，区别于旧有工作模式，完全还权于法官，合理界定审判权、审判管理权、审判监督权的范围，理顺审判组织之间的关系，院长、审判长行使审判管理权均不得干预个案的实体裁判，保障审判权科学运行。

目前，广州知识产权法院建立了法官助理梯队培养机制，但案多人少的矛盾始终难解。2015 年 8 月，广州知识产权法院启动了第二轮主审法官遴选，并招录了一批司法辅助人员。郑志柱说，现在结案压力有所缓解，不过他期待配套措施尽快跟上，不少法官家住佛山、东莞等地，如果周边配套成熟，就可以举家搬迁过来，不必再每日两地奔波。

而王芳的心愿是广州知识产权法院与国际接轨，她说作为完全按照全新模式运作的试点法院，在司改和创新发展的背景下，能做的还有更多。

权力清单 界定审判权及行使主体

“健全审判权科学运行机制，前提是依法界定审判权及其行使主体。”从知识产权法院参加筹备工作结束回到广东省高级人民法院后，王芳被抽调到一个新的工作小组，参与筹备广东省法院机关审判权运行机制改革的配套方案，并推出“权力清单”和“岗位职责”制度。

王芳介绍，“岗位职责”明确了合议庭内部法官、法官助理、书记员不同角色的职责，各司其职，实现审判组织内部的高效有序运作；“权力清单”依法界定审判权、审判监督权和审判管理权，实现权力之间的配合和制约。院长、庭长行使审判监督权，也要全程书面留痕，审判权得以依法公正行使。

行政庭法官刘德敏博士对此深有感触。“以前我们审理行政案件时，往往外部带来的压力比较大。”他说，过去一些行政机关担心会败诉，案件到法院后，总想方设法地打听办理情况。实行让“审理者裁判，裁判者负责”后，这种情况已不再发生，审判的独立性得到确保，法官审案时少了“后顾之忧”。

这正是王芳所认为的“权力清单”和“负面清单”的优点——审判管理和审判监督泾渭分明，真正还权给审判者。不过，她担心少了资深法官的把关，这一制度实际上对主审法官的业务素养提出更高要求。不过刘法官觉得，这反而加强了法官的责任感，让法官不仅要对法律、对当事人负责，也要对自己负责。

推进司法人员分类管理改革

为推进司法人员分类管理改革，广东省高级人民法院以主审法官选任为抓手，将法院人员分为法官、审判辅助人员、司法行政人员三类，制订下发《广东省试点法院主审法官选任工作意见(试行)》，确定深圳、汕头、佛山、茂名为首批试点地区。

目前，广东省高级人民法院与四个试点地区，已基本完成主审法官选任。有人成为主审法官，也必然有人会落选。如何做好落选人员的分流工作，成为考验各级法院的一道难题。在各个试点法院，年轻人多就地转化成司法辅助人员，而资历较老的法官，在充分尊重本人意愿的前提下，考虑到他们具有丰富的办案经验，很多分流到立案、审监、执行局等部门。

因为家庭原因和个人选择，现在王芳在法院从事的是行政工作，从曾经的法官到行政人员的心路历程，她称为“经历了心灵的成长”。“如果以一份很积极的心态来面对，必然会找到自己的位置，从而享受这份职业。”她说，她对自己现在的工作，一样充满热情。实际上，无论是参与制定审判权运行机制改革方案，还是在知识产权法院做筹备，多年来的法律知识累积，对她在任何一个新的岗位上都有帮助。

但一些年轻的法官，面对改革的“阵痛期”，难免有自己的想法。王芳认为，对年轻法官来说，这不仅是一次职业上的成长，也是人生成长的历练，如果真的心存理想，将来还会有入额的机会，应该以一个积极的心态面对。

2015年10月12日，广东省法官遴选会正式成立，正在衔接做好首批入额法官选任确认工作，司法人员分类改革正在稳步有序推进。

“你知道吗？那天我们都哭了。”王芳说的是广州知识产权法院挂牌后的全员会议。眼见法院“开张”，所有在筹备期来帮忙的人员，已经完成自己的使命，即将与大家话别。王芳觉得，那一瞬间触动自己内心的，是那么多人聚在一起，那么用心地做好一件事的感觉。或许一如司法改革本身，全广东的法官们一起为这项事业而努力，过程中有艰辛有探索，有决心有奋进，而改革的意义，是要抵达每一个人的内心。

观察：结合基层实践　推动制度创新

近年来，广东司法改革有多个领域走在全国前列，无论是前海法院、广州知识产权法院等的成立，还是健全审判权运行机制改革、完善司法责任制，每一个探索都具有样本意义。改革能够顺利进行，得益于广东宽松的政治环境引领，良好的法治环境助推，整体推进、配套有力。

华南理工大学法学院教授徐松林认为，广东司法改革的难点，主要在于人员分类管理将如何推进。他认为，司法改革的方向是要实现法官队伍的专业化、职业化和精英化，让审理者裁判，由裁判者负责，确保公平公正，广东司法改革需要思考的问题是：怎样的实施方案，才能实现司法改革的最终目的？

需要看到，广东城乡发展差异较大，各地法院情况不同。以广东省司法体制改革四个试点城市为例，深圳为特区法院，先天具有改革优势，佛山为珠三角地区“案多人少”的代表，茂名为经济欠发达地区“案少人少”的代表，汕头为粤东地区“案少人多”的代表，人案分布不均，是改革无法略过的难题。

面临复杂省情，广东的司法改革，既有对陈规大刀阔斧的革新，也有对未来方向性的试探。无疑，建立在广东基层实践与创新探索之上的改革方案细则，才能在这片土地拥有强盛的生命力。

习近平总书记曾在中央全面深化改革领导小组第三次会议上指出，试点工作要在中央层面顶层设计和政策指导下进行，改革具体步骤和工作措施，鼓励试点地方积极探索、总结经验。试点地方的党委和政府要加强对司法体制改革的组织领导，细化试点实施方案，及时启动工作，按照可复制、可推广的要求，推动制度创新。

司法权是国家事权，司法改革需要坚持中央顶层设计，同时，地方应积极探索实践，结合基层实践，进行制度创新，创造更多可复制可推广的经验。基层是创新的土壤，探索是创新的种子，没有地方和基层的探索，给顶层设计提供丰富的营养和素材，顶层设计就会成为无源之水、无本之本。在新一轮司法改革进程中，基层探索不仅是改革智慧的重要源泉，也是改革决策落到实处的重要一环。

6 广州知识产权法院在真正意义上实现跨区域管辖

（《南方日报》，2015 年 12 月 16 日）

2015 年 12 月 16 日，广州知识产权法院迎来自己一周岁的生日。这是一家“一出生就肩负着改革使命”的法院，在举国上下大刀阔斧进行司法体制改革的大背景下诞生。像这类法院，目前全国只有北上广三家。

广州知识产权法院打破区划限制，在真正意义上实现了跨区域管辖。它肩负司法体制改革和护航创新驱动发展的双重使命，被视为“改革样本”。从全国第一个省级法官遴选委员会遴选出第一名主审法官，到“技术调查官”第一次参与一审知识产权案件的庭审，再到从成立伊始就实施“由审理者裁判、由裁判者负责”的审判权运行机制改革，一年来，该院不断探索着司法改革。统计数据显示，截至 2015 年 12 月 15 日，该院共受理各类案件 4741 件（其中一审案件 2709 件，二审案件 2025 件，再审案件 7 件，涉外案件 155 件、涉港澳台案件 27 件）。该院现有主审法官 13 名，共审结案件 3098 件，法定审限内结案率 100%，人均结案数 238 件。

广州知识产权法院的改革历经怎样的风雨，又将何去何从？

改革选任模式　成立法官遴选委员会

广东是知识产权大省，也是知识产权案件大省。早在 2013 年，广东法院就审结知识产权案件 2.5 万件，占全国四分之一，数量全国居首。广州知识产权保护的需求尤其明显，设立知识产权专门法院的呼声更是水涨船高。2014 年 12 月 16 日，广州知识产权法院挂牌成立，主要对专利、植物新品种、集成电路布图设计、技术秘密、计算机软件民事和行政案件，涉及驰名商标认定、垄断纠纷案件的第一审民事案件实行跨区域管辖（深圳除外），以及对不服广州市各基层法院知识产权民事和行政判决、裁定的上诉案件实行管辖。

广州知识产权法院的改革，首先在于人员遴选机制的与众不同。

“要真正以主审法官为中心，必须选拔具备较高公信力的优秀法官来担当。”广东省高级人民法院院长郑鄂曾指出，知识产权审判具有专业性强、涉及面广、审理难度大等特点，不少知识产权案件的审理还必须具备国际视野，选拔出的法官必须要有足够的含金量。

2014 年 11 月 19 日，广州知识产权法院法官遴选委员会正式成立，成为根据中央司改精神成立的国内首个法官遴选委员会。“高标准、高起点”是这次法官遴选以及法官遴选委员会设立的重要标准。除了遴选委员会主任吴树坚原系广州市中级人民法院院长、是资深的审判专家外，其余 24 名非常任委员来自 4 个界别，在各自专业领域都具有很高公信力。2014 年 12 月，广州知识产权法院法官遴选委员会遴选出了包括院长、2 名副院长在内的首批 13 名法官，这 13 名法官中 3 人具有法学博士学位，8 人具有硕士学位，3 名院领导都从事审判工作平均达到 20 年以上。

提升办案效率　当事人可异地参与庭审

广州知识产权法院自成立初始，便按照“让审理者裁判、由裁判者负责”的要求，明确审判委员会、合议庭、主审法官在审判工作中的权力分配，规范审判管理权和审判监督权的行使，建立符合司法规律的审判权运行机制，确保审判权依法独立公正行使。

《广州知识产权法院权力清单细则》的制定，明确了合议庭办案责任制，合理界定审判权、审判管理权、审判监督权的范围，理顺审判组织之间的关系，院长、审判长行使审判管理权均不得干预个案的实体裁判。与此同时，突出主审法官的主体地位。院长、副院长均编入合议庭审理案件，院领导带头办案，在审判权运行上去行政化。落实司法责任制，承办案件的主审法官即为合议庭审判长，履行审判长职责，其他合议庭成员按照审判权限和在庭审中发挥的作用分别承担相应责任。除法律规定外，院长原则上不签发未参加审理案件的裁判文书。建立起“主审法官联席会议制度”，真正做到让审理者裁判。广州知识产权法院拟专门建立法官办案档案，加强对法官的监督制约和惩戒追责，办案质量终身负责。

一年来，广州知识产权法院的审判权运行机制改革取得了实效，保障了审案的质量。然而，除了办案质量，办案效率也是实现公平正义的又一关键。要13名主审法官审判全省如山的知识产权案件，“案多人少”的问题很快开始凸显。

在法官员额短时间内无法大幅提升的情况下，活用法官助理成为了重要的解决途径。广州知识产权法院探索建立“1名主审法官+2名法官助理+1名书记员”的办案团队，部分法官助理除了需要协助法官办理案件外，也参与审判相关的调研、综合管理等行政工作，有效提升了审判效率。

为了方便当事人，也避免法官来回奔波降低审判效率，广州知识产权法院灵活借助科技化手段。2015年8月20日，法院首次尝试通过远程视频开庭的方式审理案件。借助远程视频同步技术，广州地区以外的当事人可以在异地全程参与法庭庭审活动。今后考虑在全省推广远程视频开庭模式，方便广州以外地区当事人参与诉讼。法院还设立了“广州知识产权法院诉讼咨询服务平台”，涵盖了立案咨询、指导调解、案件查询等在内的一系列诉讼服务功能。依托这一科技平台，该院首次在中山市古镇设立了诉讼服务处，突破诉讼维权地域限制，帮助当事人建立与法官之间的远程立案咨询与指导。

近日，广州知识产权法院法官遴选委员进行了第二次遴选，目前，第二批共16名主审法官已通过遴选委员会的遴选，其中10名已通过广州市人大常委会任命，即将于近期充实进入审判一线，另外6名准备提请广州市人大常委会任命。

同时，广州知识产权法院还选调审判辅助和司法行政人员42名，向社会公开招聘雇员53名，还计划选调若干名审判辅助人员。人员的陆续到位，将在一定程度上缓和该院案多人少的矛盾。

适应审判需求　率先引入“技术调查官”

与“案多人少”这一普遍存在于各地法院的“通病”不同，技术类人才的紧缺，是知识产权审判工作的难点。随着一段时间的运行，广州知识产权法院收案数量大、技术类案件占比高的特点越来越明显，而在技术类案件的审理中，技术事实的查明是至关重要的一环，这些技术问题不仅复杂、细致，而且更新速度快、涉及范围广。

放眼全国，其他法院在审理知识产权案件遇到这种情况，法官大多只能依靠专家辅助人、司法鉴定和专家咨询等方式，依据办案经验查明技术事实。但这些方式均存在一定的局限和困难，比如专家证人一般具有倾向性，站在自己当事人立场说话；司法鉴定成本高、时间长；咨询专家更是受时间与空间的限制，不能从根本上解决问题。

为了适应知识产权专业化审判的需求，广州知识产权法院按照最高人民法院的要求，选派技术调查官参与相关审判活动。

2015 年 4 月，乐网公司诉联通公司著作权权属、侵权纠纷案在广州知识产权法院开庭。与以往不同的是，在审判人员前方端坐的除法官助理和书记员外，还有一名身穿法院制服的“技术调查官”。这是“技术调查官”首次参与一审知识产权案件的庭审，它的出现，有效协助合议庭厘清了案件中的疑难技术问题，对事实做出了准确认定。

广州知识产权法院为此制定了专门的办法，《广州知识产权法院关于技术调查官参与诉讼活动的暂行办法（试行）》《广州知识产权法院技术调查官选任和管理暂行办法（试行）》和《广州知识产权法院技术调查工作规程（试行）》接连出台。上述规定是目前该院技术调查官参与庭审的试行办法，只对该院技术调查官的选任与考核管理、参与庭审规则、工作流程等作出一个原则性的规定。今后，国家或上级法院出台相应规定后，广州知识产权法院将严格按上级规定执行。

广州知识产权法院之特

首次公开遴选主审法官

法官产生方式不同。广州知识产权法院首次成立法官遴选委员会来公开遴选主审法官，且遴选委员会最大限度体现了中立、公开、多元等司改新精神。

名为广州却管辖全省

广州知识产权法院名为广州，但却打破了区划限制，跨区域管辖广东全省专利、植物新品种等一审案件。

经费省财政负担却向广州市人大报告

报告工作和法律职务任命不同。广州知识产权法院向广州市人大报告工作，但其管辖范围涉及全省，又属于省管单位，所以人员办公经费由省级财政负担。

去行政化最彻底

去行政化程度不同。广州知识产权法院是不设行政级别的法院，主审法官（含庭长）之间没有行政等级之差、一律平等，去行政化最彻底。

院长、庭长均为主审法官

办案机制不同。广州知识产权法院首提主审法官办案责任制，明确院长、副院长、庭长均为主审法官。主审法官对案件审理行使独立的审判权。

南方日报 高度决定影响力

2015年12月16日 星期三 返回头版 版面导航 标题导航 往期报纸

1年来法定审限内结案率100%

广州知识产权法院在真正意义上实现跨区域管辖

1年来法定审限内结案率100%

2015-12-16 我有话说（1人参与）

今天，广州知识产权法院迎来自己一周岁的生日。这是一家“一出生就肩负着改革使命”的法院，在举国上下大刀阔斧进行司法体制改革的大背景下诞生。像这类法院，目前全国只有北上广三家。

广州知识产权法院打破区划限制，在真正意义上实现了跨区域管辖。它肩负司法体制改革和护航创新驱动发展的双重使命，被视为“改革样本”。从全国第一个省级法官遴选

7 审结近万案件　护航创新发展

（《南方日报》，2017 年 4 月 24 日）

开创法治广东建设新局面之广州知识产权法院篇

创新是民族进步的灵魂，是一个国家兴旺发达的不竭源泉。

2014 年 5 月，习近平总书记在调研上海自由贸易试验区时指出，当今世界，科技创新已经成为提高综合国力的关键支撑，成为社会生产方式和生活方式变革进步的强大引领，谁牵住了科技创新这个牛鼻子，谁走好了科技创新这步先手棋，谁就能占领先机、赢得优势。

知识产权法院对推动科技创新意义重大。广东早在 2009 年就有设立知识产权法院的设想。2014 年 12 月 16 日，广州知识产权法院正式挂牌。建院两年多来，该院充分发挥知识产权审判职能，成为广东法院推动创新驱动发展战略的先锋。

成立以来至 2017 年 4 月 17 日，广州知识产权法院共受理案件 11611 件，审结案件 9405 件，结案率为 81%；法定审限内结案率达 90.58%。

部署

《中共中央关于全面深化改革若干重大问题的决定》中提出深化科技体制改革，其中一项为：加强知识产权运用和保护，健全技术创新激励机制，探索建立知识产权法院。

2014 年 8 月 31 日，十二届全国人大常委会第十次会议表决通过了全国人大常委会关于在广州设立知识产权法院的决定。自 2014 年 11 月 3 日起，《最高人民法院关于北京、上海、广州知识产权法院案件管辖的规定》正式施行。

落实

2014 年 11 月 19 日，国内首个按照中央司法改革精神设立的广州知识产权法院遴选委员会成立，并启动了首批主审法官的公开遴选工作。2014 年 12 月 16 日上午，广州知识产权法院正式挂牌成立。2014 年 12 月 21 日起开始受理案件。

广东省委书记胡春华要求，广州知识产权法院各位法官要牢记使命、不负重托，充分发挥知识产权法院在推动司法体制改革和创新型经济发展上的双重作用，高水平做好知识产权审判工作。

发挥审判职能：对共性问题提出司法建议形成保护合力

在正式收案一个月之际，2015 年 1 月 21 日上午，广州知识产权法院首次开庭审理案件。值得注意的是，该院三位正副院长分别担任三宗案件的审判长，敲响了开庭的法槌。

广州知识产权法院是如何充分发挥审判职能，维护创新驱动发展的？笔者注意到，该院先后出台《加强司法保护为创新驱动发展提供司法保障的意见》《关于依法惩处侵犯知识产权和制售假冒伪劣商品违法行为的专项工作方案》等文件，积极探索发挥司法保护知识产权的主导作用。具体包括：

——加强专利权案件审判工作。共受理专利案件 6182 件，占全院收案总数的 53.24%，依法审结专利案件 4491 件。

一方面，积极稳妥适用诉前禁令。如在“子弹口红”外观设计专利权纠纷案中，根据权利人申请，该院在全国三家知识产权法院中首次作出专利诉前禁令裁定，责令两被告公司立即停止制造、销售、许诺销售涉案口红产品，及时制止侵权行为，避免损害继续扩大。

广州知识产权法院负责人介绍，该院还合理根据发明、实用新型以及外观设计专利的创造性大小，合理确定专利权保护范围和保护程度，“比如在 VMI 荷兰公司诉某橡胶机械公司侵害发明专利权纠纷案中，我们综合考量原告轮胎鼓的技术研发成本，合理推定行业平均利润，判决被告赔偿原告经济损失 300 万元。”

——加强著作权案件审判工作。共受理著作权案件 4039 件，依法审结著作权案件 3712 件。

特别值得一提的是，针对专利、技术秘密、计算机软件等技术类民事和行政案件，广州知识产权法院专门设立技术调查室，探索建立“技术调查官”制度。

比如，在法国达索公司诉相关企业侵害计算机软件著作权系列纠纷案中，该院“技术调查官”共对 65 台计算机上的涉案软件进行证据保全，涉案软件市场价值达 1120 万元。

——加强商标权案件审判工作。共受理商标权案件 763 件，依法审结商标权案件 655 件。

在审理商标权案件时，广州知识产权法院注重对审判中发现的普遍性问题，及时提出司法建议，形成司法与行政的保护合力。

如该院在审理杭州西湖区龙井茶产业协会商标系列维权案时，向广州市工商局发出相关司法建议。最终，该局结合上述司法建议，及时采取措施加强对全市茶叶地理标志保护工作，取得良好社会效果。

做司改“排头兵”：建立法官对案件质量“终身负责制”

作为司法改革先行先试的新型法院，建院以来，广州知识产权法院坚决贯彻落实好司法改革的各项要求，切实当好司法改革的“排头兵”。

其一，率先落实司法责任制。一方面，为规范权力界限，该院制定《权力清单细则》，确保审判人员各司其职，明确审判委员会、合议庭、主审法官的权力界限，保障审判权符合审判规律科学运行；建立审判委员会讨论事项过滤机制，促进法官、合议庭积极履职、主动担责。

同时，明确办案责任制。笔者注意到，为“让审理者裁判、由裁判者负责”，该院建立完善法官、合议庭办案责任制，法官、合议庭对承办的案件依法独立裁判并终身负责。“承办案件主审法官即为审判长，履行审判长职责，其他合议庭成员按照审判权限和发挥的作用分别承担相应责任，案件不再按行政层级报批。”

其二，严格落实人员分类管理。按照中央深改组《关于司法体制改革试点若干问题的框架意见》和《广东省司法体制改革试点方案》，广州知识产权法院制定完善《岗位职责规范》等多个文件，严格落实法院人员分类管理，使审判人员、审判辅助人员、司法行政人员各司其职，促进各项工作有序开展。

据悉，截至2017年4月17日，该院实际在岗28名主审法官（包括3名院领导），48名审判辅助人员，12名行政人员，86名聘员，共计在岗174人。目前共组建25个审判团队，每个团队由1名主审法官+1名法官助理+2名书记员组成，促进了审判质效提高。

其三，推进审判权运行机制改革。探索建立“审判权、审判监督权、审判管理权”三位一体的审判权运行机制，不断完善审判权力的运行机制。包括：监督法官规范用权，建立案件质量管理监督机制，通过督促办案和文书上网等方式行使审判监督权；科学配置审判资源，确保法官在组织、规范、指导、协调审判活动等方面行使审判管理权等。

其四，推进行政事务集约化改革。一方面，推行集约化服务。综合办公室以只有15名的政法编制行使了其他中级法院60余项司法行政职能，有效减少了内设机构及人员编制，实现一人多岗、一岗多责，实现了人力资源的高效利用。

另外，在综合办公室大框架下设立多个工作团队，根据“相对分工、共同承担、责任到人”的原则，明确岗位职责，确保工作效率。对于部分审判辅助、后勤保障事务，通过购买社会服务解决。

提高审判质效：借视频技术设省内远程诉讼服务处

2015年10月21日，广东省中山市古镇，广州知识产权法院中山诉讼服务处举行揭牌仪式。这是广州知识产权法院设立的全省首家远程诉讼服务处。

建院两年多来，广州知识产权法院围绕提高审判工作质效、展现新型法院专业形象，一直在积极探索各项改革创新举措。

一是试行审判团队案件动态调整机制。根据“三定方案”，广州知识产权法院的法官员额已明确固定为30名（含3名院领导），为提高办案效率，该院通过审务中心（综合办公室内设机构）加强审判管理，并在此基础上试行审判团队案件动态调整机制。

“由于我院受理的案件类型主要集中在民事、行政案件方面，各审判庭工作量的统计较为便捷，因此在案件分配方面，将案件不分类别分配到各审判团队，并以审判团队的结案进度、存案数量为测算依据，采用随机均分为主、疑难复杂案件指定分配的分案模式，建立起审判团队与案件数量相互匹配的动态调整机制。”广州知识产权法院相关负责人介绍。

二是设立远程诉讼服务处。广州知识产权法院辖区覆盖全省，通过走访调研我省专利授权量大、知识产权争议较多的产业集聚区，依托知识产权部门在当地设立的快速维权中心，建立诉讼服务处，通过视频技术开展立案咨询、案件查询、调解、庭审、答疑、接访等远程便民服务，使该院的诉讼服务功能不断拓展和完善。

自建院以来，该院已先后在中山市古镇、汕头市澄海区设立了诉讼服务处，为相关地区当事人联系法院、参与诉讼提供便捷条件。

比如，中山诉讼服务处成立后，服务中山全市及周边地区，通过视频远程接待，提供包括立案咨询、指导调解、案件查询、远程答疑、远程接访、法治宣传等在内的一系列诉讼服务功能。

三是聘请特邀调解员。据介绍，近年来，该院聘请了来自社会各界的22名人士作为特邀调解员，与该院法官助理一起开展案件庭审前的调解工作，及时化解纠纷。同时，还制定《关于民事案件诉讼调解指导意见（试行）》，规范调解程序。

来自一线：引入“技术调查官”，法官断案有了“技术翻译”

已判决结案案件中，技术审查意见采纳率达100%。

2015年4月22日上午9时许，广州知识产权法院第十法庭，广州市乐网数码科技公司（下称“乐网公司”）诉中国联通广东省分公司（下称“联通公司”）著作权侵权纠纷公开开庭。双方争议的客体为一款软件。

与以往不同的是，在审判人员前方端坐的除法官助理和书记员外，还有一名身穿法院制服的“技术调查官”。这是“技术调查官”首次在国内法庭亮相。

“证人，你方集中管控系统针对哪个用户开发？是否曾对涉案软件做过需求调查，是否有项目要求书？”“该软件在哪些地方的营业厅使用过？”庭审现场，“技术调查官”、计算机专家邹享球围绕涉案软件相关技术性问题对双方证人连续发问。双方发问回答皆用专业术语，沟通十分顺畅。

知识产权案件的特点是法律问题与技术问题交织在一起，技术问题的判断直接关系到事实认定和法律适用。技术问题直接左右判决结果，而在我国此前知识产权审判机制中，缺少解决技术问题的有效途径。

基于上述背景，广州知识产权法院专门设立了技术调查室，积极探索建立技术调查官制度，即由“技术调查官”为法官断案提供“技术翻译”，有效提高审判质效。

为此，一方面，该院出台了《广州知识产权法院关于技术调查官参与诉讼活动的暂行办法》《广州知识产权法院关于技术调查官选任和管理暂行办法》《广州知识产权法院技术调查工作规程（试行）》等规定，实现了技术调查工作的规范化管理。

同时，运用社会力量推进知识产权审判的专业化进程，制定《广州知识产权法院技术专家咨询委员会章程（试行）》，成立了专家咨询委员会，包含29名来源于高等院校、科研机构、行业协会、企事业单位等各专业领域专家，为重大、疑难、复杂技术问题的解决提供坚实保障。

数据显示，广州知识产权法院建院至今，共有114件案件正式启用了“技术调查官”，在已判决结案的案件中技术审查意见的采纳率达到100%。

A03 时局 观察

牢记嘱托 奋勇争先

广州知识产权法院积极探索，发挥司法在知识产权保护中的主导作用

审结近万案件 护航创新发展

开创法治广东建设新局面

2014年12月21日至2017年4月17日

受理案件11611件

财产保全执行案件 302件

行政案件39件

民事案件11270件

审结案件9405件

结案率为81%

261件

207件

2015年

2016年

6182件

4039件

763件

专利权案件

著作权案件

商标权案件

行政案件 0.38%

其他案件 6.84%

商标及不正当竞争案件 6.1%

专利权案件 51.45%

著作权案件 35.23%

对共性问题提出司法建议形成保护合力

[redacted]

建立法官对案件质量"终身负责制"

借视频技术设省内远程诉讼服务处

[redacted]

来自一线

引入"技术调查官" 法官断案有了"技术翻译"

已判决结案案件中，技术审查意见采纳率达100%

8 广州知识产权法院成立技术专家咨询委员会

——汇聚各行顶尖专家

（《南方日报》，2016 年 4 月 19 日）

2016 年 4 月 19 日下午，广州知识产权法院召开技术专家咨询委员会成立大会。广州医科大学党委书记冉丕鑫、华南农业大学校长陈晓阳、广东工业大学校长陈新等 29 名专家学者成为知识产权法院首批聘请的技术专家咨询委员会成员，将承担起知识产权法院高级顾问的职责。

广州知识产权法院法官年人均结案 261 件

在 2016 年 4 月 19 日下午的成立大会上，广州知识产权法院为首批 29 名技术咨询专家颁发了聘书，在未来的三年聘用期内，这些专家将依靠工作经验与专业特长，为法院提供咨询意见。

据介绍，正式受理案件一年来，广州知识产权法院共受理案件 4940 件，审结案件 3393 件，13 名主审法官（含 3 名院领导）人均结案 261 件。其中受理涉及技术类案件包括专利权纠纷案件 2673 件，占比 54.11%；技术秘密案件 11 件，占比 0.22%；计算机软件案件 139 件，占比 2.8%。

广州知识产权法院有关负责人表示，由于知产案件的专业技术性较强，技术事实的查明往往对案件的处理具有决定性的作用，而如何了解技术要点、查明技术事实，对于大多数法律专业毕业的法官来说，是个不小的挑战，即便是技术类法官，也无法保证对每一个专业领域都精通。此次成立技术专家咨询委员会，主要为知识产权法院审理技术类案件涉及的技术问题提供咨询，充分发挥科学技术专业人士在技术查明方面的专业优势，通过协助技术调查官为法官审理的大量技术类案件提供帮助，保证案件的审理质量和效率。

据介绍，技术咨询专家是法院审理技术类案件的高级顾问，是专业技术领域的专家或权威人士，具备较高的专业理论水平、丰富的实践经验。知识产权审判涉及的技术包罗万象，法院内部的技术调查官由于编制人数和专业深度、广度的限制，解决不了知识产权审判中涉及的所有技术问题，必须借助技术咨询专家的力量，为重大、疑难、复杂技术问题的解决提供坚实保障。

首批成员汇聚各行顶尖专家

据介绍，此次获聘的专家们在参加专家委相关的咨询和业务交流活动时，将独立发表个人的意见和看法，不受任何单位和个人的干涉，其意见和看法仅供法院参考。

相对于法院内部的技术调查官，技术咨询专家是外部兼职人员，有任期限制，协助技术调查官为法官提供咨询帮助；相对于经依法任命的专家陪审员，技术咨询专家不属于审判人员，不须人大正式任命，是辅助法官审理技术类案件的社会专家；相对于由当事人申请出庭的专家证人，技术咨询专家是由法院组织参与提供技术咨询的，具备更高中立性。

首批技术咨询专家一共有29名，来自于广州地区的行业协会、大专院校、科研院所、企事业单位等机构，涵盖了机械、通信、医药生物、化学、光电技术、材料工程、计算机等领域，任期为三年。

记者采访了解到，首批技术咨询专家均是广东乃至全国各自所在专业领域的领军人物，具有很高的专业理论水平和丰富的实践经验。其中华南农业大学、广州中医药大学等5个国家重点大学的校长均在全国相关技术领域享有很高的威望。以广东工业大学校长陈新校长为例，陈新除了校长的身份之外，还是广东省制造业信息化工程专家组组长、广东省省级重点学科“机械电子工程”学科带头人，在计算机集成制造、网络化制造、微电子制造等领域有丰富的科研和教学经验。其他专家也是如此，中国电器科学研究院有限公司副总工程师何湘吉，何湘吉工程师是广东省电源行业协会秘书长、广东省机械行业协会秘书长，获国家发明和使用新型专利5件，主持的多个项目多次荣获国家或省科技奖。

9 广州知识产权法院打造“双顾问”技术审查合作新模式

（《法制日报》，2017 年 9 月 20 日）

“技术调查官 + 技术顾问”正逐步成为广州知识产权法院破解审判技术审查难题的新模式。2017 年 9 月 19 日，记者从广州知识产权法院了解到，2017 年以来，该院技术调查申请案件呈“井喷式”增长，着眼提供更权威、更科学的技术调查服务。在原有技术调查官调查机制的基础上，通过引入技术顾问建立“双顾问”模式，为破解技术调查难题探路，目前已初步形成“1+1>2”的效应。

2017 年 4 月份，广州知识产权法院向国家知识产权局专利局专利审查协作广东中心聘请 22 名审查员作为技术顾问，并定期在法院坐班与技术调查官一同协助法官提供技术咨询，形成“技术调查官 + 技术顾问”审查新模式。由于知识产权案件所涉及的都是高新技术领域，即便是具有技术类学科背景的法官，也无法保证精通每个涉案领域。

近年来，人们对知识产权保护的意识不断增加，涉及高新技术领域的侵权纠纷案件不断出现。2017 年上半年，广州知识产权法院新收案 4243 件，同比增长 126.53%。技术调查需求日益增加，数据统计，2017 年上半年，广州知识产权法院技术调查室共受理技术调查申请 98 件，而 2016 年同期 6 件，同比增长 1533.33%。

技术顾问的引用，极大地扩展了广州知识产权法院技术调查官所涉的技术领域，解决了技术调查官人员不足以及涉及技术领域狭小的问题。据了解，这 22 名技术顾问普遍具备全日制普通高等院校理工类学科硕士研究生以上学历，具有 5 年以上的发明审查经验，为各审查部门业务骨干，其技术领域涵盖机械、电学、通信、化学和计算机等。要求每个技术顾问除了具有深厚的专业技术功底，还应熟悉《专利法》《专利审查指南》等。

技术顾问与技术调查官共同承担为法官审理案件提供专业技术服务，除了参与庭审、调查取证和现场勘验外，更多的可以随时给法官提供技术咨询。对于技术顾问在某个案件中遇到疑难技术问题难以解决时，还可通过所在部门咨询相关领域的审查员同事或法院另行发函申请相关领域审查员参与案件调查。

10 代表广东行　改革探路“蹄疾步稳”

（《人民法院报》，2016年11月12日）

2016年10月24日至28日，来自黑龙江、江苏、浙江、福建、山东、湖北、四川等7个代表团的27名非公有制企业界全国人大代表来到广东省广州市、东莞市和深圳市，走进高级、中级、基层人民法院，派出法庭和最高人民法院第一巡回法庭，通过视察诉讼服务中心、旁听案件庭审、观摩信息化建设情况演示等，实地视察了广东法院的各项工作，也了解了广东省经济和社会发展情况。

服务大局　平等保护非公经济

“心里多了一份踏实，给企业家吃了‘定心丸’。”全国人大代表、山东省德州市宝丽洁公司经理焦文玉告诉记者，了解到广东法院在理念上、程序上、规则上对非公有制企业平等对待，保护了企业的合法权益。

广东省高级人民法院院长龚稼立向代表们介绍，广东法院牢固树立“五大发展理念”，平等保护非公有制经济等各类主体，充分发挥司法审判职能作用，依法惩治经济领域各类违法犯罪，通过司法裁判规范市场主体行为，为非公有制经济发展创造良好的法制环境、市场环境。

全国人大代表、湖北得伟君尚律师事务所首席执行合伙人蔡学恩说，广东法院在法律的框架内保护非公企业，理念非常先进。注重平等保护多方利益，尤其在追究非公企业管理人犯罪时，严格区分个人犯罪与企业违规界限，坚决不因追究个人违法犯罪而影响企业生存发展，这个措施有利于企业的发展稳定。

“法院为保驾护航民营经济发展，惩治新类型犯罪做了大量的工作。法院工作充分体现了对‘五大发展理念’的贯彻落实，体现了‘政治意识、大局意识、核心意识、看齐意识’四个意识。”全国人大代表、福建莱克石化公司董事长李振生说。

代表们又到广州市南沙区人民法院、东莞市中级人民法院，视察了法院服务自贸区发展、平等保护非公有制企业的工作情况。

“南沙区法院重点建设商事审判庭、知识产权审判庭和商事调解中心，保护跨境电商纠纷等新兴业态发展，对自贸区发展具有重要意义。”全国人大代表，山东省工商行政管理局党组书记、局长杨宜新说。

“我留意到在南沙区法院诉讼服务中心，沟通的平台只有一米高，体现了沟通无障碍的理念。”全国人大代表、湖北信义兄弟建筑公司董事长孙东林看得很细。他同时表示，感受到了广东法院以法治理念服务非公有制经济的发展。

全国人大代表、山东省平邑县地方镇九间棚村党委书记刘嘉坤则注意到，哪怕企业濒临破产，东莞法院仍旧采取各项措施保护、挽救，让企业正常运转，这对地方经济发展起到了很好的保护和推动作用。

“法律无情，但法官有情，东莞法院的干警依法履职甚至没有假日休息，很不容易，他们的拼搏精神让我很感动。”全国人大代表，湖北田野集团公司党委书记、董事长周宝生说，在东莞法院干警的付出下，他们平等保护非公有制经济的做法卓有成效。

全国人大代表、华夏董氏兄弟集团执行董事董配永表示，广东法院为经济社会的和谐发展，做了大量的工作，既有宏观的、也有具体的，非常务实。作为民营企业家，他愿意带领身边的更多民营企业家在国内投资建设，共筑复兴梦。

知产审判　护航创新驱动战略

“之所以广东非公有制经济发展好、占比高，与司法的保驾护航分不开。整个广东法院对民营经济的支持力度很大。”全国人大代表、四川沱牌舍得集团总经理张树平说，“尤其在知识产权保护方面，广东走在全国前列，树立了榜样。”

2017年10月25日下午，代表们来到广州知识产权法院，旁听了一起侵犯外观设计专利权纠纷案件的庭审。

这是全国人大代表、山东大宗集团公司董事长宗成乐第一次旁听案件庭审，他在接受记者采访时说，庭审过程和谐，感受到了我国司法文明的进步。

“广东围绕创新驱动发展战略，出台中小微企业融资指导性文件，加强对知识产权的保护，支持技术创新、产业升级，各项经验措施应向全国推广。”宗成乐代表说。

庭审结束后，代表们与该院副院长吴振、合议庭法官进行了互动交流。

“怎么确定侵犯专利权？”杨宜新代表提问。

“外国企业来起诉国内企业侵犯专利权等要怎么判定？”全国人大代表、湖北春晖集团董事长谭伦蔚问。

“专业性过强的案件，技术上怎么判定？” 全国人大代表，湖北省工商联副主席（兼）、阳光凯迪新能源集团公司董事长陈义龙问。

吴振和法官们逐一回答，得到了代表们的肯定。

“法官水平高，庭审把控能力到位，庭审以事实为依据，体现了公开、透明、公正。”陈义龙代表说。

法庭很忙　为民服务深入社区

“我们被媒体称为全国最繁忙的法庭。”东莞市第一人民法院东城人民法庭庭长谢立川介绍，该庭2015年收案7921件，2016年至今收案7691件，法官年人均结案500件。面对繁重的工作量，东城法庭采取了案件快速处理机制、小额速裁处理机制，并在全国首创“社区法官”工作室，设立劳动争议巡回法庭。

“东城法庭提出‘做基层法庭的领航者’，让我感受很深。” 全国人大代表、保龄宝公司国家糖工程技术研究中心主任刘宗利表示，法庭理念新，突出创新服务，虽然存在案多人少问题，但工作效率很高。

全国人大代表、山东布莱凯特黑牛公司董事长董雅娟说，东城法庭干警工作态度认真，能力强，引入了多元化调解机制，社会效果很好。

“东城法庭邀请有关行政管理部门、行业协会代表、第三方等参与调解的做法很好，有利促进了案结事了。”全国人大代表、江苏省盱眙石马山生态农业公司总经理李叶红说。

东城法庭通过网上立案，运用二八法则的速裁程序设置、引入多元调解机制等举措给全国人大代表，江苏万顺机电集团公司董事长、党总支书记周善红留下了深刻印象，他表示，夜间调解等做法真正体现了司法为民。

“听了东城法庭有关保护非公企业工作的介绍，法律帮助民营企业渡过难关，平等保护破产审判中债权人、债务人、投资人、职工、国家等利益，体现了公平、公正。”全国人大代表、江苏苏北花卉公司董事长李生说。

“家门口的最高法院”　人文关怀周到细致

2017年10月28日上午，代表们在最高人民法院审判委员会专职委员、第一巡回法庭庭长刘贵祥的陪同下，视察了第一巡回法庭。

刘贵祥在信访大厅、立案大厅、法官接谈室，详细介绍了数字法庭、律师志愿者工作室、视频接访室等内容。

“听了刘贵祥庭长细心的、交谈式的介绍，受益匪浅。”全国人大代表、三祥新材公司董事长兼总经理夏鹏说，特别是讲到审判制度改革，不用像以前那样层层审批，这种改革非常有必要。

全国人大代表、无锡山联农业公司总经理朱虹表示，第一巡回法庭人性化的导引服务、常态化的法律咨询服务、零距离化的田间地头诉讼服务，以及科技化的创新服务，让她印象深刻。她建议也要给法官多一些温馨化服务。

“第一巡回法院提供远程诉讼服务，让老百姓少奔波、少受累，值得称赞。”全国人大代表、福清洪宽工业村开发公司总经理林和星告诉记者。

全国人大代表、成都市艺术职业学院院长余开源表示，数字法庭庭审直播、以案说法等形式很好，有助于增强公众的法治观念。

改革创新“敢为人先 务实进取”

在视察活动的最后一站——深圳市中级人民法院，该院副院长龙光伟介绍了深圳法院基本情况、司法服务和司法公开情况，以及司法改革等情况。深圳在全国首创“鹰眼查控网”，率先制定基本解决执行难实施标准等创新举措。

全国人大代表、四川省会东县农牧局科教站站长李旭直言，之前认为法院对失信被执行人的约束行为，除了道德的约束，没有具体的措施。“现在针对‘老赖’，有了乘车、子女入学、晋升等方面的约束，包括LED灯曝光‘老赖’等举措，增强了法律的权威性。”

全国人大代表、四川省林红实业公司董事长林红表示，广东法院行政案件跨区域集中管辖的改革创新，让裁判结果更具有信服力。

“法院通过庭审直播、微博微信发布消息等形式，为群众监督司法创造条件。”全国人大代表、山东省巨野县丽天明泽大酒店总经理尚瑞芬表示，深圳中院各项司法公开的创新举措很好。

全国人大代表、国家基因库主任梅永红表示，要顺应时代潮流，不断更新司法理念。技术不断发展，法律规定会相对滞后，需要与时俱进，顺应历史的变革，把握机遇，造福百姓。

“广东是司法改革的试点，有很多先进的经验值得在全国推广。司法改革之后，放权应同时监督。建议加强事前监督，监督前置，内外兼有。”全国人大代表、四川省思源矿业公司董事长赖大福表示。

谭伦蔚代表认为，法院采取便民的措施，让老百姓感觉到法理之外的人情。司法体制改革也增强了“法官意识”，让法官更好地为人民服务。

全国人大代表，四川省商务厅原厅长、党组书记谢开华说，本次视察活动，从企业或者政府的角度都很有意义：让企业更加了解和理解法院工作，更好地为经济发展、为老百姓服好务。法院也通过联络沟通、良性互动，更好地履行职责、服务大局。

龚稼立表示，广东法院会结合代表们提出的意见和建议，继续深化司法体制改革，不断为全国的司法体制改革闯出一条新路，特别是审判运行机制改革、法官员额改革、法官团队组建等方面，进一步完善审判管理和监督机制。

队伍篇

推进“育精英法官”工程建设，抓党建、带队伍、促审判，抓好队伍纪律作风建设，推进队伍专业化、国际化建设。内设机构 7 个，分别为立案庭、专利审判庭、著作权审判庭、商标及不正当竞争审判庭、技术调查室、综合办公室、法警支队；法官平均年龄为 45 岁，88% 有硕士以上学位。加强对外司法交流，先后接待美国、欧盟、英国等国家和组织的代表团体 15 批 170 多人到院参观，选派 13 批 16 人（次）优秀法官赴国（境）外参加国际研讨会，提高广州知识产权法院国际影响力、司法公信力，为世界知识产权保护提供中国样本。

◆ 坚持政治建院，2017 年 7 月 1 日，广州知识产权法院党员干警重温入党誓词。

◆ 全面加强党建工作，不断提高队伍素质。2018 年 5 月 4 日，广州知识产权法院赴遵义开展党务工作现场体验教学活动。

◆ 2014 年 11 月，广东省高级人民法院成立了“广州知识产权法院法官遴选委员会”，先后两次通过遴选方式选任出广州知识产权法院主审法官。

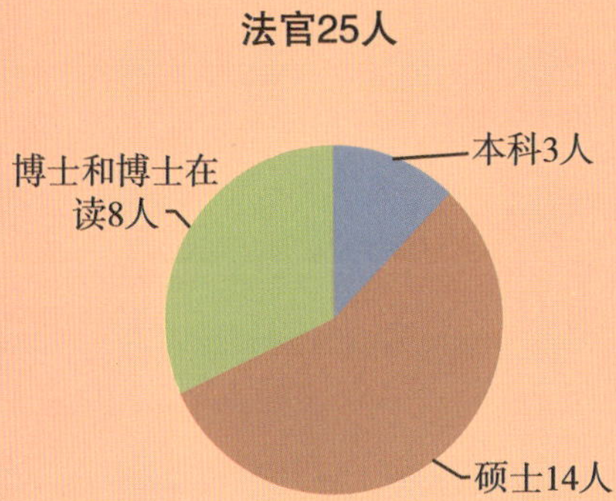

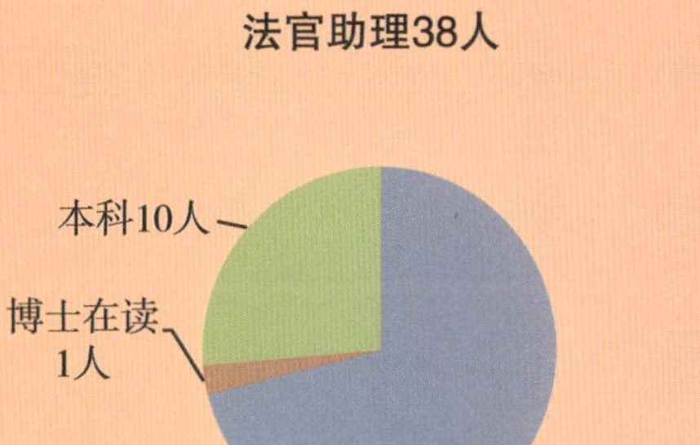

◆ 广州知识产权法院现有法官、法官助理学历占比图

◆ 建立健全业务学习制度，每月组织一次高端学习论坛，邀请李明德、宋柳平、黄武双等专家学者开展讲座。

◆ 积极探索新型庭务管理机制下的司辅人员学习培训机制，定期开展司辅人员学习沙龙活动。

2018 年 11 月 12 日，由国家知识产权局国际合作司刘剑副司长（右一）带队，非洲知识产权组织 17 个成员国及摩洛哥、阿尔及利亚、突尼斯等国知识产权主管机构负责人到广州知识产权法院交流访问，受到王海清院长（右二）热情接待。

◆ 积极开展对外交流，热情接待外事来访，展示我国知识产权司法保护能力和形象。四年共接待 15 批 170 多人次到院访问交流。

◆ 积极选派法官参加国际研讨，拓宽国际视野，四年共选派 13 批优秀法官赴国（境）外参加国际研讨会。

1 广州知识产权法院召开党组（扩大）会议，传达学习习近平总书记视察广东重要讲话精神

（南方+党建频道）

2018年10月29日，广州知识产权法院召开党组（扩大）会议，各位党组成员、各部门负责人及廉政监察员参加，专题传达学习习近平总书记视察广东所作重要讲话精神，传达学习省委书记李希在全省传达学习贯彻习近平总书记视察广东重要讲话精神干部大会上所作讲话精神及省委下发的学习宣传贯彻有关要求，研究制定全院深入学习贯彻的意见措施。

与会同志一致认为，在改革开放40周年之际，习近平总书记专门抽出4天时间视察广东，对新时代广东改革发展把舵定向，对广东工作提出新的要求，充分体现了总书记和党中央对广东工作的高度重视、对广东人民的深切关怀。总书记所作的重要讲话，高屋建瓴，思想深邃，内涵丰富，具有极强的政治性、思想性、前瞻性和战略性，是习近平新时代中国特色社会主义思想的重要组成部分，是指导广东各项工作发展的总纲。全院上下一定要迅速行动起来，深入开展学习宣传贯彻落实活动，并不断掀起学习贯彻的高潮。

王海清院长在总结时，对全院的学习贯彻活动提出了具体要求。一是深入学习、领会实质。党组要专门召开理论中心组学习（扩大）会议，深入学习领会总书记重要讲话精神。各部门党支部要尽快召开全体党员干部会议，传达学习习近平总书记重要讲话精神及省委有关要求，确保尽快把讲话精神传达到每一位党员干部。在学习中，要坚持原原本本学，带着感情、责任、使命学，务必领会好精神实质，并不断在学深悟透、融会贯通上下功夫。二

是认清形势、明确要求。习近平总书记的重要讲话科学分析了国际国内形势发生的深刻变化、全球治理体系和规则面临的重大调整，科学分析了世界新一轮科技革命和产业变革出现的新趋势，指引我们明确前进方向。要通过深入学习，认清形势发展要求，明确广州知识产权法院肩负的职责使命，坚定信心决心。三是立足审判、推进发展。习近平总书记在讲话中，对推进科技创新、加强法制建设都提出了具体要求，这些都与广州知识产权法院工作息息相关。全院上下要深入落实这些要求，全面强化审判工作，不断提升审判的质量、效率和公信力，充分发挥好为科技创新提供司法保障的职能作用。四是深化改革、领航争先。习近平总书记在讲话中对深化改革开放提出了新要求。作为在司法体制改革中诞生的新型法院，广州知识产权法院要坚持改革创新不动摇，进一步深入推进司法体制综合配套改革，积极探索实行深化改革新思路、新措施，全力当好改革的示范区和排头兵。五是振奋精神、确保成效。全院干警要通过深入学习领会习近平总书记重要讲话精神，进一步振奋精神，增强责任感和使命感，增强主动性和积极性，全面加强各项工作，圆满完成好全年工作任务，并推动全院工作不断开创新局面。

2 发扬改革创新精神 建设过硬法院队伍

——在 2016 年广东省政法工作会议上的经验汇报

广州知识产权法院经党中央批准设立，履行知识产权专门审判职能，肩负为司法体制改革先行先试和保障创新驱动发展的双重使命。自 2014 年 12 月成立以来，广州知识产权法院按照新型审判机构要求加强队伍建设，取得一定成效。2015 年，广州知识产权法院法官人均结案 261 件，是全省法官人均结案的 2.36 倍；2016 年 1 至 8 月，广州知识产权法院结案 2622 件，结收案比 87.31%，同比提高 40.67%；2 件案例被评为国家“知识产权保护十佳案例”等，办案质量和效率得到广泛好评，司法能力水平不断提升。

内设机构精简，党的建设加强

广州知识产权法院内设机构按照以审判为中心和集约化管理的要求设置，全院仅设内设机构 6 个，包括审判庭 4 个（立案庭、专利审判庭、著作权审判庭、商标及不正当竞争审判庭），审判辅助机构 1 个（技术调查室），行政机构 1 个（综合办公室），另设 1 个直属行政单位法警支队。在机构数量上，仅相当于一般中级法院的三分之一。在不设专门党建部门的特殊条件下，广州知识产权法院建立党组书记负总责、党组成员具体抓、党务机构组织协调、业务部门一岗双责的党建工作责任体系。紧抓组织建党，成立机关党委和各部门党支部，以主审法官和青年干警为重点发展新党员，党员比例从建院之初的 69.2% 提升至 82.1%。发挥先锋作用，设置“党员示范岗”，至 2015 年底全院各类表彰人员中党员占 87.9%。围绕广东省实施创新驱动发展战略，出台《关于加强知识产权司法保护为深化科技体制改革和实施创新驱动战略提供有力司法保障的意见》，审结“西湖龙井”侵害商标权纠纷等一批重要案件，提出加强监管仿冒地理标志商标包装印刷品等司法建议，在中山等案件大市设立远程视频诉讼服务处，开展“司法服务进产业园”等活动。实现党建工作与业务工作一体推进，确保审判工作服务大局。

管理层级扁平，队伍管理科学

法院组织结构扁平化，是审判权回归裁判者的必然要求。广州知识产权法院设院长 1 名，副院长 2 名，各业务庭只设庭长 1 名、不设副庭长，远低于一般中级法院 4~5 名副院长、每个庭 2~3 名副庭长的配备。合议庭依法决定案件审理，不再需要庭长、院长逐层审批，提高了审判权运行效率和办案质量。按照内设机构改革要求，实施行政集约化管理。综合办公室统筹行使一般中级法院近 10 个非审判部门的 60 余项司法行政职能，设 1 名主任、3 名副主任，目前有临时负责人和 1 名副主任，指导行政、审务、信息、司法辅助协调和司法事务等 6 个工作团队，按照“相对分工、共同承担、责任到人”原则，完成相应的岗位职责。扁平化的层级结构，大幅精简了领导职数配备，克服了传统法院行政化科层制组织架构的弊端，既有利于灵活调配行政人力资源、又促使工作决策、组织实施高效快捷，有效提升了队伍的责任心和使命感。

落实司法责任，加强监督管理

按照“让审理者裁判，由裁判者负责”的改革要求，广州知识产权法院组建28个法官团队，每个法官团队由1名法官、1名法官助理、1名书记员构成，承担审判职责。制订《权力清单细则》，明确审判权、审判监督权、审判管理权的界限。保障审判权依法独立行使，全院不设固定的审判长，由主审案件的法官担任审判长；除法律规定外，院长、庭长不签发本人未参与审理案件的裁判文书。同时建立案件质量管理监督机制，院庭长以审阅案件提出参考意见、提请审委会讨论案件、督促办案效率、把关文书上网等方式行使审判监督权，在科学配置审判资源，组织、规范、指导、协调审判活动等方面行使审判管理权；落实裁判文书上网、审判流程公开、发放廉政监督卡等制度，接受社会监督。针对类案裁判尺度统一问题，由院庭长带头承办重大疑难复杂案件，确定类案裁判标准；召开主审法官联席会议，讨论疑难案件的法律适用问题，通过典型案例分析，归纳和发布类案处理原则和意见；通过发改案件分析等形式开展两级法院业务指导，实现“放权不放任”。

人员编制精简，综合素能提升

广州知识产权法院机构和人员精简，更加要求人员素质过硬。广州知识产权法院成立时核定政法专项编制100名，其中主审法官30名，审判辅助人员55名，司法行政人员15名。现实际在编人员67名，其中法官28名（含院长），法官助理33名，司法行政人员6名。所有人员均按高标准遴选，其中法官由广州知识产权法院主审法官遴选委员会考核推荐，坚持好中选优，打造精英团队。同时结合个人工作经历、专业特长和培养潜力，赋予不同职责，实现一人多岗、一岗多职。院长、庭长不仅要办案，还要承担队伍建设、综合管理等多项工作，法官团队不仅办案，还承担审判调研、司法建议、对外交流等工作职能，综合办公室将60余项职能分解落实给多个工作团队，每个人都是“多面手”。培养“一专多能”的复合型人才队伍，定期开展法官沙龙、庭审观摩等活动，促进不同类别干警间相互学习、各取所长。围绕知识产权案件专业性、创新性强的特点，加强专业建设。借助最高人民法院在广州知识产权法院设立的“知识产权司法保护与市场价值研究基地”，建立课题研究制度，探索解决知识产权赔偿额度合理确定等司法难题。不断总结审判经验，在《人民司法》《法律适用》《中国审判》《广东知识产权》等权威期刊发表论文案例30余篇。综合中美知识产权峰会等专业论坛、北京、上海知识产权法院等专业审判机构、中国知识产权研究会等研究机构、英国知识产权企业法院等来访机构、暨南大学等学术研究平台，深入开展研讨交流，广泛拓展国际视野，努力建设专家型队伍。

广州知识产权法院成立以来，一直得到中共中央和最高人民法院、省委、省法院的殷切关怀和大力支持。广州知识产权法院将围绕“正规化、专业化、职业化”要求，加强探索，加大力度，努力建设一支政治过硬、业务过硬、责任过硬、纪律过硬、作风过硬的知识产权法院队伍。

3 全国首个法官遴选委员会在广州成立，由 9 名委员组成

（《羊城晚报》，2014 年 11 月 20 日）

2014 年 11 月 19 日，广州知识产权法院法官遴选委员会正式成立，并抽签产生首次法官遴选委员会。首次遴选委员会由 9 名委员组成，分别来自法官、学者、律师和知识产权专家等 4 个界别，将负责广州知识产权法院首批 10 名主审法官的选任工作。

据广东省高级人民法院相关负责人介绍，这是全国根据最新的中共中央司法改革精神成立的首个遴选委员会。

首个法官遴选委员会主任、广州市人大常委会副主任吴树坚表示，作为首批委员，深感荣幸，责任重大，将严格把关，全面考察参选人员的理论水平、司法经验和专业能力，努力选拔出符合“让审理者裁判，由裁判者负责”要求的主审法官。

据悉，11 月 13 日，广州知识产权法院法官遴选公告发布后引起社会关注，11 月 19 日下午截止报名。

广东省高级人民法院相关负责人表示，首次法官遴选委员会将在 11 月 21 日对参选人员进行考试并择优确定遴选推荐名单，提交组织人事部门考察。

广东省高级人民法院相关负责人表示，遴选委员会第一次会议审议通过了主审法官遴选业务考核工作实施方案，并提出要严格按照广州知识产权法院的主审法官任职要求来推荐。那意味着，如果参选者条件没有达到要求，也可能出现遴选委员会推荐的人选不足 10 人的情况。

不少法官，尤其是基层法官表示，此次遴选的“门槛”非常高，尤其是

当前法官职级解决普遍不太好的情况下，一些优秀的年轻法官被“挡”在门外。对此，广东省高院表示，这次是首批遴选，只拿出了核定的30个主审法官名额中的10个，将来还可能根据实际情况进行调整，尽力保障优秀的法官都有机会参与到遴选中来。

“法官遴选委员会是个新生事物，还处于摸索阶段”，广东省高院院长郑鄂表示，要从这次广州知识产权法院遴选中吸取经验、发现问题，为下一步全省司法改革以后，省一级的法官遴选委员会的设立提供参考，比如可以分立多个专业性的遴选委员会等。

郑鄂强调，要坚持高标准、高起点，努力构建公开、公平和透明的遴选程序，把广州知识产权法院法官遴选委员会做成标杆和样板。

解密法官遴选委员会

非常任委员库成员怎么来?

推荐

2014年11月13日，广东省高级人民法院网站上公示了广州知识产权法院法官遴选委员会的名单。从公示名单看，常任委员由广州市人大常委会副主任吴树坚担任。

而非常任委员库成员共24人。据介绍，非常任委员库由省法官协会、省法学会、省律师协会和省知识产权研究会推荐组成，由法官、法学学者、律师及知识产权专家组成，其中法官15名、法学学者3名、律师3名、知识产权专家3名。

遴选委员会委员怎么产生?

抽签

负责首批主审法官遴选的委员将由常任委员在广东法官协会、律师协会、法学会、知识产权研究会共同推荐的24名非常任委员库中抽签产生。

11月19日上午10时，全体委员一致通过了《广州知识产权法院遴选委员会章程》，并依据章程规定，遴选委员会主任、广州市人大常委会副主任吴树坚从装有全部委员名单的封闭票箱中依次抽取，最终产生由暨南大学法学院教授徐瑄、广州市政协副主席余明永、广东省知识产权局副局长袁有楼、广东金鹏律师事务所主任王波等 8 名非常任委员与常任委员一同组成首次法官遴选委员会。

遴选委员会有什么特点?

多元、中立

新设立的广州知识产权法院将按照中级法院的架构组建。

据广东省高级人民法院党组成员、政治部主任周玲介绍，知识产权法院将以全新模式组建，探索法官员额制，核定 30 名主审法官（含院长、副院长），主审法官将兼任庭长，不设副庭长。且主审法官将实现“让审理者裁判，由裁判者负责”的审判权运行机制。

据介绍，这次法官遴选委员会不仅体现了权威性，还有中立性，广东省高院领导班子无一人担任委员。

怎么选法官?

不搞“一考定终身”

为了确保遴选工作的规范性，广东省高院代拟了《遴选章程》并呈全体遴选委员审议并表决。根据章程，遴选委员会会议由主任主持，对有关决议实行票决制，必须由 4/5 委员出席并经半数委员同意才能通过。

遴选法官怎么具体操作呢？郑鄂认为，不能搞传统的笔试和面试形式，遴选当天在参选人的个人述职和委员提问环节之前，预设了裁判文书评查和庭审录像观摩，把重点放在了法官裁判能力、控制庭审能力的考量上。

4 首次“依据中央司改精神”的法官遴选 法院领导不能当“评委”

（《南方周末》，2014 年 12 月 26 日）

2014 年 11 月 21 日，经过抽签产生的 9 名广州知识产权法院法官遴选委员会委员坐成一排，正在向候选法官提问。最远处是计分员和监督员。

抽签定“评委”：法官与非法官比例为 5∶3；下次遴选，需再次抽签。

考题很犀利：如何避免人情案、关系案？遇到领导打招呼怎么处理？

差额有点低：11 人取 10 人，入口应打开，从社会上吸纳最优秀人才。

站在 9 名遴选委员面前时，法官黄惠环大脑有些空白。

“你这么瘦，审理知识产权案件很辛苦的，你能干得来吗？”

“天天跑步，没问题。”黄惠环连忙表决心。

这是 2014 年 11 月 21 日，广州知识产权法院法官遴选工作现场。依照司法改革方向，未来法官均由法官遴选委员会选出。作为全国司法改革试点省的广东，在这个新设立的法院率先试水。

“以前，你都不懂炒菜就来选厨师，肯定选不好，”在广州知识产权法院副院长林广海看来，现在是真正按照职业化要求遴选法官，“让专业的人来挑选专业的人。”

律师来选法官，行吗？

2014 年 11 月 19 日，广州知识产权法院法官遴选委员会成立。按照广东省高级法院对外的表述，这是“全国根据最新的中共中央司改精神成立的首个遴选委员会”。

遴选委员会总共有 25 名委员，主任是广州市人大常委会副主任吴树坚，此前她曾担任广州市中级人民法院院长，有着近 30 年法官经历。其余的 24 名委员来自 4 个界别：法官（15 名）、法学教授（3 名）、律师（3 名）和知识产权专家（3 名）。

据广东省高院政治部人士介绍，委员均来自各个行业协会——广东省法官协会、省法学会、省律师协会和省知识产权研究会的推荐，“我们拿着函，一家家请他们推荐。”

广东省高院的院领导班子，无一人入选。法官协会推荐的委员中，广东省高院民四庭庭长林广海是西南政法大学博士，是“全国审判业务专家”；深圳市中级法院民三庭法官钱翠华的名片上并无任何官衔，但因其长期从事知识产权审判，发表过多篇相关论文，也得到推荐。

“院领导不进遴选委员会，确保公正、独立。”广东省高院政治部地方干部处处长陈东茹介绍。在广东省高院院长郑鄂看来，专业、权威、中立的法官遴选委员会，可以最大程度地确保法官选拔的含金量。

广东省律师协会推荐了三名律师，一名是会长，一名是副会长，还有一位律师是广东省党代表。有着 25 年从业经验的律师王波是广东省律协副会长，分管的正是知识产权领域。

“也有法官跟我表示顾虑，说之前都是法官选法官，这次让律师等也参与选法官，行吗？”遴选委员会主任吴树坚回忆说。但她认为，社会人士参与不仅必要，而且参与度还应提高——“未来不一定是法官来应聘法官，还可能是律师、学者、社会人士。”

知识产权专家的名单里，包括了广东省知识产权局副局长袁有楼等人。“他们不是因为是官员，而是因为是专家，所以参加遴选委员会。”广东省高级人民法院政治部人士说。

“评委”抽签产生，一次有效

在黄惠环面前一字排开的 9 名委员，是在 11 月 19 日当天从 25 名委员中产生的。这个遴选委员会的“有效期”只有一次。下一次再选法官，必须再另组。

主任吴树坚为常任委员，每次遴选都会参与。其余 8 名委员从其余 24 名非常任委员中随机抽选，组成广州知识产权法院法官遴选委员会。

写有每个委员名字的纸条，先交由 24 名非常任委员自己签名，再投入抽签箱，以确保不会作弊。

“我们之前设计过很多种方案，用电脑抽取、用数字彩球来抽等。”陈东茹回忆说，最后大家认为，还是用最传统的纸质抽签方式最可信。

界别分布是重要的考虑因素。抽选的 8 名委员，法官委员 5 人，其他委员 3 人（学者 1 人，知识产权专家 1 人，律师 1 人）。

工作人员特制了一个黑板，划出界别，每抽取出一个委员，即按抽签抽出的先后顺序，贴在黑板上，现场一目了然。

“很荣幸，律师第一个就抽中了我。”律师王波说，通过观察，他认为这样的操作至少能避免以往内部遴选中人事关系、部门利益纠葛等弊端。

考题：领导打招呼怎么处理

11 月 13 日，广州知识产权法院遴选委员会组成人员名单和主审法官遴选公告同日对外发布。

这个新设立法院的法官门槛不低：四级高级法官，或者是正科级满三年，必须亲自审理过 500 件以上的案子。

“在我们基层法院，这个要求意味着至少是副院长才可以报名。”在法院内网上看到遴选公告后，黄惠环悄悄填写了报名表。她是广东省清远市清新区法院副院长，但经常要去参加一些防火、计生等会议，“不怎么办案子，水平也下降了。”

由于报名门槛太高，全广东只有 26 名法官报名，经过资质审核，真正符合条件、有资格站在遴选委员会面前的，只有 11 人。而首批主审法官的名额是 10 人。

11 月 21 日，抽签选出的遴选委员会委员，与经历资质审核的被遴选法官，在广东省高级法院六楼一间大会议室里相遇。

遴选过程不复杂：每位候选法官先自我述职 5 分钟，然后回答遴选委员提问，一般会有五六个问题。

“有点像研究生复试的面试。”首次当“评委”的律师王波说。

委员们事前没作明确分工，资深法官林广海主动担负起了考查知识产权审判基础问题的角色：你如何理解知识产权的特点？你审理知识产权案件和其他民事案件，裁判思路与分析路径有何不同？

律师委员王波则问了一些“敏感”的问题。例如，你如何当一名公正的法官？如何避免人情案、关系案？遇到领导打招呼、干扰独立审判时你怎么处理？

一位候选法官这样回答：“如果他们过问案件，是从专业的角度，我会认真考虑，算是个提醒。如果不是从专业角度，那我会婉言谢绝。”

这位法官获得了全场一致的高分。

每位委员面前都有一张计分表，按照“专业素养”“情绪控制”“语言表达”“仪容仪表”和“撰写裁判文书能力”分别打分。

除了“撰写裁判文书能力”一项根据被遴选法官事前提交的判决书来打分外，另外几项均根据现场表现。

计分规则也引入了竞技体育的计分方式：去掉一个最高分，去掉一个最低分，然后计算余下七个分数的平均分，精确到小数点后一位，再对被遴选者按分数高低排序。

林广海回忆，评委们都是专家，意见比较一致，对于同一个法官，没有出现有人打 60 分、有人打 90 分的情况。

“不要依附于任何机构”

遴选只是第一步，“从专业角度提出法官人选”。之后还有两道程序：组织考察和人大任命。

12 月 11 日，首批 10 名经遴选的法官，获得广州市人大常委会全票通过。12 月 16 日，广州知识产权法院挂牌成立。林广海被任命为副院长。

按照核定的编制，广州知识产权法院还需要 17 名法官。林广海告诉《南方周末》记者，何时再启动遴选，还需等法院收案之后视实际情况而定。可以确定的是，未来的 17 名法官，还将由法官遴选委员会来遴选。

“这次我们感觉有点‘巧妇难为无米之炊’。”10 名法官只能从 11 人里挑，吴树坚不无遗憾。她认为，由于这次报名的门槛高，卡住了很多人，没有了淘汰率，样本量也不足。“如果是从30个法官里面遴选10个人，会积累更多的经验。”

在吴树坚看来，传统的招年轻大学生进法院，从书记员、助理审判员、审判员一路上来的模式，应该有所改变。未来，中国法官的入口应该打开，以吸引最优秀的人才。

“给法官单独序列和职业保障，他们才能独立公正地审案、判案，他们才是真正的法官。”吴树坚说，法官遴选委员会将承担更大的责任。

这次遴选试水之后，广东省启动了司法改革试点。广州知识产权法院的遴选模式，也被认为代表了广东司改的方向。此次广州知识产权法院法官遴选委员会的办公室，设在广东省高院政治部，政治部工作人员只是配合遴选委员会做一些事务性工作。

按照中央司改部署，接下来全国各省份都将成立省一级法官遴选委员会，统一遴选全省的法官。

三个月前《南方周末》曾报道，除了上海之外其他五试点省市报送的方案，均由省委政法委主导法官遴选委员会（详见《南方周末》2014年9月25日“学者建议由人大主导法官遴选”）。从最近陆续公布的情况来看，湖北等试点省最终将法官遴选委员会办公室设在了省级高院。

吴树坚认为，未来的省级法官遴选委员会，可参考广州知识产权法院的模式，不设立如政法、组织等行政色彩太浓厚的部门，“我个人认为（遴选委员会）不要依附于任何机构。”

5 广州知识产权法院：只设四个庭 不设副庭长 办案终身制 错案要追责

（《羊城晚报》，2014 年 12 月 17 日）

广州知识产权法院于2014年12月16日举行了成立后的首场新闻发布会。广东省高院党组成员、政治部主任周玲介绍，广州知识产权法院按照全新模式设置机构，只设四个业务审判庭，每个庭不设副庭长。院长、庭长原则上不签发本人未参加审理案件的裁判文书。同时，严格执行错案追究，实行办案质量终身负责制。

对市人大常委会负责并报告工作

周玲介绍，广州知识产权法院是专门审理知识产权案件的国家审判机关，按中级法院组建，对广州市人大常委会负责并报告工作，接受广东省高级人民法院的监督和指导，作为改革试点探索，不确定行政级别。

根据从严控制机构编制的要求，广州知识产权法院内设机构按照精简的原则设置，实行扁平化管理，除立案庭、专利审判庭、著作权审判庭、商标及不正当竞争审判庭 4 个审判业务庭外，仅设立 1 个综合行政机构（综合办公室）和 2 个司法辅助机构（技术调查室和法警支队）。庭长由主审法官兼任，不设副庭长。

广州知识产权法院院长杨宗仁表示，设立技术调查室，选任技术调查官作为审判辅助人员，是为法官审理案件提供技术意见。

实行法官员额制 主审法官 30 名

周玲说，根据广东省司法改革有关精神，广州知识产权法院率先实行人员分类管理和法官员额制改革。

她介绍，广州知识产权法院核定中央政法专项编制100名，工作人员分成主审法官、审判辅助人员和司法行政人员三类。主审法官员额30名，其中院长1名、副院长2名（其中一名副院长兼政治部主任），除院长、副院长以外的其他27名主审法官按内设机构负责人职级待遇配备。审判辅助人员55名，包括法官助理、书记员、技术调查官、司法警察等。司法行政人员15名，负责文秘、信息、保密、档案、新闻宣传、干部人事管理、教育培训、机关党建、安全保卫、财务装备、后勤服务等工作。部分审判辅助事务和后勤保障事务采取政府购买服务的方式解决。

院庭领导原则不签发他人文书

周玲说，根据广东司法改革有关精神，广州知识产权法院将按“让审理者裁判，由裁判者负责”的要求，建立符合司法规律的审判权运行机制，确保审判权依法独立公正行使。

周玲介绍，广州知识产权法院的院长、副院长均编入合议庭审理案件，在审判权运行上去行政化；合议庭成员按照审判权限和在庭审中发挥的作用分别承担相应责任；庭长只承担法律规定应当由庭长履行的职责，并负责主持主审法官会议，统一案件裁判标准，组织开展审判业务的调研指导。院长、庭长原则上不签发本人未参加审理案件的裁判文书。

法院还明确由专门人员协助院长处理行政事务，防止行政管理权与审判管理权相混淆，明确审判管理权的边界，院长、庭长、审判长行使审判管理权均不得干预个案实体裁判。另外，严格执行错案追究，具体做法是建立法官办案档案，加强对法官的监督制约和惩戒追责，实行办案质量终身负责。

详解广州知识产权法院 只设四个庭 不设副庭长 办案终身制 错案要追责

对市人大常委会负责并报告工作

实行法官员额制主审法官30名

院庭领导原则不签发他人文书

省十二届人大常委会第四十一次主任会议召开

人大工作要适应新常态下新要求

推进粤澳便利通关服务两地民生发展

行进中国·精彩故事

为“天才之火”添薪

设立专门的知识产权法院是国际知识产权保护的趋势

广州知识产权法院编制100名

香港中华出入口商会60周年庆典举行

6 撩起“技术调查官”的神秘面纱

（《中国审判》，2018年第8期）

知识产权法庭，也许是最艰涩难懂的庭审现场，大量的专业术语一串串地蹦出来，旁听观众如坠雾中。法官们也常常困惑：“当事人说的每一句每一个字我都听清了，放在一起就不知道什么意思了。”

这种尴尬，随着技术调查官制度的建立正在逐渐消减。三年来，技术调查官制度雏形渐趋成熟，更多优势渐渐显露，身处其中的技术调查官们对改革更有切身体会。

新角色：法官的技术“翻译”

声音一

“用最浅显的方式来表述技术问题，帮助法官跨界理解专业技术和前沿问题。”谈起自己在广州知识产权法院技术调查官的工作，计算机专家邹享球说，“这个过程有点像授课。”为了让法官“看懂技术”，他会在白板上画图，也会上网找视频，甚至自己做课件、建模型。

2015年4月22日上午，一起著作权侵权纠纷案件在广州知识产权法院第十法庭公开开庭。在审判人员前方端坐的除法官助理和书记员外，还有身穿法院制服的邹享球。这是技术调查官首次在国内法庭亮相，距最高人民法院发布《关于知识产权法院技术调查官参与诉讼活动若干问题的暂行规定》宣布启动建立技术调查官制度仅4个月。

庭审现场，邹享球围绕涉案软件相关技术问题对双方证人连续发问，问答皆用专业术语，沟通十分顺畅，提高了庭审效率。

声音二

指着桌子上的咖啡，王传极说："我们要告诉法官这杯咖啡的含糖量是多少，至于它是苦还是甜，由合议庭来判断。"

2017 年 12 月 1 日，上海知识产权法院就一起涉输入法软件的侵害发明专利权纠纷案件组织现场勘验。此前原、被告双方各执一词，合议庭组织了多次庭前会议并委托鉴定，但对于技术事实仍有不明确之处，因此，这次现场勘验向技术调查室申请指派技术调查官参与。技术调查官王传极遂全程参与现场勘验，并将全过程进行屏幕录像固定。

"现场勘验能够直观展现技术事实，但是这些技术事实往往以数据形式展现出来。"王传极说，技术调查官除了保证勘验的正常进行之外，往往还要对这些数据进行"翻译"，帮助法官了解技术事实。在技术调查官参与勘验后，该案于一个月内顺利审结。

声音三

"我想看看我们的专利审查工作对后面知识产权保护有什么影响，有哪些优点，有哪些不足，进而完善以后的专利审查。"陈立来自国家知识产权局专利局光电部，做了 15 年的专利授权和驳回，2018 年 3 月加入上海知识产权法院技术调查官团队。来法院交流的第一个月，她已接到 6 起案件需要技术调查。

一起涉及打印机的侵害发明专利权纠纷案件，专利权利要求书、说明书和附图加起来有 240 多页，实施例有十几个……陈立花了一周时间读完专利文件，厘清各个部件之间的逻辑结构关系，再用大半天将研究要点一一告知办案法官。

"有的案件专利说明书虽然短但实际内容很复杂，差异就在那'一点点'的专业内容上，很难甄别到底属于普通区别，还是产品本身有着本质区别，这时候就特别需要专业技术人员提供专业分析。"陈立说。

声音四

"要做一名能打十分的技术调查官，清晰的技术认知占八分，对法律规则的了解应占两分，这样才能在客观公正的前提下作为法官的技术助理，独立表达技术观点，辅助法官查明技术事实。”中国知识产权研究会网络知产会秘书长刘芳对技术调查官有自己的见解。

刘芳从事专利实务工作已有25年，向上海知识产权法院承诺：“即使两地奔波，也希望多承担相关工作，保证一有案件需要随叫随到。”常年往返于京沪两地，刘芳对这份技术调查兼职工作丝毫不以为苦，反而很高兴能在这样一个平台上充分发挥自己的专业优势。

新制度：特色鲜明的三地经验

之所以设立技术调查官，广州知识产权法院副院长吴振说：“从综合性的法院剥离出来后，知识产权法院需要审理的技术类案件更加集中。”以该院为例，涉技术类案件的比重约为60%。这些案件中的技术问题不仅复杂、细致，而且更新速度快、涉及范围广。即便是具有技术类学科背景的法官，也无法保证精通每个涉案领域，但技术问题的查明却直接关系到事实认定和法律适用。只有全面了解技术事实，才能准确提炼焦点问题，正确把握审理方向，保障案件的审理质量和效率。

在这一轮司法体制改革中，遵循司法办案规律，改革强调要“让专业的人做专业的事”。根据2014年6月6日中共中央全面深化改革领导小组第三次会议审议通过的《关于司法体制试点若干问题的框架意见》有关设置技术调查官的要求，最终确定在知识产权法院中围绕技术类案件的审理，建立符合中国国情、具有中国特色的技术调查官制度。

北京：技术调查官全方位参与诉讼

北京知识产权法院技术调查室于2015年10月22日成立，现有42名技术调查官（其中交流的5名，兼职的37名），来自企事业单位、高校、科研机构、国家专利机关、专利代理人协会等多个渠道，均具有专业技术资质，大多具有副教授或副研究员职称，研究领域涵盖了光电、通信、医药、生化、材料、机械、计算机等多个审判实践经常涉及的专业技术方向。另外还选聘了27名具有教授或者正高职称的技术专家，有的技术专家已是学科带头人。无论在社会上他们有何专业身份，到了法院，他们只有一个共同的目标——帮助法官查明技术事实。

北京知识产权法院技术调查官的选任经验得到了最高人民法院的肯定。2017 年 8 月，最高人民法院发布《知识产权法院技术调查官选任工作指导意见》，明确了聘任制公务员型、交流型、兼职型三种技术调查官选任方式。

为提高技术调查官的履职能力，针对庭审询问技巧、技术审查意见撰写等问题，北京知识产权法院请专利审查经验丰富的技术调查官进行示范，并定期组织技术调查官观摩庭审，再由法官进行讲解。除参与庭前质证、庭审、提交技术审查意见、案件评议等工作外，保全评估、证据保全实施、现场勘验等诉讼活动中也常常见到技术调查官的身影。

有的案件涉及的技术问题疑难复杂，技术调查官难以定论。对此，北京知识产权法院在全国率先启动技术专家委员会研讨机制。如一起涉及国内两家知名通信企业的发明专利行政纠纷案件中，就案件涉及的“通信系统中的序列分配”问题，该院召开小型研讨会听取技术专家意见，最终由技术调查官根据专家讨论意见形成书面审查意见供法官参考。

随着基层法院涉专业技术案件的数量不断增多，2017 年，北京知识产权法院探索建立全市法院知识产权审判领域中的技术调查官资源共享机制，技术调查官开始参与基层法院知识产权庭涉专业技术案件的审理工作，促进了基层法院疑难、复杂案件的公正审理以及上下级法院间裁判标准的统一。

截至 2017 年底，北京知识产权法院已有 36 名技术调查官参与了 716 件案件的技术事实查明工作，其中包括参与出庭 435 件，参与保全、勘验 59 件，进行技术咨询 222 件。

上海：技术事实查明“四位一体”

上海知识产权法院注重建章立制，为技术调查官的履职和制度运行打下扎实基础。《技术调查官参与诉讼活动工作规则》《技术调查官管理办法》及《技术调查官参与庭审规则》等先后出台，对技术调查官的产生、人员指派、回避、工作职责、参与诉讼活动的程序、方式、效力等作出具体规定。结合日常工作实际，该院还制定了《技术调查官工作守则》，制作了 7 项规范性的常用表格及函件，规范了技术调查官的工作流程，保障其中立、公正、客观提供技术意见。

随着技术类案件日益增多，所涉技术领域愈加复杂、多样，传统的单一依靠某一种方式查明技术事实已不能满足审判实践的需要。对此，上海知识产权法院副院长黎淑兰指出，为提高知识产权案件中技术事实查明的科学性、准确性，公正高效地审理技术类案件，需要在一定程度上开放诉讼程序，构建一套多元的技术事实查明机制。

黎淑兰说，在技术事实查明体系中，技术调查、技术咨询、专家陪审、技术鉴定4种查明方式承担了不同的任务，也有各自不同的功能，是相互补充、有机联系的关系。目前技术调查、技术咨询、专家陪审、技术鉴定相互协调的“四位一体”技术事实调查认定体系综合运用规则已在上海知识产权法院有效运行，充分发挥各种技术事实查明方式的特点与优势，实现联动，大幅提高技术事实查明效率和准确性。

仅2017年，上海知识产权法院技术调查官就参与审理案件67件，出庭91次，出具技术审查意见书16份，参与保全、勘验、咨询等212次；专家陪审员参与案件审理158件；技术咨询专家42次；委托技术鉴定32次。通过充分发挥技术专家在技术事实查明中的作用，全年案件平均审理天数113.07天，同比减少16.19天，诉讼效率有效提升。

广州：调查官+技术顾问+咨询专家

广州知识产权法院从建院之初即设立技术调查室，组建了技术调查官团队，先后出台《关于技术调查官参与诉讼活动的暂行办法》《关于技术调查官选任和管理暂行办法》《技术调查官工作规程》以及《技术专家咨询委员会章程（试行）》等一批规范性文件，在知识产权司法实践中率先试行技术调查官制度。该院技术事实查明主要采取“专职团队+技术顾问+咨询专家”模式，即以技术调查官团队为核心，以技术顾问、咨询专家为辅助，绝大部分技术调查案件通过专职技术调查官就能得到解决。

目前，广州知识产权法院已任命6名技术调查官，全部为政法编制公务员；建立了技术咨询专家咨询库，包括29名来自高等院校、科研机构、行业协会、企事业单位等各个领域顶尖专家。2017年，该院还与国家知识产权局专利局审查协作广东中心合作，聘任该中心涉机械、电学、通信、化学和计算机领域的 22 名审查员作为技术顾问，建立轮流由 2 名审查员驻该院办公的常态化协作机制。

2017 年，广州知识产权法院技术调查官共参与保全、审理案件 324 件，是前一年 98 件的 3.3 倍。技术调查官提出的技术意见被合议庭采纳率超过 95%，为案件审理提供了及时高效的技术支持。

7 广州知识产权法院党组理论学习中心组召开学习贯彻党的十九大精神专题学习会

2017 年 10 月 31 日，广州知识产权法院召开党组理论学习中心组第二次专题学习会，学习贯彻党的十九大精神，并传达落实省委学习贯彻党的十九大精神大会要求，对广州知识产权法院下一阶段学习贯彻十九大精神作出部署。党组书记、院长王海清主持会议并讲话。吴振副院长、黎炽森副院长及各部门负责人参加学习，并各自谈了学习十九大精神的心得体会。

王海清院长传达落实省委学习贯彻党的十九大精神大会精神，指出党的十九大是在全面建成小康社会决胜阶段和中国特色社会主义发展关键时期召开的一次十分重要的大会，具有里程碑和划时代意义。习近平总书记代表第十八届中央委员会向大会所作的报告，描绘了决胜全面建成小康社会、夺取新时代中国特色社会主义伟大胜利的宏伟蓝图，进一步指明了党和国家事

业的前进方向，是全党全国各族人民智慧的结晶，是指导夺取新时代中国特色社会主义伟大胜利、实现中华民族伟大复兴的行动纲领，是我们党团结带领全国各族人民在新时代坚持和发展中国特色社会主义的政治宣言和行动纲领，是马克思主义的纲领性文献。

王海清院长对广州知识产权法院下一阶段学习贯彻十九大精神作出部署。**一要认真学习党的十九大报告**。要原原本本、原汁原味、带着感情地学习党的十九大报告，各党支部、各部门要组织学习，部门负责人、廉政监察员要带头学习。**二要深刻理解十九大报告精神**。要坚决拥护以习近平同志为核心的党中央，坚持和维护党中央集中统一领导。要深刻领会新时代的特征。中国特色社会主义进入新时代是我国发展新的历史方位，意味着中华民族迎来了从站起来、富起来到强起来的伟大飞跃，意味着科学社会主义在二十一世纪的中国焕发出强大生机活力，意味着中国特色社会主义道路、理论、制度、文化不断发展。要深刻领会习近平新时代中国特色社会主义思想的伟大意义。习近平新时代中国特色社会主义思想开辟了马克思主义理论的新境界，是马克思主义中国化的最新成果，是当代中国的马克思主义。要深刻领会十九大关于新征程的重大战略部署，充分发挥知识产权司法保护职能作用，为全面实施创新驱动发展战略提供有力司法保障。要深刻理解新时代党的建设新要求。要把政治建设摆在首位，全院干警要严守政治纪律和政治规矩，在政治立场、政治方向、政治原则、政治道路上始终同以习近平同志为核心的党中央保持高度一致。**三要细化措施**。要细化学习措施。党组理论学习中心组要带头学习，全院要通过邀请专家进行专题辅导、制订党支部学习计划、征集全院干警学习心得等系列措施，确保学到细处、学到实处。要细化审判工作措施。严格执行《权力清单细则》，全面落实“让审理者裁判，由裁判者负责”的司法责任制要求；全体法官要严格落实“五个一”规定，推动整体司法能力不断提升。要细化党建工作措施。要以学习十九大精神为契机，选配廉政监察员抓好各审判庭党建工作；深入开展“三严三实”和“两学一做”专题教育活动，加强党风廉政建设；不断健全党建工作机制，认真开展年轻干警入党工作。**四要深化司法体制综合配套改革**。严格分类管理，探索推进法官管理、司法辅助人员管理、落实司法责任制等改革的配套措施，完善裁判文书报备制度。总之，全院干警要迅速把思想和行动统一到党的十九大精神上来，准确把握十九大精神的重大意义和深刻内涵，全面推进新时代广州知识产权法院“办精品案件、育精英法官、建现代法院”三项任务向前发展，为新时代中国特色社会主义建设作出应有的贡献。

8 全面加强党建工作　不断提高队伍素能

——广州知识产权法院赴遵义开展党务工作现场体验教学活动

根据党务工作培训的计划安排，现场体验教学活动选在遵义这个被赋予中国革命转折意义的城市进行。2018 年 5 月 4 日，在院党组书记、院长王海清同志带领下，各支部书记和支委委员一行 30 余人赴遵义开展党务工作现场体验教学活动。此次活动充分利用遵义市特有的红色教育资源，聚焦党性教育、党史教育，引导学员传承红色基因，不忘初心，自觉守住宗旨意识，牢记使命，永葆党的先进性和纯洁性，以坚韧不拔、奋发有为的精神营造广州知识产权法院上下齐心抓党建的氛围，推动党务工作迈上新台阶。

5 月 4 日下午，经过 6 个小时长途跋涉，一下火车学员们就奔赴遵义会议会址开展集体活动。走进陈列馆，听着解说员的讲解，学员们对那段峥嵘的革命岁月有了更直观的认识，对遵义会议的精神有了更深入的理解。遵义会议精神的精髓就是实事求是，按照实事求是的原则，我党批判了王明的“左”倾教条主义，通过四渡赤水运动战成功进行战略转移，最终确立毛泽东在党和红军的领导地位。历史的启迪永在，精神的价值永存，我们学习遵义会议精神，就是学习用实事求是的方法开展各支部政治生活，为党务工作不断创造出新的经验、好的方法，更好地服务广州知识产权法院的审判工作。学员们还对我党的经典著作进行集体学习，通过分小组朗诵阅读、谈感想的方式，不断加深对原文、原著的理解，提高了学员们运用马克思主义基本原理解决实际问题的能力和水平。

在娄山关崎岖的山路上，全体学员一边聆听讲解员介绍娄山关战役的经过，一边沿着大尖山和小尖山追忆红军的足迹。随后在红军烈士纪念碑前，由院党组书记介绍院政治建设的大局。

晚上，学员们围绕《共产党宣言》这部经典之作，由院长王海清同志领誓，全体学员举起右拳，面对鲜艳的党旗进行庄严宣誓，声声誓言，表达了广州知识产权法院干警继承革命先烈精神，永葆共产党员先进性的决心。

宣誓结束后，学员们走进娄山关红军战斗遗址陈列馆，近距离感受一个个鲜活的历史实物、面对一幕幕悲壮的历史画卷，用心体会了毛泽东等老一辈无产阶级革命家在娄山关战斗的红色历史，使大家深刻认识到娄山关战役是红军长征以来第一个大胜仗，体现了共产党人顽强拼搏的精神，体现了毛主席非凡的军事才能，是中国革命史上具有浓墨重彩的一笔。

5 月 6 日上午，党务工作培训班第五讲在驻地会议室开课。邀请了遵义市委党校教育长韦生彬教授做专题授课。韦老师用渊博的知识、丰富的史料和生动的语言，从实事求是、独立自主、坚定信念、民主团结、敢闯新路五个方面系统论述了遵义会议召开的历史全过程，深刻解读了遵义会议精神的实质，启示大家在实际工作中要坚持党的实事求是思想路线，把做人和做事结合起来，做正派人、能干人和明白人高度统一的党员干部。

随后，院党组书记、院长王海清同志对为期一个月的党务干部工作班进行了总结。他指出，这次党务干部培训班完成了预定的任务、达到了预期的目的、取得了较好的成效。经过学习培训，全体学员对党的理论、党务工作职责的认识有了新的提高；全院干部党建工作能力水平有了新的提高；全院上下齐心协力抓党建的意识有了新的提高。他希望全体学员要以参加这个专项培训为契机，进一步加强政治理论学习，认真履行党务干部职责，党建办全面加强对全院党建工作的组织指导，进一步开创广州知识产权法院党建工作新局面，促进党建工作水平的不断提升。最后，王海清院长为学员代表颁发了结业证书。

王海清院长为学员代表颁发结业证书

9 美国副贸易代表罗伯特·何礼曼大使一行到广州知识产权法院访问交流

经与广东省高级人民法院外事办公室联系协调，美国副贸易代表罗伯特·何礼曼大使偕同美国驻广州总领事馆领事、美国专利商标局官员等一行于2015年3月12日下午到访广州知识产权法院。座谈会由广州知识产权法院党组书记、院长杨宗仁同志主持，党组成员、副院长吴振、林广海同志及部分主审法官参加了座谈会，与来访人员进行沟通交流。

会议由杨宗仁院长主持。座谈会上，杨宗仁院长对美国副贸易代表一行的来访表示热烈欢迎，期待双方未来在知识产权保护领域不断加深了解与合作，为中外企业的创新与发展提供良好的市场、文化和法治环境。

吴振副院长就广州知识产权法院成立以来的工作运行情况进行简要介绍，他指出，广州知识产权法院致力于通过更加专业化的知识产权审判工作，统一辖区内裁判标准，加强保护技术创新，推动司法过程更加公开透明，为中外当事人合法权益提供平等有力的司法保障，促使加快形成公平健康有序的市场环境。

何礼曼大使对广州知识产权法院接待表示感谢，对广州知识产权法院收案数量多、跨区域案件多、专利案件比例高等情况表达高度关注。双方还就知识产权案件处理中的诉讼禁令、证据保全、专家证人等问题进行了交流和讨论，就双方应不断加强沟通交流等问题达成了初步共识。

10 英国知识产权企业法院首席法官理查德·赫肯一行到访广州知识产权法院

2016 年 8 月 23 日，英国知识产权企业法院首席法官理查德·赫肯在英国驻华大使馆、驻广州领事馆等人员陪同下到访广州知识产权法院。广州知识产权法院吴振副院长及主审法官代表参加座谈。

吴振副院长首先对赫肯法官一行的到访表示欢迎，并向来宾介绍了广州知识产权法院成立及运行以来的相关工作情况。

赫肯法官表示，非常高兴来到广州知识产权法院，广州知识产权法院的相关工作及执法办案情况让人印象深刻，令人钦佩。赫肯法官介绍了英国知识产权司法保护的历史沿革与近况，并着重向广州知识产权法院介绍了英国知识产权企业法院的设立背景与运行情况。

广州知识产权法院与会主审法官分别就知识产权审判制度架构、诉讼禁令与证据保全、多元化纠纷解决机制及中英司法交流合作等问题，与来宾深入交换了意见。

作为保护知识产权、维护创新驱动发展的新型法院，广州知识产权法院自成立以来已接待了欧盟、美国、英国、韩国、新加坡等境外司法机构来访 8 批次，在国际司法交流中发出了中国声音，展示了我国知识产权保护的良好形象。

11 日本官民联合代表团来访广州知识产权法院

2017 年 2 月 27 日，日本官民联合代表团一行 16 人来广州知识产权法院交流。广州知识产权法院吴振副院长、法官代表、技术调查室负责同志等参加座谈。

座谈会上，广州知识产权法院向日方代表团简要介绍了法院的基本情况，双方就知识产权司法保护中的热点问题交换了意见。在访问过程中，日方代表团还参观了广州知识产权法院的立案大厅、数字法庭等诉讼场所。

12 新加坡国际企业发展局冯家强司长率队来访广州知识产权法院

2015年2月11日上午，新加坡国际企业发展局中国区司长、新加坡驻广州总领馆商务处商务领事冯家强先生一行10人，在省法院外事办屈伸主任、广州开发区科信局朱平副局长的陪同下来访广州知识产权法院，就广州中新知识城合作发展中的知识产权保护和服务问题进行探讨，了解广州知识产权法院运作的相关情况，探索双方在知识产权保护领域的合作。广州知识产权法院党组书记、院长杨宗仁同志，党组成员、副院长林广海同志及郑志柱、谭海华、龚麒天、黄惠环等主审法官代表参加了座谈会，与来访人员进行沟通交流。

会议由杨宗仁院长主持。座谈会上，杨宗仁院长对新加坡国际企业发展局的来访表示热烈欢迎，期待双方未来不断加深了解与合作，加强知识产权保护，为双方国家贸易合作与发展保驾护航。

林广海副院长就广州知识产权法院成立以来的工作运行情况进行简要介绍，他指出，知识产权保护与国家贸易发展密不可分，广州知识产权法院的设立就是为了有效适应广东经济的快速发展和知识产权司法保护的旺盛需求，与普通法院相比，广州知识产权法院以管辖专利等技术性强或竞争领域影响重大的一审知识产权案件为主，通过保护知识产权而促进技术进步，鼓励科技创新，催生新的经济增长点。知识产权的保护在全世界范围内都属于开放性问题，有赖于国家之间的合作互助。我国早在2008年就发布了《国家知识产权战略纲要》，强调发挥知识产权司法保护的主导作用，大力提升知识产权创造、运用、保护和管理能力。希望双方在知识产权领域加强沟通交流，创造良好的市场、法治和文化环境，平等保护中外双方当事人的合法权益。

冯家强司长对广州知识产权法院接待表示感谢，并对广州知识产权法院工作给予高度肯定。他听完介绍后，十分关注广州知识产权法院收案数量激增、案件类型多样化以及跨区域管辖的相关情况。他表示，应大力推动广州知识产权法院与新加坡知识产权法院、相关政府机关的交流合作，形成长效沟通机制，就知识产权保护的国际通行做法达成共识。

典型篇

积极培养树立先进典型，营造争先创优良好氛围，培养出了“全国优秀法官”“全国法院先进个人”“全国法院知识产权审判工作先进个人”“全国法院十佳新闻发言人”以及“全国法院知识产权审判工作先进集体”立案庭等一批优秀典型，同时引进了“全国法院办案标兵”等人才。2018年以来，在干警中大力开展“每月一星”评选宣传活动，广泛宣传先进干警典型，发挥先锋模范的示范表率作用，取得较好的社会反响。

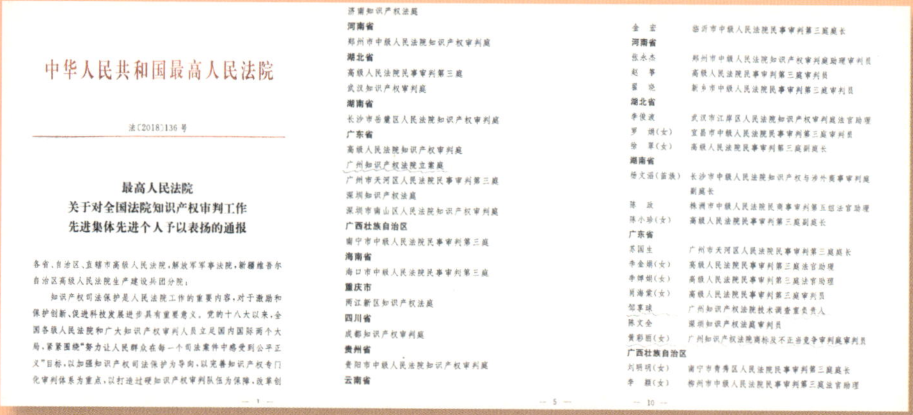

中华人民共和国最高人民法院

法〔2018〕136 号

最高人民法院
关于对全国法院知识产权审判工作
先进集体先进个人予以表扬的通报

各省、自治区、直辖市高级人民法院，解放军军事法院，新疆维吾尔自治区高级人民法院生产建设兵团分院：

知识产权司法保护是人民法院工作的重要内容，对于激励和保护创新、促进科技发展进步具有重要意义。党的十八大以来，全国各级人民法院和广大知识产权审判人员立足国内国际两个大局，紧紧围绕"努力让人民群众在每一个司法案件中感受到公平正义"目标，以加强知识产权司法保护为导向，以完善知识产权专门化审判体系为重点，以打造过硬知识产权审判队伍为保障，改革创

— 1 —

济南知识产权法庭
河南省
郑州市中级人民法院知识产权审判庭
湖北省
高级人民法院民事审判第三庭
武汉知识产权审判庭
湖南省
长沙市岳麓区人民法院知识产权审判庭
广东省
高级人民法院知识产权审判庭
广州知识产权法院立案庭
广州市天河区人民法院民事审判第三庭
深圳知识产权法庭
深圳市南山区人民法院知识产权审判庭
广西壮族自治区
南宁市中级人民法院民事审判第三庭
海南省
海口市中级人民法院民事审判第三庭
重庆市
两江新区知识产权法庭
四川省
成都知识产权审判庭
贵州省
贵阳市中级人民法院知识产权审判庭
云南省

— 5 —

金　宏	临沂市中级人民法院民事审判第三庭庭长
河南省	
张永杰	郑州市中级人民法院知识产权审判庭助理审判员
赵　筝	高级人民法院民事审判第三庭审判员
翟　晓	新乡市中级人民法院民事审判第三庭审判员
湖北省	
李俊波	武汉市江岸区人民法院知识产权审判庭法官助理
罗　娟(女)	宜昌市中级人民法院民事审判第三庭审判员
徐　翠(女)	高级人民法院民事审判第三庭副庭长
湖南省	
杨文滔(苗族)	长沙市中级人民法院知识产权与涉外商事审判庭副庭长
陈　政	株洲市中级人民法院民商事审判第五组法官助理
陈小珍(女)	高级人民法院民事审判第三庭副庭长
广东省	
苏国生	广州市天河区人民法院民事审判第三庭庭长
李金娟(女)	高级人民法院民事审判第三庭法官助理
李婵娟(女)	高级人民法院民事审判第三庭法官助理
肖海棠(女)	高级人民法院民事审判第三庭审判员
邹享球	广州知识产权法院技术调查室负责人
陈文全	深圳知识产权法庭审判员
黄彩丽(女)	广州知识产权法院商标及不正当竞争审判庭审判员
广西壮族自治区	
刘明明(女)	南宁市青秀区人民法院民事审判第三庭庭长
李　颖(女)	柳州市中级人民法院民事审判第三庭法官助理

— 10 —

◆ 最高人民法院关于对全国法院知识产权审判工作先进集体先进个人予以表扬的通报。

建院 4 年来

8 人次获得国家级荣誉称号

11 人次获记功、嘉奖

5 次被上级单位授予集体记功、嘉奖

最高法院领导接见我院肖晟程同志等
全国法院十佳新闻发言人

龚麒天法官获全国优秀法官

◆ 广州知识产权法院积极培养树立先进典型，涌现出全国优秀法官龚麒天等一批优秀干警。

◆ 2018 年以来，广州知识产权法院积极开展“每月一星”评选宣传活动，目前已集中宣传 11 位优秀干警，取得良好的社会反响。

1 全国优秀法官龚麒天：法官龚麒天的职业转折

（《羊城晚报》，2014 年 12 月 27 日）

步入不惑之年，龚麒天没有疑惑地作出了他的选择——投身广州知识产权法院，当一名主审法官。

这是从事知识产权审判 12 年来，龚麒天身份的又一次变化。在 2014 年 12 月 16 日广州知识产权法院挂牌成立的前夕，他顺利地考入了这所广东首家、全国第二家知识产权法院，成为 10 名主审法官之一。这是他 2014 年最大的改变或曰转变。

如果说专利制度是为天才之火添加利益之薪，那么龚麒天所做的工作——知识产权审判可以说是在为天才之火添加保护之薪。

从广州市中级人民法院知识产权审判庭的一名审判员，到广州知识产权法院的首批 10 名主审法官之一，龚麒天的命运转折是国家政策在个体层面的折射。而这，得益于十八届三中全会提出的“探索建立知识产权法院”的结果。

没有犹豫的选择

“龚麒天法官办公室”在广州知识产权法院的三楼。新装修不久的楼道里，至今飘着一股淡淡的油漆味。这个十多平方米的办公室里，有些空旷。办公室的桌子上，摆放着一台电脑、一台打印机，桌面上整洁地码着两个黄皮纸资料袋和一叠 A4 纸打印文件，旁边的红木文件柜泛出了锃光瓦亮，里面空空如也。

40 岁的龚麒天搬到这里办公只有大约一个月的时间。11 月 13 日，广东省高级人民法院发出《广州知识产权法院主审法官遴选公告》后，龚麒天没有犹豫地报了名。

在龚麒天看来，选择投入广州知识产权法院的怀抱或许与他的人生经历有关。大学毕业后，龚麒天就来到广州市中级人民法院经济庭工作，当了 4 年书记员，之后又在经济庭当了不到 1 年的法官，随后来到知识产权庭，一待就是整整 12 年。

“我的法官生涯基本上都是在知识产权庭里度过的，比较有感情。而且我也愿意一直从事知识产权审判。”怀揣着这样的想法，他选择了一条通往知识产权法院的路。

三份特别的裁判书

在报名资料中，龚麒天按照要求提交了他作为经办法官撰写的知识产权案件裁判文书三份。

作为一名知识产权法官，常常要用火眼金睛去辨别“李逵”与“李鬼”，而这三份裁判文书基本属于这种情况。

其中一份裁判文书所承载的案情较为特别，在这宗后来被《中国审判案例要览》收录的案件中，原被告双方分别是袁根木和中国中铁隧道集团有限公司。这是一宗侵犯发明专利权案。

这位名叫袁根木的人有一项名为排污水管的铺设方法的发明专利，他据此主张中国中铁隧道集团有限公司在广州大学城的一条过江隧道用到了他的这个发明专利，表示挖隧道的方法与铺设排污管的步骤竟然一样，因此侵犯了他的发明专利权。

时至今日，龚麒天仍然觉得，这件案子有意思的地方在于，在发明专利侵权案件中，到底要不要考虑发明主题的问题。“按主题来说，一个是铺排污管，另一个是挖过江隧道，两者的主题不同。”

一审时，经办案件的龚麒天驳回了袁根木的诉讼请求。后来，二审法院维持了他作出的这一判决。

苛刻的“遴选”

尽管遴选条件十分苛刻——需任四级高级法官以上或任正科级满 3 年的审判员、助理审判员，近 3 年年度考核均为称职以上等次；具有 6 年以上相关审判工作经历，从事知识产权审判工作 2 年以上；作为经办法官审结案件 500 件以上，或审结知识产权案件 200 件以上等——报名后的龚麒天还是如约地接到了“面试”通知。

11 月 21 日，一个晴朗的周五。龚麒天来到广东省高级人民法院。轮到他时，他的对面坐着一排共 9 名考官，其中一些面孔龚麒天并不陌生。这 9 名考官是从全国首个法官遴选委员会——广州知识产权法院法官遴选委员会组成人员中抽签产生的，既有资深法官，还有知识产权专家、法学学者及知名律师。

几天后，龚麒天收到了好消息。12 月 11 日，广州市第十四届人大常委会第三十五次会议通过表决，龚麒天成为首批 10 名主审法官之一。

初创阶段的日子是有些苦，但龚麒天的人生轨迹，却因为知识产权法院而永远地改变了。

2 全国法院先进个人谭海华：心有沧海，护法之公正；身倾吾力，咀法之菁华

23 年了，从毕业走进法院到今天，我绝大多数时间都在从事知识产权审判工作，把自己对专业审判的思考都发挥到维护社会公平的环境中去，把这份自己热爱的事业做好，是我最大的快乐……

【记者手记】

舍小家为大家——“实诚人老谭”办公室的灯总是亮着

初见谭海华法官，除了学者型法官特有的严谨气质和专业素养外，二十多年知识产权审判经历沉淀下的随和、实在，才是他品质中的底色。

一位谭海华的同事说：“没事，要是急着问他要工作数据，下班你们也别顾虑，加班对他是常事，忙起案子来晚上十点多他办公室的灯还是亮着的。”

谭海华的办公室，两张办公桌并到一起，满满都是卷宗和学习资料。而

当记者问到“您办了很多知产大要案，一定经常加班住在办公室”时，他很认真地说：“没有这种情况，单位的宿舍不算远，忙完回去在路上走走，也是一种休息了，倒是经常回去都到了深夜，不过边走边想，有时案情还会有点新思路。”

就是这位面对记者实话实说的谭海华，建院3年来的结案总数739件，居全院之首，年均办案数一直位列前茅，并荣获个人二等功。作为庭室负责人，在处理完繁重的日常行政事务外，还能取得这样不俗的办案成绩，其中的付出可想而知。

广州知识产权法院筹建时，面向全省遴选法官，听闻消息，他认为这是知识产权事业的大好机遇，也是他干事创业的大好平台。经过与家里人的商量，他很快就报了名，成为首批面向社会遴选的10名法官之一。虽然广佛同城的概念提了很久，但两地相距较远，每天回家并不现实。选择来广州知识产权法院，实际上就是选择了与家人聚少离多。人到中年，放弃了佛山稳定舒适的生活，只身到广州的郊区开创新的审判事业，这的确需要不小的勇气。平常住宿舍，周末才回家，如果忙起来，周末、节假日也不一定能回。尤其是今年，家中又添新丁，需要操心的事情格外多，长子又面临着小升初的考试，做父亲的压力也不小。“虽然家人会有不理解，但我只能尽量做他们的思想工作，每当办理好一起案件的时候，就是我最大的安慰，相信家人也更能理解我的努力。”

办出精品案——实干又爱钻研的“资深业务专家”

办精品案件是广州知识产权法院的工作目标之一，也是谭海华不变的初衷。大学毕业迈入法院第一天起，谭海华的职业理想就是做一名审判专家，做一个无愧法治信仰的好法官。20多年过去了，通过审理的一个个案件，他在知识产权审判界被越来越多的人知晓。

作为法官，办案是第一要务，办好案是不懈的追求。他办理的海南康芝药业股份有限公司申请撤销清远仲裁委员会仲裁裁决一案，双方矛盾很深，法律适用争议大，他认真梳理了双方的争议，针对申请人提出撤销仲裁裁决的7点理由逐一分析审查，对一方当事人的恐吓之意毫不畏惧，不回避，敢担当，依法撤销了仲裁裁决。

该案的裁判有效规范和指引了仲裁委员会的仲裁行为，维护了仲裁机构的竞争秩序，也受到众多仲裁机构的赞扬，被广东知识产权保护协会授予“年度十大知识产权典型案例”荣誉，还入选中国仲裁（CNARB）微信公众号公布的“十大有影响力仲裁案例”。

在谭海华办理的诸多大要案中，“子弹口红”案是他的“得意之作”，该案入选最高院评选的“2016年度中国法院知识产权司法保护50个典型案例”。谈起这个案件，谭海华讲到他办理这个案件的一些少为人知的细节：刚拿到这个案件，凭借法学理论功底和多年审判经验，他就敏锐地发现这是一个值得关注和挖掘的案件。禁令案件本身并不是新鲜事物，但他检索过各地法院作出的几十份裁定书后发现，这些禁令裁定的撰写都相对简单，根本没有对禁令如何审查进行详细论述。业内的空白就是突破的口子。兴奋之余，他加紧学习研究，经过前期详实的资料收集和学习消化，理清了专利诉前禁令的裁判思路，前前后后又花了一个多月的时间来撰写和完善这份禁令裁定，开创性地总结了专利诉前禁令审查应包括“涉案专利是否稳定有效，被申请人正在实施的行为是否具有侵权可能性，不颁发禁令是否会给申请人造成难以弥补的损害，颁发禁令给被申请人带来的损失是否小于或相当于不颁发禁令给申请人带来的损失，颁发禁令是否会损害社会公共利益，申请人提供的担保是否有效、适当”这六个要素，打响了知识产权法院专利诉前禁令的“第一枪”，填补了相关领域的空白，有力保障了相关市场秩序和权利人利益。

因为其充分的论述和说理，该案也作为最高人民法院周强院长向全国人大常委会作关于知识产权法院工作情况的报告引用的有重大影响力的案件。

服务创新驱动——改革中“锐意进取的领头羊”

这位办案“不含糊”的专家型法官，不仅在审判实务领域取得令人羡慕的成绩，在服务创新驱动发展战略、推进知识产权审判改革等方面，也身先士卒、率先垂范。

在工作中，他任劳任怨，履职尽责、一丝不苟地审核签发每一份法律文书，即便是标点符号也不会放过；每接手一件案子，他都能从当事人角度出发，急当事人之所急，言传身教影响着身边的同事。尤其是作为庭室负责人，他更是秉承“全院一盘棋”的观念，事事都走在前、领在前、做在前。

为了适应知识产权专业化审判强的需要，打造优质高效运转的庭室，作为资深法官，谭海华把“传帮带”融入日常工作中，竭力推动法官助理、书记员的梯队化培养，充分调动团队每位成员的积极性、主动性。同时严格把关，指导法官助理、书记员迅速成长。他耕耘的专利审判庭荣获集体三等功、先进基层党组织等荣誉。

结合办案实际怎样让知识产权审判朝着更科学的方向发展是谭海华常常琢磨的问题。锐意改革的他提出了一系列助推审判、提升质效的新思路，从严格中止案件审理条件，强化庭前会议，节约庭审时间，方便诉讼群众，到提出加大损害赔偿力度和保全力度；从细化党庭务分工，责任到人，到推进司法辅助工作的标准化，建立工作指引，他把对审判事业的热爱都融入知识产权法院的建设中。特别是探索实行的二审裁判文书改革，契合了最高人民法院进一步推进案件繁简分流的工作方向。他还作为副主编，参与编写了广州知识产权法院第一本案例集《知识产权精品案例评析》。

在“以调研促审判”方面，谭海华也是一马当先。他撰写的“论技术调查官的角色定位与制度完善——以广州知识产权法院技术调查官制度为视角”论文获“全国知识产权技术调查官制度研讨会”一等奖、“克里斯提 · 鲁布托申请广州问叹贸易有限公司、广州贝玲妃化妆品有限公司等诉前停止侵害专利权案——专利侵权案件诉前禁令应如何审查”获全国法院系统 2017 年度优秀案例分析三等奖。他还积极总结审判经验，撰写的“声影公司诉大歌星公司著作权侵权案评析”“2017 年广州知识产权法院著作权典型案例及评析”在《中国版权》杂志上公开发表，“未依法实际使用的注册商标不侵犯他人在先企业名称权”在《人民法院报》发表，连续多年获《广东知识产权》杂志优秀作者。

此外，作为资深的知识产权法官，谭海华多次参与最高院组织的座谈并作主题发言，还在中国与非洲知识产权保护交流会等多项研讨会上作主题发言，多次到广东省知识产权局、广州知识产权局、审协中心授课，并被聘为暨南大学法律硕士实践导师、广东知识产权保护协会专家库专家，担任《广东知识产权》杂志的编委、专栏作者……严谨的工作态度、扎实的专业功底、优秀的管理能力塑造着一个多面手，谭海华付出的心血凝结出一个优秀共产党员的品格。

谭海华说："从毕业走进法院到今天，我绝大多数时间从事知识产权审判工作，我只想把每个案件办好，把自己对专业审判的思考都发挥到维护社会公平的环境中去，把这份自己热爱的事业做得更好，这也是我最大的快乐！"

23年了，他是这样说的，也是这样做的，这就是一个心中有沧海，用行动捍卫法律公正，倾其身之力，用汗水咀法律之菁华的好法官谭海华。

3 全国知识产权审判先进个人黄彩丽：以娴熟司法技术护航科技创新驱动

黄彩丽作为一名资深法官，曾荣获办案标兵、办案能手、优秀共产党员等奖项，其承办案件数量及各项工作业绩考核均位居全院前列，其所撰写的论文曾获全国及省市级奖项，并曾在全国性刊物发表多篇学术论文。7 年系统的法学理论学习，近 3 年的法院调研和工作经验，3 年多的民商事案件审判经验，将近 10 年的知识产权保护领域辛勤耕耘，铢积寸累，汇成黄彩丽法官格物致知、勤思慎辩的工作素养。自 2005 年开始审理知识产权案件，至今已办理知识产权案件 1000 余件，参审的知识产权案件达 1500 余件，黄彩丽法官在审理案件过程中，不仅注重对立法精神的领会、法条的反复研读和相关案例的仔细思考研判，更注重对审判经验的积累总结，并通过授课和撰写论文等方式，让更多的人能分享到她的智力成果。“大学之道，在明明德，在亲民，在止于至善”，“明明德、亲民、止于至善”不仅是她的人生信仰，也是她的工作追求。

格物致知　不忘初心

作为知识产权司法保护领域辛勤耕耘将近10年的资深法官，黄彩丽坚持格物致知、勤思慎辩的工作作风，随着知识产权审判经验的丰富，对于每一件有价值的案件都精心研判，深入求知、反复求证，以期实现其初接触知识产权审判工作时所定“不偏不倚激励创新”的司法初衷，坚持实践理性，注重运用知识产权司法保护的张力，加强对优质知识产权和技术创新的保护，将知识产权的权利争端纳入衡平有序的维度。尝试在个案中破解商标侵权损害赔偿难问题，通过个案分析知识产权市场价值与损害赔偿数额的关联性，增强判赔数额的合理性和说服力。所审结的多米诺印刷公司诉某精密机电公司等侵害商标权纠纷案，尝试采取结合原告的单位产品利润和被告实际销售被诉侵权产品数量来计算的方式，科学确定判赔数额。通过理清原告年度报表的营业额、净利润及产品类型构成等因素，确定涉案产品单位利润率，同时考虑价格认证中心对被诉侵权产品单价作出的鉴定结论，结合司法会计鉴定所出具的被诉侵权产品的销量统计数据，支持原告100多万元的诉请。

熟练掌握知识产权案件的审判技巧和审理思路，根据不同类型案件的特点，抓准知识产权的权利特性，圈定权利保护范围，以专业知识实现定纷止争。在一起美容用滚轮外观设计专利权纠纷中，她通过先分析涉案专利授权公告图片、简要说明及专利权评价报告中比对文件的相关专利，确定涉案专利与现有设计的相同点，把非涉案专利所创新的特征剔出涉案专利的保护范围，从而准确认定涉案专利的设计要点，再将被诉侵权设计的设计特征与涉案专利的要点相比对，判断被诉侵权设计是否包括涉案专利区别于现有设计的全部设计要点特征，得出被诉侵权产品并未落入涉案专利保护范围的结论。知识产权司法需要保护的是优质创新，努力在每一案中做到“不偏不倚激励创新”始终是她的司法宗旨。

在注重实践理性的同时，坚持以人为本、温情司法。“法律的生命不在于逻辑，而在于经验。”知识产权司法不应仅仅关心判决内容是否符合法律的逻辑推理，更应考虑问题的解决是否妥当，是否有利于社会秩序的维护和利益的衡平，不应仅是通过判决书给当事人一份是与非的论述，而是采用法律、常识和技术给双方当事人兑现实实在在的利益，追求法律效果和社会效果的完整统一。一起外观设计专利权纠纷案件中，被告因其幼女患有眼疾需要使用防止触碰眼睛的防护产品，为降低医疗费用，被告自行缝制了少量该类防护产品，并为解决患病家庭的收入短缺问题，将其所缝制的少量防护产品在网上出售，后被原告诉其行为构成侵权。黄彩丽法官考虑到被告家庭的实际情况和财务能力，从被告没有侵权的主观恶意、侵权产品数量较少、家境状况特殊、债务履行能力弱及涉案专利的主要价值并非由其外观设计专利所贡献、原告维权成本应逐一核算等方面，除庭前反复为双方进行调解工作，还当庭给专利权人打电话敲定调解方案，最终诉请标的为 11 万元的案件，双方以 1.5 万元达成调解协议。

勤思慎辩　学则不固

知识产权司法能力的提升不仅需要专业知识的积累，需要在办理案件过程中勤思慎辩和不懈研学，还需要法哲学、法社会学功力。正如美国卡多佐法官所说，“最终裁判的形成，取决于法官的生活经验，法官对正义和道德的感悟，法官的哲学、社会科学修养，及其敏锐的洞察力。”黄彩丽法官对这一感悟颇为认同，一份说理透彻的判决书，需要一名法官敏锐的洞察力、严谨细致的分析判断力，对正义和道德的感悟，法官的哲学、社会科学修养。黄彩丽法官为提升自己的法学、社会学、心理学素养，经常研读社会学、心理学书籍，并将其中的理论运用到个案的处理中，尽量使判决严谨细致、说理透彻，以此为基础撰写的论文能理法结合、深入问题肌理。

在总结审判经验的基础上，黄彩丽法官在全国性及省市刊物上先后发表《实践理性与人本主义：司法推理之实证探究》《存量与变量：诚信诉讼原则之司法生态及其二元演进——以司法公信力的构建为视角》《改革抑或改良：规则内的反思——知识产权案件“三审合一”之基层司法模式探析》《从“身份”到“契约”——解决商标权与商号权冲突之司法路径探析》《纠纷解决与规则之治在基层司法模式中的互动》《举证时限制度之司法评判及适用反思》等论文，并有数篇论文在全国及省市级论文研讨会上获奖。其所撰写案例分析《执行异议之诉的例外诉讼目的》入选国家法官学院《中国审判案例要览》、案例分析《中粮集团有限公司与广州市清石海食品有限公司、广州市白云区龙归乐佳家日用百货店等侵害商标权纠纷案》入选《知识产权精品案例评析》、案例分析《赵大恕诉广东金豪程影视制品有限公司在光碟外包装上使用其作品侵犯著作权案》入选《优秀案例选编》。所撰写的案例分析《创新材料进入传统市场不因其物理状态易变得以规避原领域商标保护——郑穗君诉广州市新广从汽车配件交易市场鸿远达汽配行侵害商标权纠纷案》，探讨在商标侵权案件中物理形态多变的新型材料产品的种类认定方法，为知识产权审判中对科技发展过程中出现的新型材料应如何确定的所属商品类别提供了新的思路。所撰写的《未经翻译的外文资料中的图片应根据其可信度采纳证据效力——玛田音响有限公司诉云南鎏鎏商贸有限公司等侵害商标权纠纷案》，针对案件出现的新类型问题，探讨未经翻译的外文资料中的图片是否可采纳为证据，析清了知识产权举证中存在的未翻译文献中图片证据效力的争议问题。

传道授业　育人育己

通过传道、授业、解惑来传播法治精神的种子和法律实务知识，提升自己和学生的实务能力。黄彩丽法官参加广东省教育厅、中共广东省委政法委员会关于广东省高等学校与法律实务部门人员互聘的“双千计划”，至今已连续 3 年在广东财经大学为法学院学生开设案例研读课程，每期课程均为 100 余名学生授课，黄彩丽法官为学生讲授案例分析及案件处理当中经常使用的分析推理法及辩证推理法，介绍了案例分析最常用的三分法、五分法及九分法，并从黄彩丽法官自己经办的案件入手，引导学生逐步分析相关法律条文的构成要件，介绍如何将一个具体的法律事实涵摄于该法律规定的构成要件，剖析个案背后的司法理念和办案感悟，引导学生在个案中思考法基本价值的位阶对案件研判的影响，为法学院学生带来了生动的法学课堂，向学生推荐的《民法思维——请求权基础理论体系》《法律思维与民法实例》《民事裁判方法》《民事审判方法——要件事实引论》《要件审判九步法》等书籍，也受到众多学生的欢迎，广东省财经大学特为黄彩丽法官颁发了卓越法律人才教育培养基地实践导师证书。

针对多数知识产权案件中有保全公证，而且，公证质量对知识产权司法保护的效果有重要影响的情况，黄彩丽法官对知识产权公证中普遍存在的问题和改进思路进行了深入分析，曾多次为公证员授课，包括在广东省公证协会的2017年全省公证员培训班上，分两期向800多名公证员授课，探讨知识产权公证的现存问题及发展方向，并就知识产权保护中的公证问题进行交流，受到众多公证员的欢迎；曾为广州市海珠区公证处与广州市政府系统培训中心共同举办的公证人员业务培训班授课，从证据要求的角度，探讨知识产权公证中存在的问题及应对思路；在广州市公证员协会沙龙上就知识产权公证问题作专题演讲，并与现场来自全国各地的公证员就知识产权公证的问题和挑战进行深入交流。

黄彩丽法官还组织策划了校园现场开庭活动，在华南理工大学的教学楼现场进行一起著作权侵权纠纷二审案件的开庭审理工作，在学校原生态地展现了法院庭审的真实过程，并在庭审后与现场学生进行知识产权问题进行问答互动，把知识产权法律知识的理解方法和审判技巧、办案经验带入校园。

静雅生活　享受运动

相对于平时忙碌的工作，黄彩丽在周末和节假日里享受与家人的安静共处，由于工作单位离家较远，为保证她能完成法院节奏紧张的工作，尤其是在年底能安心地加班，她的丈夫主动承担接送孩子、辅导功课和围棋陪练的任务，所以，她在闲暇时更珍惜和家人的温暖联接，阅读、看电影、下棋、登山、慢跑等，是家庭的主要娱乐。为了培养阅读习惯，她的家里没有安装电视机，自己为孩子推荐好书目，和孩子一起读唐诗宋词，孩子在她的熏陶下，也喜欢阅读、勤于思考，既喜欢《哈利波特》，也喜欢《三国演义》，既喜欢《时间简史》，也喜欢《金庸全集》，对于一些社会问题，常能提出自己的独特见解，曾代表所在班参加国学竞赛，在历次围棋比赛中也获得较好的名次。阅读和慢跑，是紧张节奏工作的加油站，喜马拉雅听书和微信读书使得她可以在慢跑的同时享受阅读，登山更是她最喜欢的活动之一，可以在陪伴家人走万里路的同时，欣赏不同的风景，领略“一览众山小”的境界，让生活成为工作更好的动力。

4 全国知识产权审判先进个人邹享球：技术调查官首次亮相国内法庭

（《南方日报》，2015 年 4 月 23 日）

2015 年 4 月 22 日上午 9 时 10 分，在广州知识产权法院第十法庭，广州市乐网数码科技公司诉中国联通广东省分公司著作权侵权纠纷公开开庭。

与以往不同的是，在审判人员前方端坐的除法官助理和书记员外，还有一名身穿法院制服的“技术调查官”。这是“技术调查官”首次在国内法庭亮相。

技术类难题催生新制度

据广东省高级人民法院介绍，知识产权案件的特点是法律问题与技术问题交织在一起，技术问题的判断直接关系到事实认定和法律适用。技术问题直接左右判决结果，而在我国此前知识产权审判机制中，缺少解决技术问题的有效途径。

以新成立的广州知识产权法院为例，截至 2015 年 4 月 22 日，广州知识产权法院成立 4 个月来受理案件 1272 件，其中专利、技术秘密、计算机软件等技术类民事和行政案件 800 余件，占收案总数的 63% 以上。这些案件中的技术问题不仅复杂、细致，而且更新速度快、涉及范围广。即便是具有技术类学科背景的法官，也无法保证精通每个涉案领域。

最高人民法院知识产权庭副庭长王闯介绍，要审理包括专利、植物新品种等大量技术类案件，法官只有了解有关技术要点、查明技术事实，才能作出正确的判断。然而现实情况是，法院队伍中有工程、机械、通信等技术背景的法官非常少。即便有，也不可能全面掌握各种技术。

王闯介绍，目前主要通过三个方法来解决问题：一是靠专家证人，由他们就技术事实和技术要点进行说明，但双方专家证人自说自话，无法彻底解决问题；二是司法鉴定，但司法鉴定成本高、耗时长，不可能每个案件都进行鉴定；三是设立技术专家库，不过专家的参与会受到时间、地域等因素的限制。

在日本、韩国和我国台湾地区，还有一种解决办法就是设立技术调查官制度。技术调查官没有审判权，作为法官的技术顾问、助手，负责把案件的技术问题搞清楚。这一做法在推进成立知识产权专门法院的过程中，得以引入。从管辖体制的变化到“试水”法官遴选委员会，再到技术调查官的引入，知识产权法院迈出的每一步，都已成为国际社会观察中国司法的重要窗口。

技术调查官首次参与庭审

2015 年 4 月 22 日上午，在广州知识产权法院第十法庭，技术调查官首次亮相。

此案是广州市乐网数码科技公司（以下简称乐网公司）诉中国联通广东省分公司（以下简称联通公司）著作权侵权纠纷公开开庭。双方争议的客体为一款软件。

乐网公司认为，其是涉案软件的著作权人，并已取得《计算机软件著作权登记证书》。联通公司未经其许可，在“广东联通集中生产管控系统”中使用涉案软件，侵犯了乐网公司对涉案软件所享有的署名权、修改权、复制权等权利。 乐网公司请求法院判决联通公司停止侵权，包括屏蔽、断开相关链接，删除侵权软件等；赔偿经济损失 345 万元；在《南方日报》刊登声明，消除影响、赔礼道歉。

联通公司答辩并反诉称，管控系统软件是其委托广州某科技有限公司开发完成，联通公司对该软件享有著作权。乐网公司通过复制、剽窃、反编译、录屏截图等非法方式获取管控系统软件的用户界面、文档、源代码、目标代码等。请求法院驳回乐网公司全部诉讼请求，并判令停止侵权，赔偿经济损失 30 万元，登报致歉。

本次庭审从上午 9 时持续到下午 2 时。“源代码”“编程”“管控系统”“注销系统”，原被告代理人举证、质证以及对双方证人发问均涉及大量的计算机软件编程方面的专业术语。

“证人，你方集中管控系统针对哪个用户开发？是否曾对涉案软件做过需求调查，是否有项目要求书？”“该软件在哪些地方的营业厅使用过？”笔者在庭审现场看到，此次出庭的技术调查官邹享球重点围绕涉案软件的技术性问题对双方证人连续发问。双方发问回答皆用专业术语，沟通往来十分顺畅。

据介绍，邹享球是该院任命的首批技术调查官之一，也是技术调查室的负责人，1987 年毕业于空军工程大学，具有理工科学历背景，长期在法院从事计算机技术方面的工作。

据悉，北京知识产权法院、上海知识产权法院也在探索技术调查官制度，而广州知识产权法院当天的案件，是全国范围内，技术调查官首次在法庭亮相。

在法院工作技术型公务员

笔者采访了解到，技术调查官是在法院工作的公务员，定位是司法辅助人员。其在案件审理中需要协助法官处理相关的技术问题。

广州知识产权法院有关负责人介绍，法官在审理专利、植物新品种、集成电路布图设计、技术秘密、计算机软件等专业技术性较强的民事、行政案件时，可以要求指派技术调查官参与诉讼活动。技术调查官通过查阅诉讼文书和证据材料，明确技术事实的争议焦点；对技术事实的调查范围、顺序、方法提出建议；参与调查取证、勘验、保全，并提出建议；参与询问、听证、庭审活动；提出技术审查意见，列席合议庭评议；必要时，协助法官组织鉴定人、相关技术领域的专业人员提出鉴定意见、咨询意见。技术调查官对裁判结果没有表决权，所形成的审查意见与司法鉴定文书不同，仅供合议庭参考，不属于民事诉讼法和行政诉讼法意义上的证据。

技术调查官与法官助理、书记员均属于审判辅助人员，目的是将法官从繁琐的事务性工作中解放出来，可以有更多时间和精力专注于案件的裁判。

据介绍，目前，广州知识产权法院首批遴选的 10 名法官中，均不具备技术类学科背景，为适应知识产权专业化审判的需求，提高技术类案件审理的科学性、高效性、中立性，广州知识产权法院专门设立技术调查室，积极探索建立“技术调查官”制度。

该院还制定了《广州知识产权法院关于技术调查官参与诉讼活动的暂行办法(试行)》等规范性文件，对技术调查官的选任与考核管理、参与庭审规则、工作流程等做了原则性的规定。

链接：法院受案 4 个月 法官人均审近百案

广州知识产权法院于 2014 年 12 月 16 日挂牌成立，12 月 21 日正式受理案件。目前，共有主审法官 13 名（包括院长 1 名、副院长 2 名）。至 2015 年 4 月 20 日，共受理各类案件 1272 件（包括一审案件 874 件，二审案件 398 件），其中涉外案件 37 件，审结 199 件，法定审限内结案率 100%。受理的一审案件中，专利权纠纷 800 件（其中涉外观设计专利 554 件，实用新型专利 114 件，发明专利 68 件，专利权属纠纷 64 件），著作权纠纷 41 件，商标权纠纷 22 件；二审案件中，管辖权异议 38 件，商标权纠纷 131 件，著作权纠纷 229 件。

据了解，目前广州知识产权法院存在非常突出的“案多人少”矛盾，受案仅 4 个月，法官人均就要审近百件案。接下来，该院将进一步遴选法官、进一步任命技术调查官等司法辅助人员。

5 全国知识产权审判先进集体立案庭：繁简分流“广知样本”出战绩，有效破解知产维权“周期长”难题

（《中国知识产权报》，2018 年 10 月 31 日）

广东，改革开放的先行地。地处改革开放前沿的三大知识产权专门法院之一的广州知识产权法院自成立以来，案件量逐年急剧增长。记者在广州知识产权法院近日举行的工作总结会上了解到，2017 年，该院全年收案量达 9214 件，结案 7805 件，结案同比增长 67.65%，法官人均结案量高达 289 件，位居广东省前列。2018 年 1 月至 8 月，收案达到 6342 件，同比增长 10.85%，是国内知识产权审判的“专业大户”。

面对新收案件大幅增长和案多人少的审判实际情况，广州知识产权法院创新繁简分流机制，探索“多元化解、当庭宣判、‘智能’助力”等模式，有力提升了审判质效，节约了当事人诉讼成本，并审理了一系列具有国际影响力的知识产权大要案，希望打造知识产权司法保护的“广知样本”。

繁简分流成效凸显

“对方侵权了还一直在拖，没想到困扰了我们几个月的问题，法院从立案到宣判几天就给解决了。”在广州知识产权法院速裁法庭内，一宗著作权二审纠纷案件当庭宣判以后，侵权人黄某如此感慨。在该系列案中，侵权人未经权利人许可将当事人作品上传至自己经营的网站，供他人下载谋取利益，一审法院判决支持了权利人诉讼请求，侵权人向该院提出上诉。法院启动了速裁机制，从立案到当庭宣判，全部审理过程仅用了 5 天。

这是广州知识产权法院推行繁简分流改革的一个缩影。为确保高效优质

办案，广州知识产权法院制定了《适用调解速裁方式审理知识产权民事案件规程》，对筛查范围、办理流程、不适宜速裁案件的退出机制等进行规定。针对法律关系简单、事实清楚、一方或双方当事人相同，且一审非公告送达的案件，经审查纳入速裁的案件，原则上 2 个工作日立案移送完毕，压缩办案时间，提高办案效率。

2017 年 9 月，广州知识产权法院在立案庭、专利庭分别设立了专门速裁团队，集中审理事实比较清楚、法律关系比较明确的相对简易案件，简化庭审程序和裁判文书写作，多措并举推进繁简分流工作。截至 2018 年 8 月底，已结案 2417 件，平均结案周期不到 50 天。此外，统计数据显示，2018 年 1 月至 8 月，该院二审结案量比去年同期增加了 802 件，同比上升高达 45.31%。大大提升了审判效率，缩短了诉讼周期，为被侵权人权利“变现”节约了成本，让群众维权的信心更足。

科学管理确保质量

“为确保案件分流更具科学性，收案人员在接收案件后，要对适宜速裁的案件另册登记，并询问团队负责人及独立跟案法官助理的意见，这样做的必要性在于做到不遗漏、不扩大。”广州知识产权法院立案庭负责人黄惠环作为案件“筛查”的重要参与者，对此有着清楚的认识。她说：“我们还综合考虑每位法官及独立跟案助理的从业经验、岗位特长以及部分成员兼任其他岗位的实际情况，不搞‘平均主义’，重在科学分案，因案制宜。”

广州知识产权法院审理的华为终端有限公司与惠州三星电子有限公司、三星（中国）投资有限公司侵害发明专利权纠纷案庭审现场

“我们上诉就是为了维权，都说网络作品侵权证据不好认定，但法院不仅替我们维护了公正，还这么快就终审宣判了，我们真的很感谢！”2018年4月，拿着“公正执法，清正廉洁”锦旗的几名当事人激动地在该院立案大厅说。

这是该院受理的一起网络传播权纠纷案，原告起诉称被告在经营的网站上登载原告享有著作权的作品，侵犯了其作品信息网络传播权。一审法院判决认定被告侵权，被告不服提起上诉。该院二审受案后，结合案情将案件分给了具有丰富办案经验的法官，综合各方面证据，并经实地取证，认定涉案作品为网站注册会员自行上传，被告公司只是为注册会员提供网络信息存储空间，是网络服务提供商，不是侵权人，依法改判被告公司不用承担侵权责任。该案中，不到1个月，法院就公正高效地依法维护了当事人的合法权益。

类案同判“统一标准”

“探索类案同判的具体方法，能有效统一裁判尺度，提高办案效率。针对速裁案件类型化、批量化的特点，通过调研总结，我们对音像作品、图片、网络小说、商标维权类案件常见的上诉理由、二审争议焦点、二审裁判说理进行了提炼归纳，制作成相应文书模板，发送给大家作办案参考。”黄惠环在接受本报记者采访时介绍。

据了解，该院还全面推广适用简版文书，专门制定简版二审判决书样式。对事实清楚、法律适用正确、当事人对一审查明事实无争议或争议较少的案件，一律适用简版裁判文书，在确保裁判质量的同时，提高裁判效率。目前，二审简版文书适用率达98%。该院还探索简化庭审程序，对简易批量二审案件，原则上由独立跟案助理单独庭询，如经庭询无新证据提交、无事实认定和法律适用争议的，直接报请合议并出具裁判文书。如有较大争议，或有信访隐患的案件，则另行安排开庭。

推行繁简分流改革，高效审判，有效缩短了知产审判结案周期。同时，该院更加注重审判质量，尤其是高质量地办理了一批具有国际影响力的知识产权大要案。比如“大自达屏幕膜”专利纠纷案对全球电磁屏蔽膜行业格局带来了深远影响，格力诉奥克斯空调专利纠纷案，一审判赔4000万元，创下3年来同类案件的判赔新高。此外，该院还先后审理了涉及美国高通公司、苹果公司，韩国三星公司等一批知名企业的知识产权纠纷案件，司法公信力和国际影响力与日俱增。英国驻广州领事馆、世界500强之一的美国卡夫亨氏联合有限公司等境外机构，还多次向广州知识产权法院寄来感谢信。

正如广州知识产权法院相关负责人所言，广州知识产权法院意在为解决群众关切的知识产权维权难题，努力逐渐打造“有实效、可复制、增公信”的“广知样本”，希望探索出行之有效的“广知经验”。

6 全国法院办案标兵韦晓云：知识产权案件复杂多变需要持续钻研

（《南方都市报》，2018年7月20日）

全国首例中药品种知识产权保护纠纷案，全国首例以法院民事判决的方式认定垄断成立的案件，广西标的最大的著作权纠纷案……在韦晓云审理过的案件中，有不少获业界肯定的大要案。

韦晓云是广州知识产权法院“七月之星”“全国法院办案标兵”。面对复杂多变的知识产权案件，韦晓云称，法官应该和有责任感的医生一样，要设法去研究攻克所有新病毒、新病症。

2007年，韦晓云在最高人民法院和法国司法部组织的中法“百名司法官”培训项目中通过重重选拔，前往法国参加了为期半年的培训。“虽然时隔多年，但当时收获的启示、震撼仍然被我铭刻在心。”在韦晓云看来，法官就是会说话的法律。

最高人民法院党组书记、院长周强（右五）为韦晓云（右四）颁奖并合影。

对话韦晓云

南都：你审过不少有影响力的案件，请分享一下你印象中最深刻的办案经历。

韦晓云：2011年的清华大学诉广西某化工公司发明专利侵权案给我留下了很深的印象。因为案件涉及化工专利，我没有专业的化工领域知识，很难从证据上加以认定。那时，我也对“隔行如隔山”有了亲身体会。

为了搞明白相关技术，我仔细研读专利权利要求书，恶补化工知识。当时的涉案产品是一个高几十米、像个大锅炉一样的“黄磷燃烧热能回收装置”，我爬上爬下十几次去做技术特征对比。每次从现场实地勘察回到家，总是一身油渍，家人当时还说我这不是在当法官，是在做苦力。后来，我终于找到了处理案件的突破口，被告也心服口服地低下了头。双方当事人最后以调解结案，案结事了人和，清华大学还给广西高级人民法院写来感谢信。

南都：你刚刚提到的案件其实就是一个典型代表。据了解，知识产权案件十分复杂，也常涉及专业性极强的领域。你认为法官要如何寻求突破，提高办案能力？

韦晓云：知识产权案件确实十分复杂，涉及的面非常广。古代的如民歌，新潮的如知名品牌，还有最新发明，中药品种，声光化电，衣食住行，很多都与知识产权保护有关，具有很大的挑战性。我觉得法官就要像有责任感的医生一样，不管出现什么新病毒、新病症，都要设法去研究攻克一样。法官要办好案件，关键是靠好学、钻研，不学习就容易产生恐慌。

南都：你写过一篇《法兰西“法的精神”对“育精英法官”的启迪》的文章，在文章中提到了在法国学习法律的所见所感。当时让你最受启发的是哪一点？

韦晓云：2007年，我有幸通过最高人民法院与法国司法部“百名司法官”的合作项目前往法国学习。我当时是作为民事法官，被分配在马赛大审法院(Tribunal de Grande Instance)实习。记得第一次参加开庭是一件借贷纠纷案件，我早早地来到法庭，在旁听席上坐下。准备开始时，审判长突然出人意料地走下审判台，走到我面前说：“尊敬的韦法官，您是法官，不应该坐在这里，应当坐在审判台上。”我当时有点惊讶，我向他表示我并不是合议庭成员，也没有穿法袍。但审判长接着说：“可您是法官。对一名法官来讲，法袍无时不穿在您心里！”于是，我就坐到了审判台上，回想起来当时真的很忐忑。

此后，每次开庭我都跟合议庭三名法官一起坐在审判台上，审判长也每次都会郑重地向双方当事人及律师介绍说：“这位是中国来的法官。”双方当事人及律师都会对我表达敬意。这件事让我有了很深的触动，那位法国审判长说得对，在他们的眼里、心里，不管穿没穿法袍，法袍就穿在法官的心里，法官就是会说话的法律。

南都：除了职业使命感，你认为“法官”这个职业还有哪些特点？

韦晓云：法官是个超负荷工作的职业吧。很多人对法院工作不太了解，其实当法官是很累的，法院系统案件多、人手少，我们每个法官都要长期满负荷、超负荷的工作。就拿我自己来说吧，我一直把多办案、快办案、办好案作为座右铭，基本每年都是超额完成办案任务。

之前有两部热播的电视剧，《离婚律师》和《何以笙箫默》，我很多朋友看了都对我说，同样是搞法律的，当律师可比你们这些法官收入高多了。

南都：每当听到这些声音，你有考虑过转型做其他法律工作吗？

韦晓云：作为法律人，作法官还是当律师，每个人有他选择的权利，关键取决于你的价值取向。至于我个人，我觉得审判席是最适合我的平台。就收入来讲，我们远远不能与成功的律师相比。所以呢，我觉得关键看你想要的是哪种回报。如果把回报等同于金钱的等价交换，有人会觉得我这样做很辛苦，很不值。但我却觉得，我得到的回报已经超出了自己的付出，因为我只是遵循一个法官良知，尽了一个法官的本分，却赢得了尊重，得到了认可，获得了很多荣誉。

南都：据了解你还参与过“刘三姐”“夜了天”等涉及广西民间文学艺术的案件审理？

韦晓云：对，这与我的成长环境有关。我出生在广西柳城县，这是一个多民族聚居的小县城。我算是个“混血儿”，爸爸是壮族，妈妈是仫佬族。仫佬族来源于远古时代的僚族，民族语言为仫佬语，通用汉字。

仫佬族的很多女孩子读完初中毕业就干农活、嫁人了，我的父母希望我能有出息，所以一直让我读书。我还记得刚进大学，法律系门口有一条大横幅："欢迎你，未来的大法官、大检察官、大律师！"当时我就想，毕业以后要成为一名法官。现在想想，"知识改变命运"这句话在我身上确实有很好的体现，我已经如愿担任法官15年，从事知识产权审判12年。

南都：你对自己的未来有什么规划吗?

韦晓云：我会继续努力做好自己的工作，为广州知识产权法院"办精品案件、育精英法官、建现代法院"工程建设奉献自己的绵薄之力。

7 全国法院十佳新闻发言人肖晟程：周强与全国法院“十佳新闻发言人”座谈

（《人民法院报》，2015年12月9日）

2015年12月8日上午，最高人民法院院长周强与“我为法治代言——全国法院新闻发言人电视大赛”中荣获“十佳新闻发言人”称号的选手座谈。周强强调，要紧紧围绕习近平总书记提出的“努力让人民群众在每一个司法案件中感受到公平正义”的目标，学习贯彻“五个发展”理念，深刻把握司法规律和新闻传播规律，进一步提高人民法院新闻宣传工作水平，深入推进司法公开，以人民群众喜闻乐见的方式讲好人民法院司法为民、公正司法的故事，传播中国法治好声音。

周强向荣获“十佳新闻发言人”称号的选手表示祝贺，向全国法院从事新闻宣传工作的同志表示慰问。周强指出，刚刚圆满结束的首届全国法院新闻发言人电视大赛，是对法院新闻发言人队伍的一次全面检阅，也是对法院新闻发布和司法宣传工作的一次检验。参赛的新闻发言人以优异的表现生动展现了人民法官良好的精神风貌和为民情怀，树立了人民法院的良好形象。全国法院的新闻发言人和新闻宣传工作者要以此次大赛为契机，大力加强学习和培训，不断提高新闻发布和宣传水平，更加积极有效地为法治代言、为公正代言、为人民代言。

周强强调，做好新时期人民法院新闻宣传工作，对于回应社会关切、凝聚法治共识、树立司法权威，具有十分重要的意义。要牢记习近平总书记提出的“人民对美好生活的向往，就是我们的奋斗目标”，深刻把握人民群众的司法需求，努力提高新媒体时代的新闻传播能力、社会沟通能力和舆论引导能力，切实满足人民群众日益增长的司法需求。要紧紧围绕协调推进“四个全面”战略布局，牢固树立“五个发展”理念，大力弘扬社会主义核心价值观，讲好中国法治故事，传播中国法治好声音。

周强强调，要继续办好全国法院新闻发言人电视大赛，不断提高赛事水平，使之成为人民法院新闻宣传工作的新品牌、司法公开的新亮点。要深入总结大赛成功经验，进一步加强与新闻媒体的合作，拓展合作领域，创新合作方式，共同打造展现法官风采、树立法院形象的有效平台。要顺应时代发展趋势，深刻把握和运用互联网思维，善用媒体、善待媒体，加强对传统媒体和新兴媒体的统筹运用，切实提高新闻宣传工作的信息化、数字化和科技化水平，展现人民法院坚持司法为民、公正司法的工作实践，为全面推进依法治国不断作出新的贡献。

最高人民法院常务副院长沈德咏主持座谈，副院长景汉朝出席。北京市门头沟区人民法院新闻发言人李洛云、广东省深圳市中级人民法院新闻发言人李辉代表全国法院“十佳新闻发言人”汇报了参赛心得，深圳广电集团总裁岳川江介绍了承办大赛的相关情况。北京市海淀区人民法院新闻发言人范君、北京市西城区人民法院新闻发言人刘白露、天津海事法院新闻发言人郭建君、上海市松江区人民法院新闻发言人郑天衣、湖南省湘潭市岳塘区人民法院新闻发言人李姜、四川省成都市中级人民法院新闻发言人刘平、广东省深圳市中级人民法院新闻发言人王惠奕、广州知识产权法院新闻发言人肖晟程参加座谈。

据了解，首届全国法院新闻发言人电视大赛于2015年11月中旬举行。大赛由最高人民法院新闻局主办，由广东省高级人民法院、深圳市中级人民法院、深圳市人民政府新闻办、深圳广电集团、新浪网、腾讯网协办，旨在进一步提高人民法院新闻发布工作水平，拓展司法公开的新平台，向全社会展示人民法院和人民法官的良好形象，努力营造尊法、学法、守法、用法的良好氛围。12月2日至3日，深圳卫视播出了大赛的半决赛、决赛实况，新浪、腾讯同时在线播出。截至12月4日17时，三大播出平台总受众超过1000万人次，社会反响热烈。

8 每月之星蒋华胜：追梦路上勇往前行

（《中国审判》，2018 年第 8 期）

蒋华胜，广州知识产权法院主审法官，曾荣获二等功 1 次、三等功 2 次，嘉奖数次。2003 年研究生毕业后，在审判一线工作 15 年，审结各类民商事、知识产权案件超过 2000 件，承办的重大疑难案件超过 100 件。共有 3 篇裁判文书、案例分析和学术论文获得国家级奖励，5 篇获得省级奖励，在各类期刊上发表学术论文 15 篇。

默默耕耘　静待花开

2014 年底，知识产权司法保护的呼声日渐高涨，北京、上海、广州知识产权法院应运而生。一年后，蒋华胜也在事业的感召下，加入了广州知识产权法院的大家庭。

来到广州知识产权法院，代表着事业的全新开始。两年来，蒋华胜在民营企业知识产权司法保护、侵权损害赔偿难等问题方面，深入开展学术研究，仅 2017 年，就在各类期刊上公开发表学术论文 6 篇，非公开刊物上发表文章 5 篇。

中华全国工商业联合会、最高人民法院到广州知识产权法院开展关于民营企业知识产权司法保护的调研时，蒋华胜的《关于民营企业知识产权司法保护若干问题的调研报告》受到调研领导的高度肯定。此外，他撰写的《知识产权侵权损害赔偿的价值基础与司法裁判规则的法律构造》《民营企业知识产权司法保护若干问题》等关于民营企业知识产权司法保护方面的文章先后被一些学术期刊采用；《知识产权损害赔偿路径探索》学术论文也在“最高人民法院知识产权损害赔偿基地学术讨论会”上受到与会者的关注。

举轻明重　高效裁判

2017 年底，又到了一年最繁忙的结案季，广州知识产权法院在夜幕中灯火通明。在法院三楼西北角的办公室里，蒋华胜对团队的助理和书记员提出要求："年底前将新收二审案全部结完，要认真校对，不要出现错误。"

无论工作有何变动，蒋华胜始终秉持着严谨负责的工作态度。2017 年 9 月，根据全院工作部署，蒋华胜从专利庭调至立案庭，主要负责审理二审案件。"公正和效率必须兼顾"成为他时刻警醒自己的格言。白天坐堂问案，夜晚苦思慎判。蒋华胜 2017 年全年结案共计 537 件，仅 9~12 月就审结 367 件二审案件，办结案件数量在全院名列前茅。蒋华胜说，虽然案件多为案情类似的著作权、商标权、特许经营合同系列案，但个案细节不容丝毫差错。

推进繁简分流，更有效率地实现繁案精审、简案快审，是蒋华胜长期思考的工作方向。在案件的多元化解上，他立足于丰富的知识产权审判经验，针对知识产权案件进行类型化审理，一方面积极探索示范性判决，减少一审案件上诉率；另一方面针对典型知识产权案件，通过个案确立裁判规则，引导当事人通过调解定分止争。在案件审理和文书简化上，也尝试由助理在庭前主持调解，对部分文书进行类型简化等创新，通过改进工作方式、创新工作方法来提高工作质效。

得益于繁简分流的高效裁判机制和自身过硬的业务能力，蒋华胜将审判与其他各项工作处理得有条不紊，让每一个当事人都能感受到最有效率的公平与正义。

法槌铿锵　正义回响

"知识产权是市场主体参与市场竞争的核心要素和战略性资源，完善知识产权保护是健全现代产权制度和完善现代市场经济体系的重要内容，要充分发挥知识产权司法保护激发创新动力、创造潜力和创业活力的独特作用。"谈到知识产权司法保护时，蒋华胜这样说。

恒利公司指控杰薄斯公司、艾克玛特公司在其经营的网站上所销售的被诉侵权产品和商标名称标有"orangeflower"或"orangeflowers"标识，侵犯恒利公司商标，请求法院判令杰薄斯公司、艾克玛特公司赔偿其经济损失 998 万元。根据案件查明事实，杰薄斯公司、艾克玛特公司的行为构成对恒利公司商标权的侵害。

如何确定损害赔偿数额成为本案焦点，这也是司法实践中的疑难问题。恒利公司举证证明侵权人的行为对其商誉影响很大，由于侵权行为的持续，导致其网络销售成交额大幅下降，虽无法确定具体损失，但现有证据足以证明恒利公司的经济损失已超过其诉请金额。杰薄斯公司、艾克玛特公司的行为存在源头性销售侵权、虚假宣传、故意侵权，可得非法销售利润较高，且在诉讼过程中拒绝证据披露以及继续持续侵权。蒋华胜作为该案的主审法官，综合考虑上述因素，决定在权利人主张权利的证据有而不准、赔偿数额的证据有而不足的情况下，适用裁量性判赔方法，突破法定赔偿上限，判决支持杰薄斯公司、艾克玛特公司赔偿恒利公司 998 万元。

二审判决宣判后，恒利公司送来锦旗及感谢信，感谢蒋华胜公正审理、依法裁判，维护了当事人的合法权益。蒋华胜说，知识产权损害赔偿制度具备惩罚、遏制与补偿的规范功能，负有矫正不法事态、恢复社会秩序的重要使命。此类案件在采用优势证据规则基础上适用裁量性判赔方法，采用侵权获利或实际损失计算赔偿数额的逻辑，突破法定赔偿上限，兼备计算方式的基准性与法定赔偿方式的裁量性，能在一定程度上解决知识产权损害赔偿中的认定难、举证难、赔偿难问题。

蒋华胜（右一）主持庭审

抽丝剥茧　明察秋毫

蒋华胜常说："公正司法不仅需要深厚的法律功底，更需要一个法官的执着与担当。"在一起著作权侵权纠纷二审案件中，上诉人三面向公司指控被上诉人学而好公司在经营的网站上登载三面向公司享有著作权的作品，侵犯三面向公司所享有的信息网络传播权，一审法院判决认定学而好公司存在侵权行为，支持三面向公司的诉讼请求。学而好公司不服一审判决提起上诉。广州知识产权法院此前已受理不少案情类似的案件，对于当事人适用"避风港原则"的主张，大多因为证据不足而未予采纳。但蒋华胜对此案进行证据审查的过程中，敏锐地察觉到这个案件网站经营方式的不同之处。根据学而好公司的陈述，蒋华胜用自己的信息在涉案网站进行注册，发现学而好公司所言属实，网络用户确需通过真实姓名及手机号码等信息方能完成注册。随后蒋华胜对学而好公司提供的上传会员信息当庭进行电话核验，能够对应注册会员的真实身份信息，其在电话中陈述内容也与学而好公司在庭审中的陈述内容相互印证。庭审调查至此，已能认定涉案作品为网站注册会员自行上传，学而好公司为注册会员提供网络信息存储空间，不存在侵权行为，不应承担侵权责任，故对一审判决予以改判。

提及如何在"互联网+"时代背景下保护当事人的合法权益，蒋华胜颇有感触地说，身处这个网络高度发达的时代，案件审理中既要注重保护著作权人的合法权益，也要认识到网络服务提供者在网络信息交流中处于中立第三方地位，避免简单适用举证规则。要正确运用逻辑推理和日常生活经验，通过对当事人的证据和经营模式进行充分分析研究后，作出公正判断，依法合理平衡各方利益，维护社会公平正义。

尊重自治　定分止争

在大使公司诉广州市华夏箱包店等侵害其外观设计专利权案件中，蒋华胜详细了解案情后发现华夏箱包店曾存在侵害涉案专利权的事实。行政执法中双方签订和解协议对侵权赔偿进行了约定，侵权人承诺若再行侵权，将赔偿权利人 20 万元，但协议签订后，华夏箱包店仍继续实施制造、销售侵害涉案专利权产品的行为，故大使公司向广州知识产权法院起诉，并诉请华夏箱包店支付其 20 万元赔偿款。

蒋华胜认为，知识产权属于市场中的权利，市场价值是知识产权的生命，企业作为理性的经济人和经济利益的最佳判断者，双方合意的损害赔偿数额属于在意思自治基础上对损害赔偿的市场定价，签订协议时的利益博弈，司法应当予以尊重，以维护诚实守信的商业道德和良好的市场竞争秩序。本案双方当事人已约定赔偿计算方式，应充分尊重市场主体的意思自治，以发挥市场在配置资源中的决定性地位。最终判决支持大使公司主张按照和解协议约定的标准确定侵权损害赔偿额的诉讼请求。案件判决后，双方均服判息诉，并已履行到位。

妙语甘霖　良师益友

在工作上，蒋华胜是一名令人钦佩的法官，把维护司法正义作为工作的落脚点和出发点，时时处处体现公正法治，在经年累月的一丝不苟中，诠释着细致和严谨；在生活中，蒋华胜是为后辈指引正路的良师，是与法学同好同行正道的益友。

蒋华胜看似繁杂的工作安排中蕴含着对每一个助理的培养计划。一方面通过列阅读书单、分享学术论文、指导撰写案例来提升助理业务知识储备；另一方面梳理各类型案件，有意识地让助理由浅入深地接触不同类型的案件，在审判实践中完成成长和蜕变。在工作上蒋华胜不吝赐教，在生活上也对后辈关怀备至，大到人生规划、居家置业，小到个人情感、同事情谊，他总能以丰富的个人阅历和开阔的学术视野为旁人答疑解惑，让听者有意想不到的收获。

“他不但是一位审判实务专家，也十分热衷于法学理论研究，近年来在《政治与法律》等法学刊物发表的系列学术论文，在法学学术领域产生了很大反响。”广东金融学院法学院教授杨兴这样评价蒋华胜。暨南大学副教授胡波也对他高度称赞：“在一年审理 500 余件案件并能保证每份裁判文书的质量情况下，还能沉下心来进行学术研究，在《政治与法律》《知识产权》

等一流学术期刊上发表文章，对于高校学者来说也非易事。”正是蒋华胜这种沉心钻研学术的韧性与毅力，让他与诸多高校教授成为挚友。

“要怀揣梦想，勇于担当，在平凡的工作岗位上，不忘初心，砥砺前行，让自己一直有所希冀，有所期待，有所行动。虽然不是所有的努力都能够得到肯定，但是所有的努力都不会白费，在漫长的时间里沉淀下来的，是真正的厚积薄发。”这就是蒋华胜对工作的追求、对人生的态度。

9 每月之星刘培英：铁面法官亦柔情，她通过层层选拔孤身赴穗，用信件陪伴女儿

（《广州日报》，2018 年 3 月 9 日）

“三八”国际妇女节这天，法官刘培英要给三个外观设计专利权案件开庭前会议。早上 5 点 50 分的闹钟一响，她就赶紧起来，先送正上初三的女儿上学，再从东莞赶往广州，经过 1 小时 10 分钟的车程，在 8 点半前到办公室。3 年前，刘培英离开了工作了 18 年的东莞市法院系统，来到位于广州萝岗的广州知识产权法院，经过公开遴选成为首批 13 名主审法官之一。

黑色法袍、严肃面庞、高学历，作为女性法官，刘培英既要面对转型时代下案件激增、案情更复杂、涉及技术问题更深奥的工作压力，也面临着平衡工作与家庭的问题。现在她一周回家两趟，回到家里，她就是用纸笔写信与女儿谈心的温柔妈妈。从法官刘培英的经历，我们或可以窥见今天“高知”职业女性群体如何平衡工作生活，如何面对职业发展，如何实现自我价值。

从业 18 年，孤身来穗赴任

2014 年 11 月 13 日，广东省高级人民法院发出《广州知识产权法院主审法官遴选公告》后，刘培英考虑了一会儿，向丈夫、女儿说明了报名意向。“我跟他们说，我要去接受一下挑战了，他们都觉得挺好。”彼时，女儿准备上初中，丈夫工作也比较忙碌，但他们都理解刘培英对司法工作的期许。在家人的支持下，她报了名。

在刘培英看来，选择投入广州知识产权法院的怀抱或许与她的从业经历有关。1996 年，刘培英在东莞中院参加工作，从最基础的职务——书记员做起，历任助理审判员、审判员、副庭长，到东莞一基层法院之后，历任庭长、

审判委员会专职委员。这 18 年，也是法院案件呈爆炸式增长的时期，除了执行案件外，她几乎办理过所有其他类型的案件——民事案件、商事案件、刑事案件、行政案件，加班成为常态。刘培英曾戴着安全帽到工地去勘查墙面开裂的建筑工程，也曾在她组织召开的破产案件债权人会议上，被债权人包围着无法离开，既做过人身损害赔偿案件受害人的思想工作，也要与离婚案件中的未成年子女沟通。

“可以说是透过办理形形色色的不同案件，接触了纷呈世事百态人生。”刘培英说，但就像是读完了法官职业道路的“本科”，她渴望读一读“研究生”，走向专业化审判道路。

自建“知识库”，在案件中学出“趣味”来

“在知识产权案件审理中，对技术问题必须一头扎进去细掰，理清关键事实。在这个基础上，更要理解立法精神及司法政策。”谈到对知识产权专业审判的理解，刘培英的语速快起来。对大多数公众来讲，知识产权案件的趣味性、故事性不强，“但我们自己觉得里头很多内容值得探讨，很有意思。”

广州知识产权法院成立三年间，受理案件 18264 件，审结案件 15021 件，法官年人均结案 239 件。在繁忙的审判工作外，刘培英给自己“加课”，以应对案件中层出不穷的技术与法律问题。在她的电脑里，这些问题被归纳到一个叫“知识库”的文件夹中，当中既有知识产权宏观司法政策，也有具体案件会涉及的专利外观比对、专利案件商标案件的合法来源问题、发明和实用新型中等同特征的判断、深度链接所隶属网络传播权内容等学习笔记。

刘培英表示，知识产权法官是在办案中学习的，除了资料论文，技术调查官，甚至当事人和律师都是她的老师。“很多时候，明白技术问题，法律问题就理顺了。”

与女儿通信，常谈工作心得趣事

家庭是职业女性的天秤的另一端。最近，女儿上初三了，这是她人生最重要的时刻之一，刘培英觉得自己应该多陪伴、多鼓励。尽管从广州来回东莞要 3 小时，如遇上堵车甚至单程就要 2 个小时多一些，她还是坚持每周回家两趟，次日早上 5 点多起床，送女儿上学。

“女儿要上晚自习，学习也紧张，我陪她的时候，大多是她做作业，我在一旁看书，让她有被陪伴的感觉就好。”刘培英还会给女儿写信，既有手写的，也有用电脑打印的。信件往往是她在广州工作间隙写的，回东莞时带给女儿，女儿特别喜欢看妈妈的信。“我不会刻意说要让她好好学习，都是写自己近期的感受。有时候她对学习生活有疑惑，我也会在信里写自己的想法，但不能让她觉得是我在替她解决问题。”

对自己的工作，刘培英觉得女儿可能了解得不多，但会觉得“妈妈的工作很重要”，“我不会跟她谈具体的案件，但我会讲一些好玩的事情，比如民事案件当事人往往会有意或无意隐瞒对己不利的事实。我在开庭查证事实怎么通过‘心理战’，有技巧地引导双方交叉提问，还原大部分的事实。”

10 每月之星朱文彬：在知识产权审判的传承与创新中“初心不忘，一以贯之”

他是过去十年广东知识产权审判的亲历者，也曾在省市区三级法院知识产权庭工作过；他审理过疑难复杂的知识产权民事案件，也审理过影响重大的知识产权刑事、行政案件；他是全国法院系统学术讨论会的获奖者，也是全国青年法官优秀案例的承办人；他是广东高院调研设立知识产权法院的参与者，也是扎根在广州知识产权法院的工作者……他是相信“凡我在处，便是法大”的中国政法大学毕业生，也是奉行“初心不忘，一以贯之”的审判员，他就是朱文彬，一名与知识产权同行十二年的简单、纯粹的法官。

苔花如米小，也学牡丹开

2002年，朱文彬自中国政法大学本科毕业进入天河法院工作，担任民二庭（经济庭）书记员，三年时间里扎实掌握民事诉讼的程序性工作，协助多位法官办结3000余宗案件，并撰写《关于法官助理工作的思考》一文发表在广东高院内网作为日后培养审判辅助人员的参考。

2006年，天河法院知识产权庭成立，试行三合一审判机制，朱文彬作为法官开始审理知识产权刑事、刑事、行政案件，2006至2008年连续三年结案位居全庭第一。期间，有7篇案例、论文及司法统计分析对外发表，关于三合一审判机制的论文获得全国法院系统第十八届学术讨论会二等奖，担任广东工业大学法学院本科生课程的兼职讲师等，因审判调研工作成绩突出，2009年被选调至广州中院知识产权庭工作。

欲穷千里目，更上一层楼

2009年至2013年，朱文彬在广州中院知识产权庭工作期间，接触二审案件审理并积累专利审判经验，在审判、调研、综合工作上更上一层楼，例如：2010年，审理的喀什图公司诉杰晖公司等侵犯著作权纠纷案被最高法院评选为2010年中国法院知识产权司法保护50件典型案例之一；2011年，集中探索知识产权案件中的行业背景、当事人心理、调解的时机、方法和技巧等开展调解实务专项研究，全年案件调解率接近80%；2012年，审理的央视国际公司诉世纪龙公司侵害信息网络传播权纠纷案，作为国内关于体育赛事节目著作权保护的优秀案例发表于《人民法院案例选》。2013年初，朱文彬通过了广东高院的法官遴选。临别之际，结合在广州中院主审的400件知识产权案件，撰写了8万字的心得体会《知识产权案件审判要点》。

2013年至2016年，朱文彬在广东高院知产庭期间，担任法官同时在庭办工作，综合协调能力得到很大提高，大局观与文字水平更进一步，例如：曾作为主要执笔人之一起草每年“4·26”知识产权宣传周的白皮书、新闻发布会稿；作为主要执笔人之一完成设立知识产权法院的调研、“探索完善司法证据制度破解知识产权侵权损害赔偿难”的调研、关于广东法院2009~2013年专利审判情况的调研等。期间，针对自己审理的个案，分别在《人民法院案例选》《科技与法律》《中国知识产权审判研究》《判解研究》《广东法院知识产权经典案例集》上发表了8篇案例分析及论文。

雄关漫道真如铁，而今迈步从头越

生命是一场不停的旅行，为了梦想全力以赴，在每一处人生驿站都用尽全力。

2016年，朱文彬在广州知识产权法院开始了人生中法院第四站的旅程。2016年至2017年的两年间，按照党的十九大报告提出的增强“八个本领”的要求，积极贯彻落实最高法院提出的“司法主导、严格保护、分类施策、比例协调”的知识产权司法保护政策，按照院领导要求的“办精品案件、育精英法官、建现代法院”目标，全面有序地开展工作。

一是坚持繁简分流、难案精办、简案快办，在助理和书记员的辅助下，两年共审结案件375件，各项审判指标处于全院优良水平；其中包括一批重大疑难案件，如：（2017）粤73民初263号日本大自达公司诉广州方邦电子侵害发明专利案，涉案金额高达9200余万元，处理结果对于中日两国乃至全球的电磁屏蔽膜行业具有重要影响；审结并撰写的宋锦钢诉宋守淮等侵害发明专利权纠纷案在“促公正法官梦”第三届全国青年法官优秀案例评选活动中荣获广东法院唯一特等奖。

二是注重调研总结，在《中国知识产权审判研究》《人民法院案例选》《知识产权精品案例评析》《知产法苑》发表案例及论文7篇。

三是积极参与对外交流学习，共有20余次受到行政机关、高校、知识产权保护协会、律协等邀请作知识产权方面的主题发言。

四是按质按量完成综合工作，担任商标及不正当竞争专业法官会议的秘书，负责具体的案件讨论、庭室学习、案例收集工作；担任本院2015、2016、2017年度十大案例评选的评委；担任审判业务指导小组成员指导基层法院审判工作等。

五是加强防范风险、增强纪律作风和廉洁自律意识，在审判中自我设定行为规范，要求团队成员工作处事做到理想是上限、责任是下限；在日常工作生活中，也通过各种方式与院里同志们在摄影、电影、运动等方面互动交流、共同进步，增强凝聚力。

11 每月之星赵军：把技术调查工作当作一番事业来干

十六载的从军生涯，赵军同志作为一名转业干部，脱下绿色戎装，来到了广州知识产权法院工作，成为了全国首批技术调查官。

问起他的愿景，赵军表示，最大的愿望就是希望他和他的同事们能把技术调查工作当作一项事业来做，让人生的理想和抱负在新的岗位上继续绽放。

个人简历

赵军，1977 年出生，瑶族，湖南省江华瑶族自治县人。大学毕业后投身军营，在部队期间做过排长、工程师，当过化学分析室主任、核物理室主任，主要从事项目开发和技术保障工作。2016 年转业到广州知识产权法院工作，担任技术调查官，主要从事技术调查工作。

曾是部队新型防化装备技术保障的专家型、骨干型人才，享受"军队优秀专业技术人才岗位津贴”，连续六年被评为“广州军区新装备技术保障人才培养‘633’计划培养对象”，荣获广州军区“爱军精武标兵”荣誉称号。他熟练掌握多种装备技能，一直致力于为部队提供良好的技术支持，通过培训授课、业务指导，项目改进，解决了基层许多实际困难；负责的九个科研项目，荣获了1个军队科技进步二等奖，8个三等奖，还获得了两项国家专利，在军内外发表论文20多篇。

新兵报到　与技术调查工作共同成长

赵军说，面对新的工作岗位、工作环境，有太多东西需要了解和熟悉。刚来法院，对法院的管理制度一点也不懂，如何配合法官办案有太多需要学习的内容。若在部队，他这就叫“新兵蛋子”，凡事都得跟在老班长后面走。

技术调查官工作制度刚刚出台，还处在试行阶段，一切工作都是摸着石头过河。他不懂，就在工作中学，向法官学，向同事学，向同行学，大胆接触，小心尝试。部门刚刚组建，人手不足，经验缺少，手段单一，技术资源极度匮乏。他就找准需求，积极申请采购了近200套件器材：还经常召集技术人员探讨问题，积累办案经验。

除了技术调查本职工作，他还负责全院物证管理、司法鉴定委托，联络审协技术顾问和院外技术咨询专家等工作。头绪虽多，但他和同事们合理统筹，坚持一步一步往前推进。

工作片段　技术调查经历中的三个第一

参与技术调查的第一个案件——一宗关于柔性线路板的电子连接器的实用新型案件。

调查难点：物件很小，很难观察，当时没有显微镜可使用，只能肉眼观察，画图解答。

个人感悟：案件的主审法官刘培英说：“你的建议我采纳了，双方没上诉，可以，挺好。”这给了赵军莫大的鼓舞，技术调查事业从此开始。赵军告诉广知君，非常感谢培英法官帮他解开了技术调查事业开船起锚的绳索。

调查难度最高的案件——一宗关于化工厂整套设备工艺侵害技术秘密的案件。

调查难点：系统复杂，环境恶劣，细节需要反复核实，调查难度高。

个人感悟：对每个细节都不放过，情况再危险、再困难也要面对；对每个事实要亲自核实，每个公知技术都要见白纸黑字，每个环节都要紧紧相扣。

影响力最大的一件案——国内空调行业领军企业间的专利纠纷案件。

个人感悟：屏蔽社会舆论压力，潜心研究技术争议。赵军和他的技术调查小伙伴们一起，对空调机中接水槽、排水口等各个组件的结构关系、功能、效果仔细研究，与来自国内外的多个现有技术进行反复认真比对，终于帮助法官在技术上对涉案空调是否侵权形成了最全面可靠的结论。

十八般手艺样样精通　任你七十二变都能火眼金睛

目前，赵军能够参与调查的案件覆盖化工、机械、电子、计算机等多个领域，积累下丰富多样的技术调查手段。**对于化工案件**，由于是老本行，注重人员安全防护，配齐了采样试验器材；**对于机械案件**，能够熟练使用内窥镜、听诊器、电子显微镜、卡尺、电钻等近200件工具，基本解决了现场勘验时可能出现的技术门槛。**对于电子案件**，配齐常规的万用表、示波器、电焊、线缆等工具耗材，解决拆卸测量电子器件的瓶颈。**对于计算机版权案件**，保全手法熟练规范，能在2分钟内完成系统版本保全，提高了办案效率。今后，还将利用无人机对现场进行勘验……

面对崭新的工作，赵军说，他终于成长了，有了进步。这一切，有自己的努力，但更多的是组织的关怀，领导的关心，同志们的帮助。曾经是一身军装，如今是一身法院制服，它们都成了赵军一生难以割舍的情怀。

12 每月之星徐智媛：脚踏实地　助力审判

金秋九月，广知君带您一起认识广州知识产权法院本年度的**“九月之星”——徐智媛**，一起走近法院人员分类管理改革之后诞生的一支生力军——**法官助理队伍**。

法官助理——审判团队中不可或缺的重要力量

2014年6月6日，中央全面深化改革领导小组第三次会议审议通过《关于司法体制改革试点若干问题的框架意见》，要求把法院、检察院工作人员分为法官、检察官，司法辅助人员，司法行政人员三类。法院的司法辅助人员包括法官助理、书记员、执行员、司法警察和技术调查官等。在法官员额制改革和审判权力运行机制改革中，法官助理的配置模式和职能定位起着承上启下的关键作用。

法官助理，这一角色的出现与定位，是司法改革人员分类管理中的重要一环，审判团队的重新组合，打破了原有的固定模式。如今，改革后的审判团队运用扁平化管理，审判效率更高，审判队伍更加趋向精英化、专业化、职业化。其中，法官助理不仅是审判团队中不可或缺的重要力量，同时也是未来法官队伍的生力军。

我们的九月之星——徐智媛，具有长期的知识产权审判辅助经验，曾在广州市中级人民法院民三庭（知识产权庭）工作，并自建院以来一直担任广州知识产权法官助理。

作为法官助理的优秀代表，工作以来四次获得个人嘉奖，连续多年考核优秀，曾获“广州市直机关优秀团员”“优秀党员”等荣誉称号。

投身改革　与广州知识产权法院共同成长

建院伊始，徐智媛参与了广州知识产权创立前的筹备工作。在开展好审判辅助工作的同时，还肩负起新法院办公室布置、物品登记管理等一系列筹建工作。

为了帮助全院司法辅助人员队伍尽快走入正轨，建院初期，徐智媛多次参与组织司法辅助人员培训，撰写相关总结报告，参与制定司法辅助人员管理规范及书记员工作指引，组织清案归档活动和全院书记员竞赛。

勤勉敬业　认真做好法官助理工作

在法官助理的岗位上，徐智媛共负责近900件案的审判辅助工作，协助法官完成判决书、裁定书等各类材料千余份。其中，在协助办理速裁案件期间，独立负责绝大部分案件的庭审工作。参与调研起草广州知识产权法院专利案件审理规范。

经验丰富　参与多起重大案件审理工作

工作以来，参与了包括广州医药集团有限公司诉广东加多宝饮料食品有限公司及彭碧娟虚假宣传纠纷、倍耐力股份有限公司诉香港倍耐力国际控股有限公司商标权及不正当竞争纠纷、珠海格力电器股份有限公司诉宁波奥克斯空调有限公司及广州市国美电器有限公司侵害实用新型专利权纠纷、广州网易计算机系统有限公司诉广州多益网络股份有限公司侵害著作权及不正当竞争纠纷、英特技术集团公共有限公司诉刘文林不正当竞争纠纷、蔡新光诉广州市润平商业有限公司侵害植物新品种权纠纷等多起重大、疑难案件的审理工作。

2015 年 1 月 21 日，广州知识产权法院首次开庭审理案件，徐智媛作为法官助理，参与了当日的庭审工作。这也是以徐智媛为代表的广州知识产权法院法官助理队伍，第一次亮相庭审。

星感言

从进入法院的第一天，我就与知产审判结缘，7 年多来，从对审判的懵懂无知到驾轻就熟，一路走来，收获良多。

作为司法改革先行先试的广州知识产权法院，以法官为核心，打造法官助理与书记员共同参与的新型审判团队，通过传帮带的形式，不断打造可持续发展的人才梯队，让年轻的同志们有更多的时间参与、熟悉案件的审理工作，培养了一大批熟悉审判业务，精研知识产权专业知识的法官助理。

我们有理由相信，法官助理必将是司法审判事业上的一支坚强有力的生力军。

13 每月之星法警支队：做服务审判的忠诚卫士

广州知识产权法院法警支队是广州知识产权法院的直属行政单位，承担着维护法院审判秩序，保障审判工作有序进行的职责。法警支队坚决贯彻落实习近平总书记“对党忠诚、服务人民、执法公正、纪律严明”的重要指示，自组建以来在院党组和省法院法警总队的正确领导下，警队不断发展壮大。警队不仅履行承担司法警察职责，同时结合广州知识产权法院工作需要，探索司法警察工作新模式，承担起司法保全、送达、移送案件等多项新的工作职责，是一支政治过硬、战斗力强的司法警察队伍。

支队强调政治建警，做党的忠诚卫士，不断深化和探索基层党建工作的新思路，全面推进支部组织战斗堡垒作用，坚定理想信念，铸就对党忠诚、纪律严明的司法警察队伍。围绕院党组“办精品案件、育精英法官、建现代法院”的总体要求和任务目标，为“审判工作创新提升年”活动提供优质的警务保障。

全面推进警务规范化建设，做一支有战斗力的司法警察队伍。支队按照《广东法院司法警务工作实施规范》对司法警务工作进行规范化建设。**一是**加强安保工作管理，设立了警务室，加强与驻地公安机关联系，建立紧急突发事件处理的协同机制平台；**二是**完善警务新模式，警力科学合理优化，规范警务派遣流程。优化警力管理模式，弥补警力不足的情况，警务保障完成率达100%，为审判中心提供高效、优质的警务保障；**三是**提升干警业务技能，支队干警分别参加业务骨干培训，教练员竞赛以及枪弹管理员培训等业务培训和竞赛，考核通过率达100%，提升干警自身素质的同时对外展示了广州知识产权法院法警支队的风采。

探索司法警察工作新模式。支队承担司法警察职责以外同时承担本级法院的司法保全、送达、移送案件等任务，制定《广州知识产权法院司法保全工作管理规定》，规范司法保全管理工作。共完成诉讼保全、送达、移送案件超2300件，出警达1500多人次，足迹遍布全国12个省市区，全省21个地市。

支队干警在某工厂内进行证据保全

围绕审判中心工作，支队干警甘于奉献，默默无闻。他们是托起天平的忠诚卫士，守卫着广州知识产权法院的平安，是广州知识产权法院一道亮丽的风景线。

14 每月之星刘宏：脚踏实地，为知识产权审判贡献力量

2018年度的11月之星刘宏，是一位有着20年审判工作经验的资深法官。

刘宏法官于1997年7月在广州市中级人民法院参加工作，历任广州中院助理审判员、审判员。2014年底通过全省遴选成为广州知识产权法院首批主审法官。

刘宏法官参与近3000件案件的审理工作，其中，个人审结知识产权案件近900件。被广东省高级人民法院授予个人二等功一次，另荣获个人三等功两次。

一、践行工匠精神，追求质效合一

办案虽多，但刘宏法官从未放松对案件质量的要求。结合自身的审判经验，对于案情简单，当事人争议不大的案件，快速处理；对于较为复杂的案件，提前做好庭前准备，提高庭审效率，引导当事人及其代理人理性参与庭审。遇到一些复杂疑难案件，除了需要细心审核证据外，更需要在法律的范围内创新，大胆求证，为新型、疑难案件的裁判提供一些审理新思路。确保所承办的每个案件，既要正确认定事实和适用法律，又要切实保障各方当事人的合法权利，努力实现程序公正和实体公正。

外出比对后，现场归纳争议焦点

二、始终以身作则，全力带好队伍

刘宏法官注重审判团队建设，合理划分团队工作职责，形成科学的审判团队工作流程，团队工作效率高。

具体来说，培养法官助理积极参与庭审，熟悉审理流程与重点，在审阅法官助理草拟的裁判文书时，引导归纳裁判的思路及论述的重点、判断方法等。在刘宏法官的指导下，法官助理业务水平迅速提高。在书记员培养上，更侧重提高熟练处理法律日常流程事务的水平，使书记员对工作做到明晰进度，合理安排。通过充分整合新型审判团队的力量，充分发挥法官助理、书记员的工作能动性，三年来该团队年均结案 230 多件，结案数量位居广州知识产权法院前列。

三、善于总结经验，确保技艺精良

刘宏法官积极参与院、庭事务，落实各项调研任务。自 2017 年下半年任专利专业法官会议秘书一职以来，共协调召开十一次专利专业法官会议，组织法官对审判中遇到的各类疑难案件进行充分讨论，统一裁判标准。

对上级法官发回重审、改判的案件进行归纳总结，撰写了《2017 年度专利案件发改分析》。在办案中注重探索、总结审判经验，起草了广州知识产权法院《审理侵犯专利权民事纠纷案件审理指引》《审理侵犯专利权纠纷案件赔偿数额确定的若干指引》。作为最高人民法院《中国知识产权司法保护战略研究》重点课题的课题组主要成员，积极参与课题研究。

四、坚持平等保护，赢得国际声誉

刘宏法官审理戴森技术有限公司诉某电子产品有限公司侵犯外观设计专利一案。经充分听证与合议后，依法作出裁定支持了戴森公司的诉前禁令申请，要求相关公司需在裁定送达之日起立即停止制造、销售涉嫌侵害戴森技术有限公司相关专利产品。

该案的处理获得了英国驻广州总领事馆总领事梅凯伦的积极评价。2018 年 7 月 2 日，梅凯伦总领事代表总领事馆致函广州知识产权法院王海清院长，高度赞许了广州知识产权法院的司法担当及专业精神，衷心感谢广州知识产权法院法官及时作出诉前禁令，避免了相关企业遭受进一步不可弥补的损害，有效地保护了当事人的合法权益。